7

イントロダクションシリーズ

Introduction to Social Welfare

社会保障

成清美治・真鍋顕久 編著

学文社

執筆者

＊成清　美治　　神戸親和女子大学（第1章）
　藪長　千乃　　文京学院大学（第2章）
　赤井　朱美　　元神戸親和女子大学（第3章）
　森　　詩恵　　大阪経済大学（第4章）
　山本　麻由美　北翔大学（第5章）
　鵜沼　憲晴　　皇學館大学（第6章）
　多田　千治　　鴻池生活科学専門学校（第7章）
　川島　典子　　筑紫女学園大学短期大学部（第8章）
　烏野　猛　　　びわこ学院大学（第9章）
＊真鍋　顕久　　岐阜聖徳学園大学（第10章）
　坂本　毅啓　　北九州市立大学（第11章）
　木下　武徳　　北星学園大学（第12章）

（執筆順：＊は編者）

はじめに

　今日,わが国の社会は「格差社会」といわれ,国民間の所得格差が顕著となっている。その要因として経済のグローバル化のもとで企業は安い労働力を求めて,多くの企業が海外に進出し,そのため国内産業の空洞化が起こり,就労形態に変化をもたらしている。すなわち,雇用形態の変化により,非正規雇用者が全体の雇用労働者の約3分の1を占め,失業率も約6％となり,国民生活に大きな影を落としている。

　こうした中で,社会保障制度の果たす役割がますます重要となってくる。

　わが国の社会保障制度は,戦前の労働者等を対象とした健康保険法の制定により始まった。第2次世界大戦後,本格的に社会保障制度が導入され,今日では社会保険,公的扶助,社会福祉,医療および公衆衛生の4本柱に体系化されそれぞれの機能を担っている。当初,わが国の社会保障の目標は,ナショナル・ミニマム(国民最低限の生活の保障)達成を目的として,スタートとした。その後,高度経済成長期を経て,北欧(デンマーク)より誕生したノーマライゼーションの理念と福祉サービスの普遍化が国民間に浸透した。また,同時に個々の生活において生活の質(QOL)や労働生活の質(QWL)の考え方も問われるようになった。

　しかしながら,経済的危機による財政的逼迫の中で社会保障制度に対する財政的抑制が働き,厳しい局面を迎えている。このテキストでは,社会福祉士国家試験受験資格取得のためのシラバス,① 現代社会における社会保障制度の課題,② 社会保障の概念や対象,そして理念についての理解,③ 社会保障の歴史的展開,④ 社会保障制度の体系,⑤ 年金保険制度及び医療保険制度の具体的内容,⑥ 諸外国における社会保障制度の概要等に基づいてテキストを作成した。テキストの記述はできるだけ平易になるように努めると同時に図表を多く挿入し,各章の巻末には,「プロムナード」「学びを深めるために」「演習問題」「福祉の仕事に関する案内書」等を設け,社会福祉を学ぶ学生にできるだけ興味をもってもらうよう配慮することに努めている。

　なお,執筆者に関しては,社会保障に関する業績のある方がたに依頼し,内容の充実したものになるよう努めた。このテキストによって,社会福祉を学ぶ学生が国家試験対策に少しでも役立つことができることを願っている。最後に,同書の発刊に際して,多大なる支援をいただいた学文社代表田中千津子氏に感謝する次第である。

2011年3月

執筆者を代表して
成清美治
真鍋顕久

目　次

第1章　社会保障制度の概要 ―――――――――――――――――――――― 1
1. 福祉国家と社会保障 ・・・ 2
   (1) 福祉国家とは　2／(2) 社会保障制度の成立への道　2／(3) ベヴァリッジの社会保障構想　4
2. 社会保障と基本的人権 ・・・ 5
   (1) 基本的人権とは　5／(2) 基本的人権の系譜　6
3. 社会保障の概念と理念 ・・・ 7
   (1) 社会保障の概念　7／(2) 社会保障の理念の発達　9／(3) わが国のソーシャル・インクルージョンの取り組み　10
4. 社会保障の役割と機能 ・・ 11

第2章　現代社会における社会保障制度の課題 ―――――――――――――― 17
1. 少子高齢化と社会保障制度 ・・・ 19
   (1) 人口構造の変動　19／(2) 子どもの数の減少　20／(3) 高齢社会の進展　21
2. 労働環境の変化と社会保障制度 ・・・ 23
   (1) 産業構造の変容　23／(2) 働き方の変化　24／(3) 働き手の変化　27
3. ライフサイクルと社会保障制度 ・・ 30
   (1) ライフサイクルからライフコースへ　30／(2) 核家族化と世帯規模の縮小　31
4. 社会保障制度の課題 ・・・ 32
   (1) 新たな課題　32／(2) 社会保障制度の新設計　34

第3章　欧米における社会保障制度の歴史的展開 ―――――――――――― 37
1. 社会保障の源流 ・・ 38
   (1) 社会保障という考え方　38／(2) 制度としての社会保障の始原　41
2. 救貧制度の成立と展開 ・・ 41
3. 社会保障法の成立と福祉国家の誕生 ・・・・・・・・・・・・・・・・・・・・・・・・・・・・・・・・・・・・・ 45
   (1) 社会保障法の成立　45／(2) 福祉国家の誕生　47
4. 社会保障制度の普及と発展 ・・・ 48

第4章　わが国における社会保障の歴史的展開 ――――――――――――― 53
1. 近代国家の成立と社会保険 ・・・ 54
   (1) 公的扶助制度の萌芽―明治期　54／(2) 社会保険の成立　54／(3) 救護法　55／(4) 国民健康保険法と労働者年金保険法　55
2. 戦後の社会保障制度の確立―敗戦から1950年半ばまで ・・・・・・・・・・・・・・・・・・・・・ 56
3. 高度経済成長と社会保障制度 ・・・ 57
   (1) 1950年後半～1960年代前半まで　57／(2) 1960年代後半～1973年まで　59
4. 社会保障制度の見直し―1970年代後半～1980年代 ・・・・・・・・・・・・・・・・・・・・・・・・ 60
5. 社会保障構造改革と最近の動向―1990年代以降 ・・・・・・・・・・・・・・・・・・・・・・・・・・・ 61
   (1) 社会保障構造改革　61／(2) 最近の動き―2000年以降　62

第5章　社会保障の財源と費用 ──── 67

1. 社会保障の財源 ･･ 68
   (1) 財源の構成　68／(2) 社会保険料　68／(3) 公　費　69
2. 社会保障給付費 ･･･ 74
3. 国民負担率 ･･･ 75
   (1) 国民負担率とは　75／(2) 国民負担率を使った議論　76／(3) 数字のもつ意味　78

第6章　社会保険と社会扶助の関係 ──── 81

1. 社会保険の概念と範囲 ･･･ 82
   (1) 社会保険の概念　82／(2) 社会保険の範囲　83
2. 社会扶助の概念と範囲 ･･･ 87
   (1) 社会扶助の概念　87／(2) 社会扶助の範囲　87
3. 社会保険と社会扶助の関係性 ･･･ 89
   (1) 両者の共通点　89／(2) それぞれの利点　90／(3) 社会保障制度の制度設計　90

第7章　公的保険制度と民間保険制度の関係 ──── 93

1. 公的施策と民間保険の現状 ･･･ 94
   (1) 公的保険と民間保険の共通性　94／(2) 公的保険と民間保険の違い　94／(3) 公的保険と民間保険が結んできた従来の関係　95／(4) 第3分野の保険の登場　95／(5) 社会保険制度改革の動向　95／(6) 今後の公的保険と民間保険の関係性　97
2. 民間年金保険 ･･･ 97
   (1) 民間年金保険の概要　97／(2) 民間年金保険を活用するうえでの注意点　98
3. 民間医療保険 ･･･ 99
   (1) 民間医療保険の概要　99／(2) 医療保険を利用するうえでのポイント　103
4. 民間介護保険 ･･ 103
   (1) 民間介護保険の定義　103／(2) 民間介護保険の種類　104／(3) 民間介護保険を選ぶうえでのポイント　104

第8章　社会保障制度の体系1－年金，医療，介護，労災 ──── 107

1. 年金保険制度の概要 ･･ 108
2. 医療保険制度の概要 ･･ 111
   (1) 健康保険　111／(2) 共済組合制度　112／(3) 国民健康保険制度　112／(4) 後期高齢者医療制度（長寿医療制度）　113
3. 介護保険制度の概要 ･･ 113
   (1) 介護保険制度制定の目的と背景　113／(2) 保険者，被保険者　114／(3) 保険給付の内容と保険給付利用の手続き　114／(4) 保険料，利用者負担，財源　115／(5) 介護保険制度改正の概要と今後の課題　115
4. 労災保険制度の概要 ･･ 116

第9章　社会保障制度の体系2－雇用，社会福祉，生活保護，家族手当 ──── 121

- 1　雇用保険制度の概要 ···················· 122
  - （1）雇用保険制度とは　122／（2）雇用保険制度の誕生から現在まで　123／（3）最近の雇用保険制度の改正―昨今の経済事情を反映して　123／（4）適用される事業所と被保険者　124／（5）財　源　124
- 2　社会福祉制度の概要 ···················· 125
  - （1）社会保障における社会福祉制度の位置づけ　125／（2）社会福祉制度の歴史　126／（3）社会福祉制度の課題　127
- 3　生活保護制度の概要 ···················· 127
  - （1）生活保護の歴史　127／（2）生活保護法の原理　128／（3）生活保護の種類　129／（4）生活保護の実施機関と手続きの流れ　130／（5）近年の生活保護世帯数の推移　131
- 4　家族手当制度の概要 ···················· 131
  - （1）児童手当とは　132／（2）支給対象となる児童　132／（3）子ども手当とは　132

第10章　公的年金制度 ──── 135

- 1　公的年金制度の意義と体系 ···················· 136
  - （1）公的年金制度が果たしている役割　136／（2）公的年金制度の仕組みについて　136
- 2　国民年金 ···················· 137
  - （1）国民年金の被保険者と保険者　137／（2）国民年金の保険料　137／（3）国民年金の給付について　139
- 3　厚生年金保険 ···················· 142
  - （1）厚生年金の被保険者　142／（2）厚生年金保険の保険料　143／（3）厚生年金の給付について　143
- 4　各種共済年金 ···················· 150
- 5　公的年金制度の財政 ···················· 150
- 6　公的年金制度の課題 ···················· 151
  - （1）保険料の未納　151／（2）年金記録問題　151／（3）年金制度の一元化　152／（4）持続可能な制度を構築　152
- 7　私的年金 ···················· 152
  - （1）国民年金基金　152／（2）企業年金　153

第11章　医療保険制度の具体的内容 ──── 157

- 1　国民健康保険 ···················· 158
  - （1）概要と目的　158／（2）保険者と被保険者　158／（3）給付内容　160／（4）動向と課題　163
- 2　健康保険 ···················· 163
  - （1）概要と目的　163／（2）保険者と被保険者　164／（3）給付内容　166／（4）動向と課題　168
- 3　各種共済組合の医療保険 ···················· 170
  - （1）各種共済組合の種類　170／（2）共済組合の医療保険　170
- 4　公費負担医療 ···················· 171

第 12 章　諸外国の社会保障 ─────────── 175

  1　スウェーデンの社会保障 ···································· 176
    (1) 社会保障の歴史・特徴　176／(2) 制度の概要　176
  2　ドイツの社会保障 ·· 178
    (1) 社会保障の歴史・特徴　178／(2) 制度の概要　179
  3　イギリスの社会保障 ······································· 181
    (1) 社会保障の歴史・特徴　181／(2) 制度の概要　182
  4　アメリカの社会保障 ······································· 184
    (1) 社会保障の歴史・特徴　184／(2) 制度の概要　184

索　引 ─────────────────────── 189

第 1 章

社会保障制度の概要

1 福祉国家と社会保障

(1) 福祉国家とは

　福祉国家 (Welfare State) を定義することは容易ではないが，一般的に福祉国家とは，①民主主義を基本とした政治体制，②完全雇用（雇用の確保）政策，③基本的人権思想の保障，④社会保障制度の整備，⑤中央政府が中心の国家体制（レジーム）のことをいう。福祉国家の著名な研究者のひとりであるエスピン＝アンデルセン (Esping-Andersen, G.) は，主著『福祉資本主義の三つの世界』(Three Worlds of Welfare Capitalism) の中で，福祉国家のレジーム（体制）を3つに分類し，その特徴を述べている。すなわち，①自由主義型（リベラル型）福祉国家：ミーンズテスト付きの扶助，最低限の普遍主義的な所得移転，最低限の社会保険プランである。このモデルに属する国は，アメリカ，カナダ，オーストラリア等である。②保守主義型（コーポラティズム）福祉国家：この国家は，市場に依存した福祉を国家の責任へ置き換えていこうとする過程の中で生み出された。顕著な特徴は，職業的地位の格差が維持されていることである。このモデルに属する国は，オーストリア，フランス，ドイツ，イタリア等である。③普遍主義（社会民主主義）型福祉国家：普遍主義の原理と社会権の脱商品化の効果を新中間階級まで及ぼしている国である。すなわち，福祉と労働の融合である。このモデルに属する国は，スウェーデン，ノルウェー，デンマーク，フィンランド，アイスランド等の北欧諸国である[1)]。

(2) 社会保障制度の成立への道

　福祉国家の基盤を形成する社会保障 (social security) は，国民の生活の維持・安定を図ることを目的としたものであるが，その制度の底流を国家が救貧税を財源として生活困窮者の救済を行ったイギリスの救貧法（公的扶助制度）と労働運動を抑制するため生まれたドイツの社会保険制度に求めることができる。また，福祉国家の理念は，イギリスの社会改良主義者であるウェッブ夫妻 (Webb, Sidney & Beatrice) によって提唱された「最低生活保障」，すなわち，ナショナル・ミニマム (National Minimum) に求めることができる。この理念は，のちに，ベヴァリッジ (Beveridge, William) の社会保険の原理に導入された。

　社会保障制度の中核である社会保険が創設されたのは，産業革命の後発国であるドイツであった。ドイツで世界最初の社会保険が生まれた理由として，次の点を挙げることができる。産業革命においてイギリスの後塵を拝していた同国はフランスとの戦争（普仏戦争）を経て1871年に国家が統一されたが，その過程で同国において宗教的・思想的対立が起こった。また，19世紀の後半から国内の産業資本家を育成し，急速な産業革命を推進した。そのためドイツ

エスピン＝アンデルセン (Esping-Andersen, Gøsta)

　福祉国家論の研究者，比較政治経済学者。彼はデンマーク生まれで，現在はスペインのポンペウ・ファブラ大学政治社会学部教授であり，福祉国家論研究の第一人者である。彼は主著『福祉資本主義の三つの世界』(Three World of Welfare Capitalism) (1990) の中で，福祉国家の3つの類型を提示して世界的に注目を集めた。

所得の再分配

　資本主義社会において発生する所得の不平等について，国は政策として，所得配分の公平化を図るため，税制度や社会保障制度により，保障を必要としている人びとに所得を移転することをいう。税制度としては，累進課税制度（標準課税が大きくなるにつれて，税率を高く課税すること）があり，社会保障制度としては，社会保険，公的扶助，社会福祉サービスがある。また，雇用政策，所得政策などの政策もある。高齢社会においては，公的年金や医療保険制度における所得再分配が争点となり，そのあり方が問われている。

各地で労働運動が勃発した。こうした労働運動を抑制するため当時の宰相ビスマルク（Bismarck, Otto）は，社会主義者鎮圧法（1878）を制定することによって労働運動を非合法化した。これによって労働運動は弾圧されることとなったが，1884年の選挙では政府の意図に反して社会民主党が躍進することとなった。こうした中で彼は労働者の福祉増進として社会政策を導入することとなった。すなわち，疾病保険法（1883），災害保険（1884），老齢・障害保険（1889）の3つで，世界最初の社会保険となった。これがビスマルクの「飴と鞭」の政策とよばれているのである。

これに対して，イギリスは自由党のロイド（Lloyd, George）がドイツの現状を視察してドイツ型（強制社会保険）とは異なる社会保険を制定する必要性を訴え，同党の社会保障政策に影響を与えることとなった。そして，1906年に政権の座についた自由党は，学校給食法（1906），学校保健法（1907），老齢年金法（1908），職業紹介法（1909），国民保険法（1911）等を次つぎに制定した。なお，各種の社会保険制定の前提となったのはブース（Booth, Charles）の『ロンドン市民の生活と労働』（*Life and Labour of the people in London, 17vols, 1902-1903*）あるいは，ラウントリー（Rowntree, B. Seebohm）の『貧困－都市生活の一研究』（*Poverty: A Study of Town Life*, 1901）によって，多くの貧困者の存在が明らかになったことである。

一方，公的扶助については，イギリスの救貧法にその原型を求めることができる。なかでも，1601年の「エリザベス救貧法」（Elizabethan Poor Law）は著名である。同法における救貧事業は，労働能力がありながら働く意欲が欠如している者（「有能貧民」）の労役場（ワークハウス）での強制就労，孤児・捨て子には一定の年齢まで徒弟奉公を課し，就労することが不可能な老人・病人・障害者（「無能貧民」）のみ生活扶養を目的とした救貧院に収容した。また，財源は教区に治安判事の承認を得た貧民監督官を置き，貧民税を強制的に徴収することによってまかなわれた。この救貧法は，国家的組織で富裕者から救貧税を徴収して貧民に分配，貧民を強制就業させることを目的とした。救貧法はその後，産業革命によって資本主義体制が確立する中で1834年に大改正されることとなった。その内容は，保護基準の全国的統一，劣等処遇の原則，労役場処遇を原則とし，貧民の人間の救済を拒否，自助を強調した厳しい内容を伴う「新救貧法」（New Poor Law）として成立した。そのため，1782年の「ギルバート法」（Gilbert's Act）（有能貧民を失業者と見なし，雇用されるまで居宅保護する）や1796年の「スピーナムランド法」（Speenhamland Act）（院外救済による一般雇用で賃金が保護基準に満たない場合，救貧税にて補助する）が同法の成立によって見直されることとなった。その後，救貧法はイギリスの救貧事業を担ってきたが，第2次世界大戦後の1948年の「国民扶助法」（National Assistance Act）の成立によって，同法はその役目を終え，国民扶助法が社会

扶助として社会保障の一翼を担うことになった。社会保障法が世界で初めて制定されたのは，アメリカの「社会保障法」(Social Security Act, 1935) であった。

そしてアメリカより遅れること3年，南半球の国，ニュージーランドにおいても社会保障法が誕生した。同国とアメリカの社会保障法を比較検討すると，ニュージーランドの社会保障法が老齢・疾病・寡婦・孤児・失業またはその他の状況から起因する事態に対する保障（保健・医療サービス＋年金給付制度）であるのに対して，アメリカの社会保障法は，年金保険と公的扶助への補助，社会施設，福祉事業への補助の3本柱に限定され，健康保険制度の欠如と国庫負担や運営主体による給付格差等の問題を抱えていた[2]。

このようにニュージーランドの当初の社会保障法は「一般租税」を財源とした社会保険と社会扶助が統合化されたもので西欧諸国がめざしていた社会保障とは異なったが，その独自性は高く評価されたのである。しかし，戦後の世界各国は，社会保障のモデルを示唆したベヴァリッジの「福祉国家」構想の影響を受けたためニュージーランド方式は普及しなかった。

(3) ベヴァリッジの社会保障構想

福祉国家構想のもとになったのは，ベヴァリッジを委員長とする委員会の報告書である『社会保険および関連諸サービス』(Social Insurance and Allied Services)（通称『ベヴァリッジ報告』1942）である。この中で彼は，「勧告の3つの指導原則」について述べている。

その第1の原則は，将来のための提案はすべて，過去に集められた経験を完全に利用すべきであるが，その経験を得る過程で築き上げられた局部的利益への顧慮によって制約されてはならない（抜本的取り組みが必要）。

第2の原則は，社会保険の組織は，社会進歩のための包括的な政策の一部にすぎない。すなわち，完全に発達した社会保険は，所得保障であり，窮乏（want）に対する攻撃であるが，しかし，窮乏は戦後の再建を阻む5つの巨人（five giants）のひとつにすぎない。他の4つの巨人とは，疾病（disease），無知（ignorance），不潔（squalor），怠惰（idleness）である（図表1－1参照）。

第3の原則では，社会保障とは国と個人の協力によって達成されるべきもの

ベヴァリッジ
(Beverige, William Henry)

イギリスの経済学者。労働次官であった1941年当時，「社会保険および関連サービス各省委員会」の委員長に就任。翌年にいわゆるベヴァリッジ報告を政府に提出し，第2次世界大戦後のイギリス社会保障制度の確立に貢献した。彼の計画は，社会保険を中心とした社会保障制度の確立であるが，所得再分配の主たる手段として定額拠出一定給付に固執したため給付水準の低下をもたらした。しかしながら，彼の社会保障に対する考え方は，各国の社会保障制度の構築に大きな影響を与えるとともに，イギリスの福祉国家成立の礎となったのである。

図表1－1　ベヴァリッジが提唱した5大悪対策

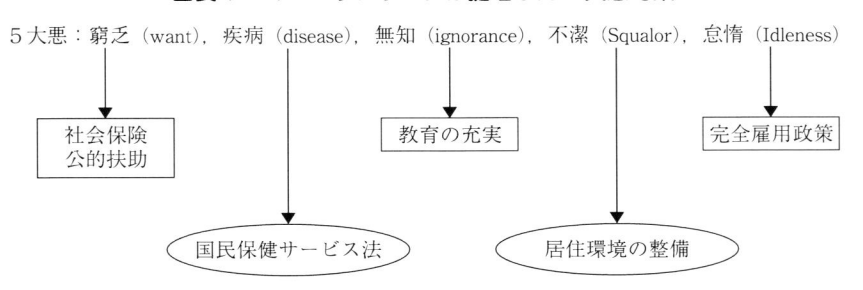

5大悪：窮乏（want），疾病（disease），無知（ignorance），不潔（Squalor），怠惰（Idleness）

- 窮乏 → 社会保険・公的扶助
- 疾病 → 国民保健サービス法
- 無知 → 教育の充実
- 不潔 → 居住環境の整備
- 怠惰 → 完全雇用政策

であるとしている³⁾。このようにベヴァリッジの社会保障計画は，① 基本的なニードに対する社会保険，② 特別な措置としての国民扶助，③ 基本的サービス以上を求める場合の任意保険の3つの組み合わせとなっている。また，国民医療保障に対しては，「国民保健サービス（National Health Service）」（1946）で対処することとなった。なお，彼の社会保障の基本理念はすでに述べたようにウェッブ夫妻（Webb, S. J. & Webb, B. P.）が『産業民主論（Industrial Democracy）』（1897）の中で提唱したナショナル・ミニマム（最低生活保障）論にある。その前提条件が完全雇用，国民保健サービス，児童手当であった。

このようにベヴァリッジの報告書に基づく諸政策は，第2次世界大戦後のイギリスの社会保障制度の確立に寄与するとともに，福祉国家としてのイギリスを誕生させ，社会保障の国際的発展に貢献したのである。イギリスの福祉国家誕生に至るまで，その底流には，不完全ながら生活困窮者に対する救済策として，キリスト教的慈善事業あるいは社会的正義から立法の形をとった「救貧法」に基づく公的扶助が存在した。同法は，エリザベスⅠ世の治世下の1601年より，同法の廃止のきっかけとなった「国民扶助法」（1948）の成立に至るまで一定の歴史的役割を果たした。このように，キリスト教慈善事業や救貧法は，イギリスにおける社会保障制度の確立の礎となり，福祉国家誕生の底流となったのである。

2 社会保障と基本的人権

（1）基本的人権とは

社会保障は，人間が生まれながらにして当然有する権利である基本的人権（fundamental human rights）と密接な関係がある。日本国憲法は，基本的人権を第11条［国民の基本的人権の永久不可侵性］，第97条［基本的人権の本質］において保障している（ただし，第12条，第13条において「公共の福祉」の下で一定の制約がある）。そして，① 平等権，② 自由権，③ 社会権，④ 参政権を規定している。主なものを挙げると，① 平等権は，第14条［国民の平等，貴族制度の否認，栄典の授与］において「法の下での平等」を定めている。また，第24条［家族生活における個人の尊厳と両性の平等］では「個人の尊厳」を定め，夫婦の平等の権利を認めている。次に，② 自由権は，基本原則として国家からの権力介入を排除し，個人の自由を保障することであるが，精神的自由として，第19条［思想及び良心の自由］を，第20条［信教の自由］では，「個人の信仰の自由と国等の宗教活動の禁止」を定めている。③ 社会権とは，人間としての最低生活の保障を国に求める権利であるが，日本国憲法第25条［国民の生存権，国の保障義務］の第1項「すべて国民は，健康で文化的な最低限度の生活を営む権利を有する。」第2項「国は，すべての生活部面につい

ナショナル・ミニマム論

ナショナル・ミニマムとは，国家が各種の法律，施策などによって国民に保障すべき最低限度の生活水準（これは絶対的な基準ではなく，国家の発展段階や社会状況によって規定される）のことをあらわす概念である。この概念はウェッブ夫妻（Webb, S. & Webb, B.）によって20世紀の初めに提唱され体系化された。彼らの唱えたナショナル・ミニマム論の範囲は最低賃金を含む雇用条件のみではなく，余暇，健康，教育などの広範囲に及ぶものであった。この論の考え方は，のちにベヴァリッジ報告に継承されてイギリスの社会保障の具体的な政策目標となるとともに社会保障の基本理念となったのである。

図表1−2　日本国憲法と基本的人権

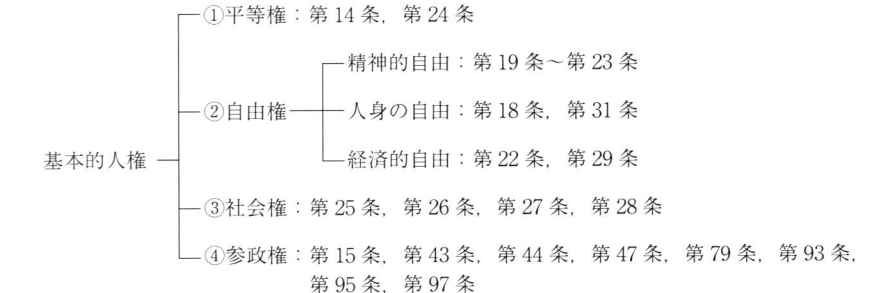

```
基本的人権 ┬ ①平等権：第14条，第24条
          ├ ②自由権 ┬ 精神的自由：第19条〜第23条
          │        ├ 人身の自由：第18条，第31条
          │        └ 経済的自由：第22条，第29条
          ├ ③社会権：第25条，第26条，第27条，第28条
          └ ④参政権：第15条，第43条，第44条，第47条，第79条，第93条，
                    第95条，第97条
```

て，社会福祉，社会保障及び公衆衛生の向上及び増進に努めなければならない。」と生存権が明記してある（日本国憲法第25条のとらえ方には，具体的権利説，プログラム規定説，抽象的権利説等がある）。また，第26条［教育を受ける権利，受けさせる義務］には「すべての国民は，義務教育を受ける権利があり，また，保護者はその子どもに教育を受けさせる義務がある」としている。

④参政権とは，国民が直接あるいは間接に国政に参加する権利をいうが，日本国憲法の第15条［国民の公務員選定罷免権，公務員の本質，普通選挙及び秘密投票の保障］等に明記している。このような基本的人権の系譜は，これまでの幾多の人権宣言に求めることができる。

(2) 基本的人権の系譜

歴史的に人権宣言として有名なのは，イギリスとの戦争後，13の植民地の独立を果たすきっかけとなったジェファーソン（Jefferson, Thomas）が起草した「アメリカの独立宣言」(The Declaration of Independence of the 13 United States of America, 1776)やフランスの基本的文書で，ルソー（Rousseau, Jean Jacques）の『社会契約論』(*Du Contrat Social, ou principles du droit politique*, 1762)にある"自由・平等・博愛"思想あるいはモンテスキュー（Montesquieu, Charles Louis de Second-at）の「法の精神」の権力分離等の影響を受けて，ラファイエット（Lafayette, Marie）が起草した「フランス人権宣言」(Déclaration des Droits de l' Home et du Citoyen)がある。アメリカ独立宣言並びにフランス人権宣言は，ともに「すべての人間は平等である」と唱え，国家構築の基本理念となった。

基本的人権は，当初，自由・平等を中心に推移したが，のちに社会権や生存権が含まれることとなった。そのきっかけとなったのは，第1次世界大戦後の1919年ドイツで公布された「ワイマール憲法」(Weimarer Verfassung)であった。この中で世界最初の「生存権」(第151条第1項)が明記された。すなわち「経済生活の秩序は，すべての人に，人たるに値する生存を保障することを目指す，正義の諸原則に適合するものでなければならないとある」。

ワイマール憲法

第1次世界大戦後の1919年にドイツの民主化を図る目的で制定されたドイツ共和国憲法の通称をさす。本憲法では，国民の直接選挙による大統領制，比例代表選挙による議院内閣制，国民投票・国民発案制が採用された。とりわけ，「人間たるに値する生存」という観点が導入され，経済的自由が一定の制限のもとで実現されるという社会的権利保障の思想が明記されている。しかしながらこの憲法は，ナチス政権の成立によって有名無実化することとなった。

図表1-3 世界人権宣言（抜粋）

> 第 1 条：すべての人間は，生まれながらにして自由であり，かつ，尊厳と権利とについて平等である。人間は，理性と良心とを授けられており，互いに同胞の精神をもって行動しなければならない。
> 第22条：すべて人は，社会の一員として，社会保障を受ける権利を有し，かつ，国家的努力及び国際的協力により，また，各国の組織及び資源に応じて，自己の尊厳と自己の人格の自由な発展とに欠くことのできない経済的，社会的及び文化的権利の実現に対する権利を有する。
> 第25条：すべて人は，衣食住，医療及び必要な社会的施設等により，自己及び家族の健康及び福祉に十分な生活水準を保持する権利並びに失業，疾病，心身障害，配偶者の死亡，老齢その他不可抗力による生活不能の場合は，保障を受ける権利を有する。
> 　2．母と子とは，特別の保護及び援助を受ける権利を有する。すべての児童は，摘出であると否とを問わず，同じ社会的保護を受ける。

ところで，人権保障の国際的規範（基本原理）となったのが，第2次世界大戦後，国際連合総会で採択され成立した「世界人権宣言」(Universal Declaration of Human Rights, 1948) である。この宣言は前文と30条より成り立っている。図表1-3が世界人権宣言の中の基本的人権と社会保障に関する条文である。

世界人権宣言の特徴は，すべての人間は生まれながらに自由であり，かつ，尊厳と権利について平等であり，人は人種・皮膚の色・性・言語・宗教・国等において差別されないとしていることである。なお，世界人権宣言は法的拘束をもたないため限界があった。そこで，国連総会にて同宣言に法的拘束をもたせた「国際人権規約」(International Covenants on Human Rights, 1966) が採択された（1976年に発効。わが国は，1979年に同規約を批准した）。この規約は社会権規約（国際人権A規約）と自由権規約（国際人権B規約）から成っている。

3 社会保障の概念と理念

(1) 社会保障の概念

わが国の社会保障制度の概念を定義し，社会保障制度の体系化に影響を与えたのは社会保障制度審議会による各年度の勧告である。とくに，社会保障の定義を規定したのが，1950年の社会保障制度審議会「社会保障制度に関する勧告」である。それによると，「社会保障制度とは疾病，負傷，分娩，廃疾，死亡，老齢，失業，多子その他の困窮の原因に対し，保険的方法又は直接公の負担において経済保障の途を講ずるとともに，公衆衛生及び社会福祉の向上を図り，もってすべての国民が文化的社会の成員たるに値する生活を営むことができるようにすることをいうのである。」とあり，社会保険を中核とし，補完するものとして公的扶助（生活保護），社会福祉，公衆衛生および医療という社

会保障制度の基本的枠組みを提示した。また，社会保険を医療保険，年金保険，失業保険，労働災害補償保険とした。この勧告をもとにわが国の社会保障制度が逐次整備されることとなったが，その目的は貧困に対する救貧並びに防貧，すなわち国民の「最低生活の保障」（ナショナル・ミニマム）にあった。しかしながら，今日の少子・高齢社会の下で，逼迫した財政的問題も手伝って，社会保障制度の在り方も，これまでの問題発生の事後的対応から，問題発生を事前に防ぐ予防的対応へ変化しつつある。つまり，予防型社会保障制度への変容である。その端的な例が介護保険制度の「介護」から「介護予防」への政策転換である。なお，現在のわが国の社会保障制度の体系は，図表1－4の通りである。

図表1－4　社会保障制度の体系

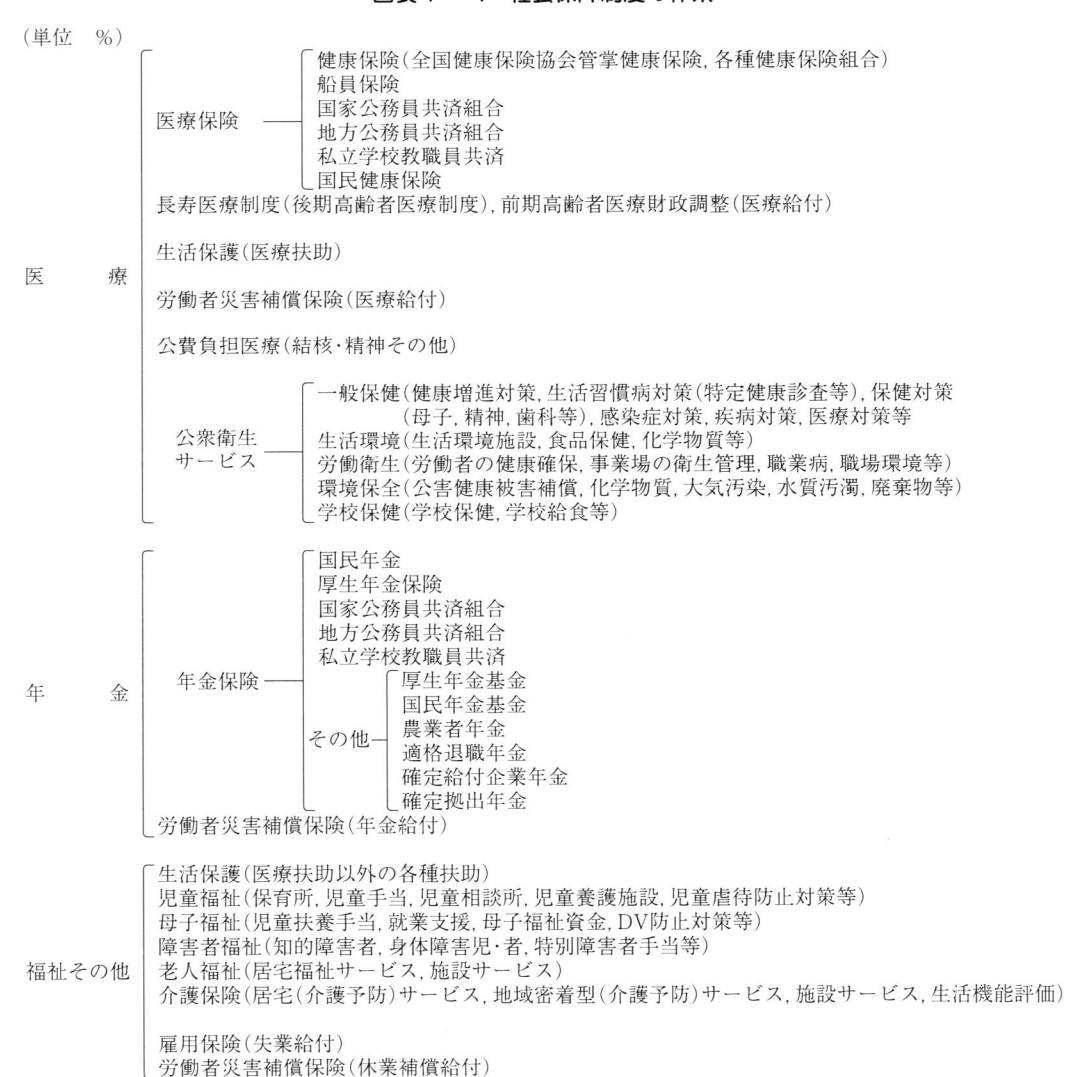

（単位　％）

医療
- 医療保険
  - 健康保険（全国健康保険協会管掌健康保険，各種健康保険組合）
  - 船員保険
  - 国家公務員共済組合
  - 地方公務員共済組合
  - 私立学校教職員共済
  - 国民健康保険
- 長寿医療制度（後期高齢者医療制度），前期高齢者医療財政調整（医療給付）
- 生活保護（医療扶助）
- 労働者災害補償保険（医療給付）
- 公費負担医療（結核・精神その他）
- 公衆衛生サービス
  - 一般保健（健康増進対策，生活習慣病対策（特定健康診査等），保健対策（母子，精神，歯科等），感染症対策，疾病対策，医療対策等
  - 生活環境（生活環境施設，食品保健，化学物質等）
  - 労働衛生（労働者の健康確保，事業場の衛生管理，職業病，職場環境等）
  - 環境保全（公害健康被害補償，化学物質，大気汚染，水質汚濁，廃棄物等）
  - 学校保健（学校保健，学校給食等）

年金
- 年金保険
  - 国民年金
  - 厚生年金保険
  - 国家公務員共済組合
  - 地方公務員共済組合
  - 私立学校教職員共済
  - その他
    - 厚生年金基金
    - 国民年金基金
    - 農業者年金
    - 適格退職年金
    - 確定給付企業年金
    - 確定拠出年金
- 労働者災害補償保険（年金給付）

福祉その他
- 生活保護（医療扶助以外の各種扶助）
- 児童福祉（保育所，児童手当，児童相談所，児童養護施設，児童虐待防止対策等）
- 母子福祉（児童扶養手当，就業支援，母子福祉資金，DV防止対策等）
- 障害者福祉（知的障害者，身体障害児・者，特別障害者手当等）
- 老人福祉（居宅福祉サービス，施設サービス）
- 介護保険（居宅（介護予防）サービス，地域密着型（介護予防）サービス，施設サービス，生活機能評価）
- 雇用保険（失業給付）
- 労働者災害補償保険（休業補償給付）

出所）『国民の福祉の動向　2009』厚生統計協会，p. 12

（2）社会保障の理念の発達

　社会保障の理念は，すでに1の（2）で述べたようにウェッブ夫妻が提唱したナショナル・ミニマム論にある。この理論を明確にしたのが，『産業民主制論』においてであった。同書の中でナショナル・ミニマムは，労働者を雇用する事業主が守るべき最低の労働条件であるとし，この雇用のための共通規制（common rule）を産業間に強制していくことが労働者の生活向上に繋がるとした。彼等は，「救貧法に関する王立委員会」（The Royal Commission on the Poor Law and the Unemployed, 1905～1909）の「少数派報告」において，救貧法の廃止を訴える一方，教育，健康，生計等まで拡大化し，貧困を予防することが必要であると主張した。社会改良主義者であるウェッブ夫妻の考え方は，救貧法のように生活困窮者の救済を選別する選別主義（selectivism）ではなく，すべての生活困窮者に対してサービスを提供する普遍主義（universalism）であった。現在，わが国において，公的扶助あるいは児童手当，児童扶養手当，特別児童扶養手当等は選別主義を採用，その他の社会福祉サービス，たとえば，2010年度から開始された「子ども手当」は普遍主義を採用している。

　このように，ウェッブ夫妻が提唱した社会保障の基本的理念であるナショナル・ミニマム論は，ベヴァリッジの社会保障構想の中に基本理念として導入され，第2次世界大戦後イギリスをはじめ世界各国の福祉国家構想に影響を与えた。その後，石油ショックを起因とする世界経済の危機の下で福祉国家体制が衰退するとともに20世紀後半における社会保障の理念は，①デンマークのバンク＝ミケルセン（Bank-Mikkelsen, N. E.）が提唱したノーマライゼーション，②ティトマス（Titmuss, W. A.）の福祉の社会的分業論の影響を受け，新保守主義の流れを汲むローズ（Rose, R.）等の福祉の供給源を3つ（国・民間市場・家族）に類型化した福祉ミックス論（福祉多元主義），③元アメリカのニクソン（Nixon, R. M.）大統領が福祉改革において用いた言葉であるが，イギリスの元首相ブレア（Blair, A. C. L.）が推進したワークフェア（Workfare；労働を奨励する福祉政策）等の流れがある。

　そして従来の貧困者，障害者等の排除だけでなく，政治の不安定，経済の不安定，社会環境の悪化等のもとで増加する薬物依存者，学校不適応児，失業者等を社会的に排除するというソーシャル・エクスクルージョン（social exclusion）がヨーロッパにおいて大きな問題となった。こうした状況を打開するため近年では1980年代からヨーロッパを中心に，これまで社会的に排除されてきた人びとを社会の中に包み込み，支え合うという④ソーシャル・インクルージョン（social inclusion）の理念が注目されている。

　この理念は「孤独・孤立・排除されているすべての人びとを社会のなかに受け入れ，支え合い，社会の構成メンバーとして迎えること」である。イギリスやフランスでは政策目標のひとつとして取り上げてきたが，今日ではEUで

は，社会政策の基本事項となっている。たとえば，フランスでは「エクスクルージョン対策法」(1998) が制定され，同法では，雇用，住宅，医療，教育，職業訓練，文化や家庭生活等の保障を盛り込んでいる[4]。また，イギリスでは，エクスクルージョン対策として，ワークフェアを中心に展開してきた。なお，EUの具体的政策として，2000年6月に「新社会政策アジェンダ」(New Social Policy Agenda) が発表された。そして，同年の12月にニース欧州委員会で採択された。この中で，ソーシャル・エクスクルージョンに関しては，「貧困や疎外を防止・撲滅し，すべての者を経済・社会生活に統合・参加させること」が目標として掲げられたのである[5]。

(3) わが国のソーシャル・インクルージョンの取り組み

わが国において，社会的に排除されている人びとに対する政策として，福祉・労働・教育等の政策が導入されるようになったのは，経済のグローバル化，家族規模の小規模化，地域社会の崩壊等によって，失業，中高年の自殺，ホームレス，いじめ等の問題が顕著になってきてからである。そこで，2000（平成12）年12月8日に当時の厚生省（現厚生労働省）は，「社会的な援護を要する人々に対する社会福祉のあり方に関する検討報告書」を発表した。この中で，社会的排除の対応策として，ソーシャル・インクルージョンを新たな理念として提起している。また，社会福祉の増進のための社会福祉事業法等の一部を改正する法律」(2000) の制定により，新たに「地域福祉の推進」が設けられた。これは，近年わが国の地域社会において弱体化している「つながり」を再構築するためのものであるとし，イギリスやフランスにおいても「ソーシャル・インクルージョン」が政策目標のひとつにあげられている。これらは「つながり」を再構築するための歩みであると指摘しており，これが同報告書の「基本

図表1－5　近年における社会経済環境の変化

① 経済環境の急激な変化
・産業構造の変貌とグローバリゼーション
・成長型社会の終焉
・終身雇用などの雇用慣行の崩れ
・企業のリストラの進行
・企業福祉の縮小〜競争と自己責任の強調
② 家族の縮小
・世帯規模の縮小
・家族による扶養機能のますますの縮小
・非婚・パラサイトシングルなどの現象
③ 都市環境の変化
・都市機能の整備
・高層住宅，ワンルームマンションなどの住宅の変化
・消費型社会
・都市の無関心と個人主義
④ 価値観のゆらぎ
・技術革新や社会経済環境変化の中で，人間や生活，労働をめぐる基本的価値観の動揺

出所）厚生省・社会的な援護を要する人々に対する社会福祉のあり方に関する検討会「社会的な援護を要する人々に対する社会福祉のあり方に関する検討会」報告書（2000年12月8日）

的考え方」となっている。また，同報告書では，「近年における社会経済環境の変化」として，図表1－5のような要因を挙げている。

また，同報告書は，問題把握の視点として，①問題の背景・経済環境の変化・家族規模の縮小・都市の変化，②問題の基本的性格・心身の障害や疾病・社会関係上の問題，③社会との関係における問題の深まり・社会的排除・摩擦・社会的孤立，④制度との関係における問題の放置・制度に該当しない・制度がうまく運用されていない・制度にアクセスできない・制度の存在を知らない等を問題把握の視点としてあげている。

このように，わが国においてもソーシャル・インクルージョンの取り組みが始まっているのである。

4 社会保障の役割と機能

第1に，社会保障の役割であるが，国民が病気，障害，事故，失業，退職等にて生活困窮に陥った場合，個人の責任や自助努力で自立した生活を維持することができないとき社会保険である年金や医療保険あるいは雇用保険や社会福祉等の安全網（セーフティネット）にて国民の生活を保障することである。このようにして，国民の生活が，社会保険を中心にして守られているのである。ただし，近年の経済のグローバル化，世界的金融危機，長期デフレ傾向，産業構造の変化に伴って，わが国の雇用環境は厳しい局面を迎え，雇用形態に変化をもたらした。つまり，「雇用の調整弁」の役割を果たす非正規社員の増大であり，彼等は，経済的不安だけでなく，社会保険（年金・医療保険）の未加入による生命の危機を迎えている。この非正規社員（派遣・パート等）は，2009年平均で1,721万人となり，前年より約39万人減少している（総務省「労働力調査」2010年22日発表，『朝日新聞』2010年2月23日）。この結果により，非正社員が雇用の調整弁になっていることが明らかとなった。今後，雇用の安定化が社会保障制度を維持・継続するために大切な要件となってくる。

第2に，社会保障の機能であるが，主として，①生活の安定機能，②経済の安定機能，③所得再分配機能，④社会的統合と政治の安定機能，⑤リスクの分散（＝保険）機能等がある。

まず，①生活の安定と成長機能であるが，私たちは，日常生活において病気やけがをすることがある。こうした場合，医療保険の存在により，一定の自己負担のもとで必要な医療（治療・投薬あるいは手術）を受けて健康を回復し，従来の生活に戻ることができる。また，失業をした場合，雇用保険により再就職まで生活を維持することが可能である。そして，業務中に労働災害に遭遇した場合，労働者災害補償保険制度により自己負担なしで，治療を受けることができる。定年退職後の生活は，各年金制度による経済的保障（ただし，各年金

制度により給付額の格差がある）により，日常生活を継続することができる。老後，要介護・要支援状態に至り介護が必要となった場合にも，介護保険制度の利用により，介護サービスを受けることができる。

　このように社会保険制度により，私たちは，日々安定・安心した生活を送ることができるのである。これが社会保障の生活の安定機能である。つぎに，② 経済の安定機能であるが，社会保障は景気を常に一定化し，経済を安定させる機能がある。すなわち，景気が不況な時には，生活困窮者に対して社会保険の給付や生活保護費の支給により，消費需要の低下を補うことができる。たとえば，雇用保険は，失業時の生活を支える役割を担っているが，このことにより一定の消費の冷え込みを抑制する効果がある。

　一方，経済が好況期にある場合，生活保護費の支出や雇用保険の給付が抑制され社会保障財政の安定化に寄与すると同時に所得の上昇に伴って，個人だけでなく企業の保険料負担も上昇するので，景気のヒートアップ（加熱）を抑制することができる。また，高齢者に対する公的年金の支給は，生活の安定化と同時に消費活動を支える。こうした社会保障の自働安定化装置の役割をビルトイン・スタビライザー（built-in stabilizer）という。

　そして，③ 所得再分配機能であるが，この機能には，1）垂直的再分配機能と，2）水平的所得分配機能，そして，3）世代間再分配機能がある。1）は高所得者層から低所得者層への所得の再分配，すなわち，所得の移転である。たとえば，高所得階層から累進税（progressive tax）により徴収した所得税や資産課税にて生活保護の費用を賄った場合，所得が高所得階層から低所得階層へ移転し，所得再分配効果が上がったことになる。2）は同一の所得階層内での所得再分配機能で，就労している人が就労できない人（障害，失業，病気等）に対する所得再分配である。たとえば，障害や病気で治療（通院・入院）が必要な場合，健康時に一定の保険料を支払っている医療保険から医療あるいは傷病手当金が給付され生活保障が確保される。すなわち，所得再分配機能が働いているのである。このような所得再分配機能は，租税や社会保障制度が手段となるのである。3）わが国の社会保険は賦課方式（現役の被保険者が支払う保険料で老齢年金給付金を賄う）である。つまり，世代間による所得再分配である。

　次は，④ 社会的統合と政治の安定機能であるが，社会保障の機能が有効に働くことによって，地域で暮らす人びとの生活を安定させることになる。社会保障が効果的に機能することは，国民間の経済的格差を是正し，毎日の生活に余裕をもたらす。その結果，地域社会の人間関係にゆとりが生まれ，人間関係が安定し，所得階層間の対立が緩和され，政治が安定的に機能する。

　最後に⑤ であるが，すでに述べたように本来，社会保障の役割は，人びとが疾病，障害，失業，老齢等によって，生活が不安定化した時に安全網（セーフティネット）により，主として経済的に生活を支える役割をもっている。す

4. 社会保障の役割と機能

図表1－6　税による所得再分配効果と社会保障制度による所得再分配効果
（等価当初所得から等価再分配所得へのジニ係数の改善度）

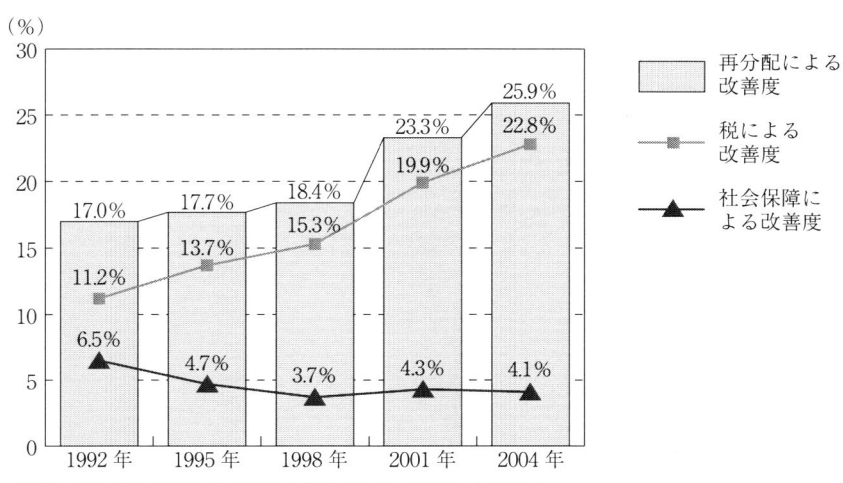

年	再分配による改善度	税による改善度	社会保障による改善度
1992年	17.0%	11.2%	6.5%
1995年	17.7%	13.7%	4.7%
1998年	18.4%	15.3%	3.7%
2001年	23.3%	19.9%	4.3%
2004年	25.9%	22.8%	4.1%

資料）厚生労働省政策統括官付政策評価官室「所得再分配調査」
出所）厚生労働省編『厚生労働白書（平成20年版）』厚生労働省，p. 89

なわち，人びとは被保険者として，一定の保険料を支払い，病気や事故等の不規則あるいは不確実なリスクの分散を社会保険（「社会保険」と「民間保険」）というシステムを通じて図っているのである。つまり，私たちはこのセーフティネットによって，人生のリスクを分散しているのである。しかしながら，この機能は，既述したようにグローバル経済，高齢社会のもとでの雇用の不安定化が無保険者を増大させ，強いては年金等の財政基盤を揺るがしている。こうした状況がセーフティネットそのものを脆弱化させ，生活困窮者が社会保険の網の目から漏れ，被保護者の増加を招いている。

なお，被保護者数は，2008（平成20）年度で，1,592,625人，同年の保護率12.5‰，被保護者世帯数は，1,148,766世帯となっている。この数は，1995（平成7）年以降上昇し続けている（福祉行政報告例より厚生労働省社会・援護局課作成）。

図表1－7　社会保障の機能

```
(1) 所得再分配（所得移転）：所得の移転を通じ一定以上の生活をすべての人に
                         保障する→一般財源（税）
                         （例：公的扶助，年金の基礎部分，後期高齢者医療制度）

(2) リスクの分散（＝保険）：起こりうるリスクに共同で備える
     ── 市場の失敗（逆選択）が生じやすいもの→社会保険
             （例：若年者の医療）        ①強制加入
                                        ②平均保険料方式
     ── 市場の失敗（逆選択）が生じにくいもの→民間保険
             （例：年金の所得比例部分）①任意加入
                                      ②リスク比例保険料
```

出所）広井良典『日本の社会保障』岩波新書，1999年，p. 105

以上，社会保障の機能について述べたが，今後も国民の生活・生命・安全を守るセーフティネットとしての役割がますます期待されるのである。

注）
1) エスピン＝アンデルセン, G.著／岡沢憲芙・宮本太郎監訳『福祉資本主義の三つの世界』ミネルヴァ書房，2001年，pp.28-31
2) 成清美治「世界一の福祉国家」日本ニュージーランド学会編『ニュージーランド入門』慶應義塾大学出版会，1998年，p.27
3) 岡田藤太郎『社会福祉学の一般理論の系譜』相川書房，1995年，p.27
4) 日本ソーシャル・インクルージョン推進会議編『ソーシャル・インクルージョン―格差社会の処方箋』中央法規，2007年，p.65
5) 同上，p.70

参考文献
厚生労働省編『厚生労働白書（平成21年版）』厚生労働省，2009年
福祉士養成講座編集委員会編『社会保障論』中央法規，2001年
児島美都子・成清美治・牧洋子編著『保健医療サービス』学文社，2009年
高野史郎『イギリス社会事業の形成過程―ロンドン慈善事業協会の活動を中心として』勁草書房，1985年
社会保障研究所編『社会保障の潮流―その人と業績』全国社会福祉協議会，1977年

プロムナード

わが国の雇用状況は厳しく，失業率も約5％となっています。社会保障の本来の役割は，安全網（セーフティネット）ですが，700兆円を超える国の債務超過並びに人口の高齢化が進む中で，社会保障費の予算が毎年削られてきました。その結果セーフティネットとしての社会保障の役割にほころびが生じてきました。なかでも，①医療，②年金，③介護等は深刻な状態に陥っています。具体的には医師不足（とくに小児科，産婦人科），非正規雇用者の増加に伴う，国民年金の未加入者の増大，またそれに伴う年金財政の逼迫，老人ホーム等での介護職員の不足等です。このような状況を打開するためには，社会保障費に対する国家予算の増大とともに国民の負担増並びに社会保障・社会福祉に対して国民がより一層関心を示すことが大切だと思います。

学びを深めるために

広井良典『日本の社会保障』岩波新書，1999年
　著者は日本有数の社会保障の研究者であり，日本の社会保障制度をわかりやすく丁寧に記述した良書である。

エスピン＝アンデルセン, G.著／岡沢憲芙・宮本太郎監訳『福祉資本主義の三つの世界』ミネルヴァ書房，2001年
　著者は世界的に著名な福祉国家の研究者で，同書は現代の資本主義社会における福祉国家を分析し，理論化した良書である。

社会保障制度の成立過程について述べなさい。
「ベヴァリッジ報告」の内容と意義について述べなさい。

福祉の仕事に関する案内書

湯浅　誠『反貧困―「すべり台社会」からの脱出』岩波新書，2009 年
阿倍　彩『子どもの貧困―日本の不公平を考える』岩波新書，2009 年
エスピン＝アンデルセン，G. 著／京極高宣監修／林昌宏訳／B. パリエ解説『アンデルセン，福祉を語る－女性・子ども・高齢者』NTT 出版，2008 年

第2章 現代社会における社会保障制度の課題

第2章 現代社会における社会保障制度の課題

私たちは、ライフステージの各段階で、社会保障制度を通じてさまざまなサービスや給付金を受け取り、そのための費用を負担している。図表2－1は、ライフサイクルと社会保障の関係を示したものである。出生の前から、そして生まれてから死ぬまでの一生を通じて、広範な制度が用意されていることがわかる。

これらのサービスや給付金は、税金や社会保険料で支えられている。医療や介護のように、個人では負担しきれないほどの費用がかかるかもしれないのに、予測できないために準備をすることが難しい性質の出費や、加齢や障害などさまざまな理由で生活を順調に送ることが難しい人を支えるための費用などは、

> **ライフサイクル**
> 人間が誕生してから死に至るまでの一連の過程を表現する用語で生活周期と訳す。一般的には成人男女が結婚し家庭を形成し、子どもが生まれる。子どもは乳幼児期、学齢期を経て成人に達し、就職や結婚をし、親となり、壮年期、老年期に入り、配偶者の死亡など高齢者としての生活を経て家族は消滅する。

図表2－1 ライフサイクルから見た社会保障

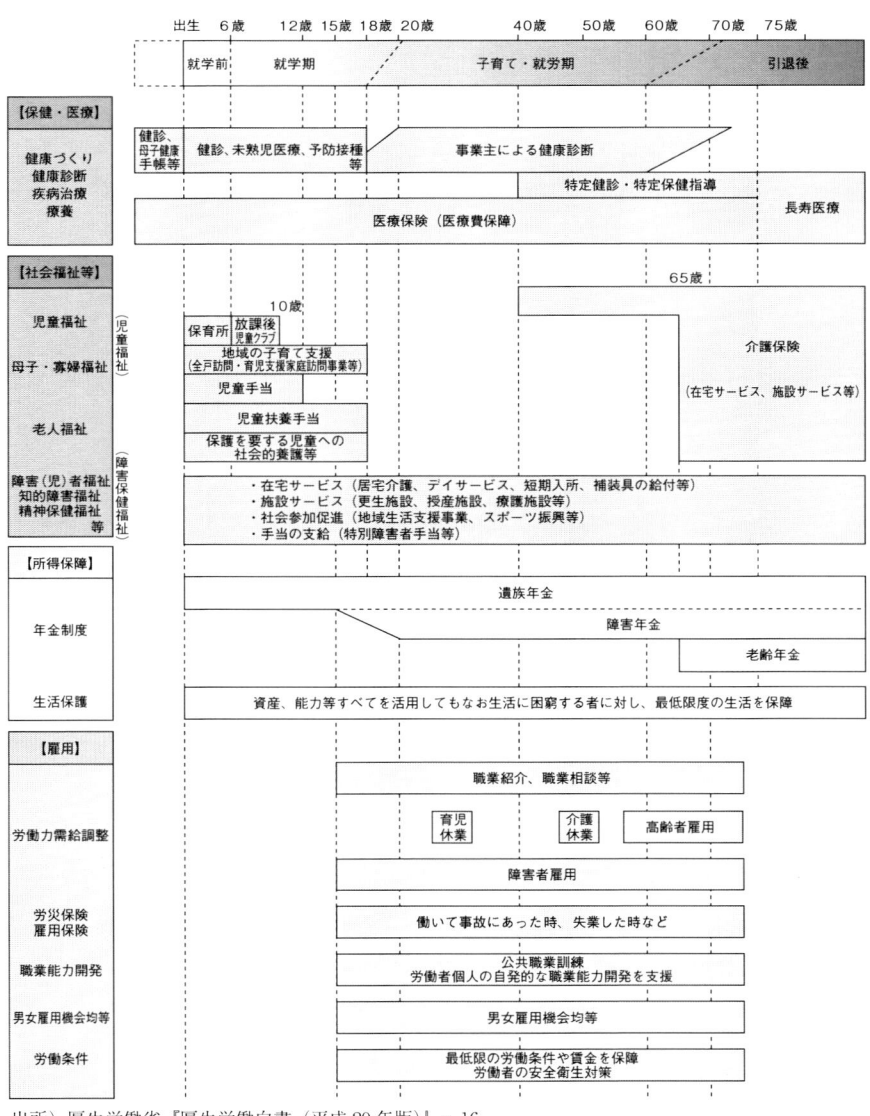

出所）厚生労働省『厚生労働白書（平成20年版）』p.16

社会全体で支えていく必要があるからである。

　しかし，個人の生活を第一義に支えてきた家族の変化や，生活そのものの変化や，少子高齢化によるサービスや給付金の受け手と支え手のバランスの変化などが，これまでの社会保障制度に見直しを迫っている。本章では，現代社会における社会保障制度の課題を，人口構造，就労構造，ライフサイクルの3つの視点から説明する。

1　少子高齢化と社会保障制度

　2005年，日本の人口減少が始まった。同じ年の敬老の日，日本の高齢化率が20％を超えたことが報じられた。日本において人口の高齢化が急速に進んでいることは，新聞やテレビのニュースでよく耳にするだろう。まずはその状況を確認し，そして人口構造の変化が社会保障制度にどのような影響を与えるのか考えていこう。

（1）人口構造の変動

　図表2－2は，日本における1920年から2050年までの年齢3区分別の人口規模及び全体に占める割合の推移とその予測（中位推計結果）を図にしたものである。20世紀の間は，総人口に占める年少人口（0～14歳人口）の割合が高かったのに対して，21世紀に入ると高齢者人口の占める割合が高くなる。そして，今後その傾向が続く見通しであることがわかる。

　年少人口が最も多かったのは，1950年代の第1次ベビーブームのころである。1955年の年少人口は約297万人で，総人口の3分の1を超えていた。しかし，その後出生数は1970年代の第2次ベビーブームの時に再び増加したものの，以降減少傾向にある。将来の年少人口の規模と割合をみると，中位推計結果によれば，2010年の1,648万人から，2055年には半分以下の752万人になると予想されている。総人口に占める割合では，2010年の13.0％から，2055年には8.4％まで縮小すると推計されている。

　現役世代である生産年齢人口（15～64歳人口）は，1990年代をピークとして減少傾向にあり，2010年の8,129万人から，2055年には4,595万人まで減少することが推計されている。総人口に占める割合も，2010年の63.9％から，2055年には51.1％へ縮小することが推計されている。

　一方，老年人口（65歳以上人口）の推計は，2010年の2,941万人から緩やかな増加を続け，団塊世代が参入を始める2012（平成24）年に3,000万人を上回る。そして，第二次ベビーブーム世代が老年人口に入った2042（平成54）年に3,863万人でピークを迎える。その後は減少に転じ，2055年には3,646万人となる。総人口に占める割合は，2010年の23.1％から上昇を続けて，2055

生産年齢人口

　人口の年齢構造は，年少人口，生産年齢人口，老年人口に分けられる。生産年齢人口とは，15歳以上65歳未満の人口群で，実際に就労しているか否かにかかわらず，生産活動に従事することが可能な人口階層をいう。日本の生産年齢人口割合は，1982年の65.7％から上昇を続けてきたが，1992年の69.8％をピークに低下傾向に転じている。

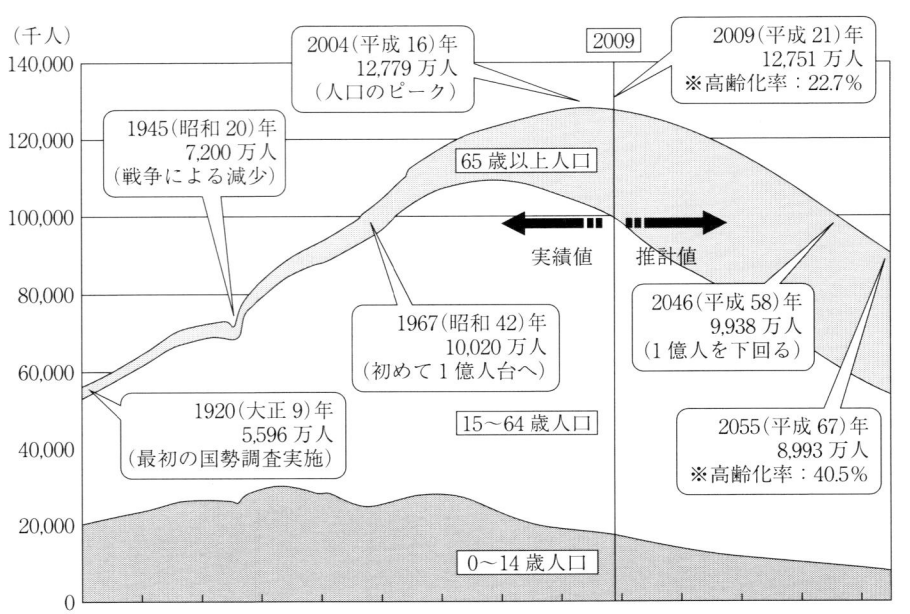

図表2-2 日本の人口構造の推移と見通し

- 1920(大正9)年 5,596万人（最初の国勢調査実施）
- 1945(昭和20)年 7,200万人（戦争による減少）
- 1967(昭和42)年 10,020万人（初めて1億人台へ）
- 2004(平成16)年 12,779万人（人口のピーク）
- 2009(平成21)年 12,751万人 ※高齢化率：22.7％
- 2046(平成58)年 9,938万人（1億人を下回る）
- 2055(平成67)年 8,993万人 ※高齢化率：40.5％

資料）実績値（1920～2009年）は総務省「国勢調査」，「人口推計（各年10月1日現在推計人口）」，「昭和20年人口調査」，推計値（2010～2055年）は国立社会保障・人口問題研究所「日本の将来推計人口（平成18年12月推計）」の中位推計による。

注）1941～1943年は，1940年と1944年の年齢3区分別人口を中間補間した。1945年～1971年は沖縄県を含まない。

出所）内閣府『子ども・子育て白書（平成22年版）』p.46

年には40.5％に達する。老年人口自体は2042年をピークに減少し始めるが，年少人口と生産年齢人口の減少が続くため，老年人口割合は相対的に上昇し続けると推測されている。

(2) 子どもの数の減少

2009年の日本における出生数（推計）は，106万9,000人であった。30秒にひとりの赤ちゃんが生まれている計算になる。出生率（人口千対出生数）は8.5で，2007年以降，出生数，出生率ともに減少，低下している。

合計特殊出生率は，2003年から超少子化ともよばれる1.3を3年連続で割り込み，2005年には最低値1.26まで下がったが，その後はやや持ち直している。2008年の合計特殊出生率は1.37であった。人口が長期的・安定的に維持されるために必要な水準値とされる人口置換水準（2.07程度）を大きく割り込み，人口減少の一因となっている。

図表2-3は，主な国の合計特殊出生率の動きと最新年次の数値を示したものである。最新年次の合計特殊出生率が比較的高いアメリカ，フランス，スウェーデン，イギリスの各国は，1970年代前半に急速な低下を経験した後，合計特殊出生率は上昇傾向にある。これに対して，ドイツ，イタリア，日本で

合計特殊出生率

一人の女性が一生涯に出産する子どもの数を表し，その年次の15～49歳の女性の年齢別出生率を合計して算出する。子どもの数の変化や将来の人口を予測するための重要な指標である。1989年に，「1.57ショック」とよばれる戦後最低を示し，その後も下がり続けている。

1. 少子高齢化と社会保障制度

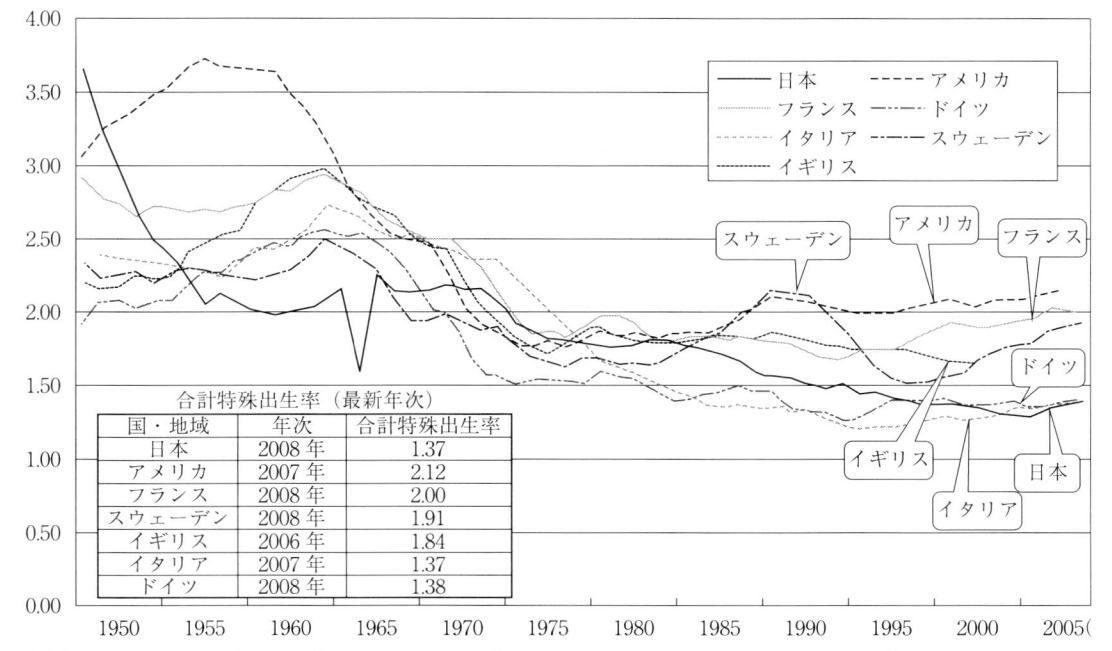

図表2－3　主な国の合計特殊出生率の動き

合計特殊出生率（最新年次）

国・地域	年次	合計特殊出生率
日本	2008年	1.37
アメリカ	2007年	2.12
フランス	2008年	2.00
スウェーデン	2008年	1.91
イギリス	2006年	1.84
イタリア	2007年	1.37
ドイツ	2008年	1.38

(資料) ヨーロッパはEU "Eurostat", Council of Europe "Recent demographic developments in Europe", United Nations "Demographic Yearbook"。アメリカはU.S. Department of Health and Human services "National Vital Statistics Report", United Nations "Demographic Yearbook", U.S. Census Bureau。日本は厚生労働省「人口動態統計」。
(出所) 内閣府『子ども・子育て白書（平成22年版）』p. 43

は、1.3前後で下げ止まりの傾向をみせつつも、上昇へ転じる明らかな兆候はまだみられていない。

　日本の人口は、2004年の1億2,779万人をピークとして、2005年から減少を始めた。人口減少は、労働力人口の縮小をはじめとして、社会のさまざまな場面に影響を及ぼすと考えられている。その代表的なものが、経済成長へ与える負の影響である。社会保障制度の財源は経済活動の中から生み出される。経済状況が悪化すれば、職を失った人や低所得者への給付が増えるため、社会保障制度の財政はダメージをうける。

　労働力人口の縮小に伴う問題を克服するためには、イノベーション（刷新、新機軸）の推進などによって経済成長基盤を確保するほか、女性や高齢者など働く意欲をもつすべての人びとの就業参加を実現するための仕組みづくり、さらには外国人の受け入れ、少子化政策などが必要な方策として考えられている。少子化政策については、合計特殊出生率が1.5〜1.6台まで低下した後、回復傾向に転じているフランスやスウェーデンの出産・育児と仕事に関する両立支援施策への取組みが注目されている。

（3）高齢社会の進展

　社会保障制度を通じて給付される年金や医療、福祉の合計額である社会保障

第2章　現代社会における社会保障制度の課題

図表2－4　世界の高齢化率の推移

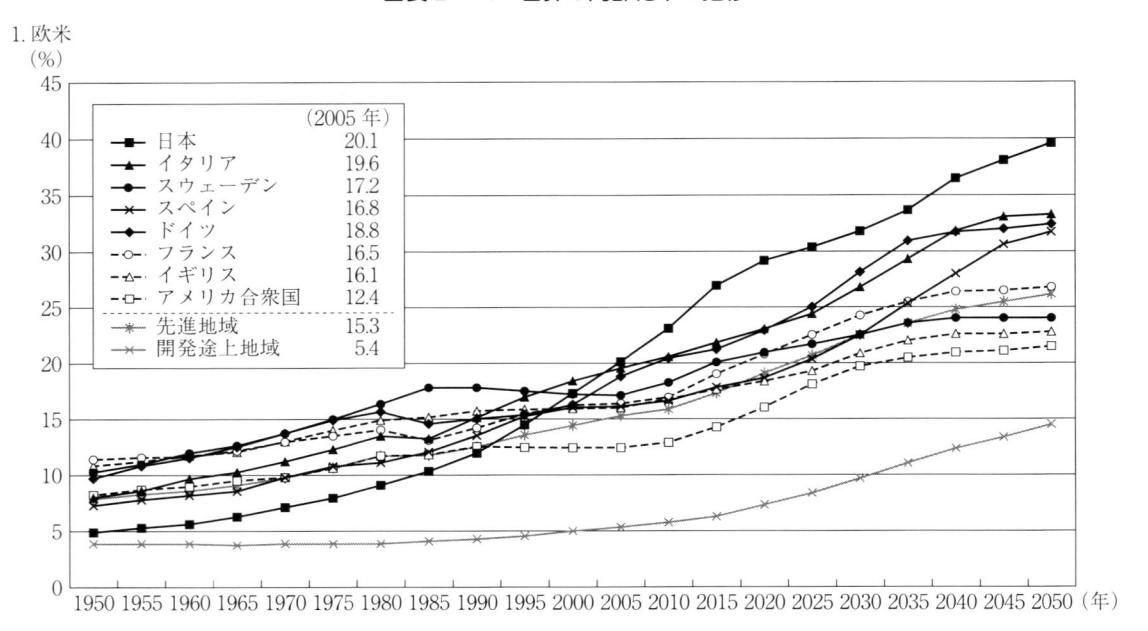

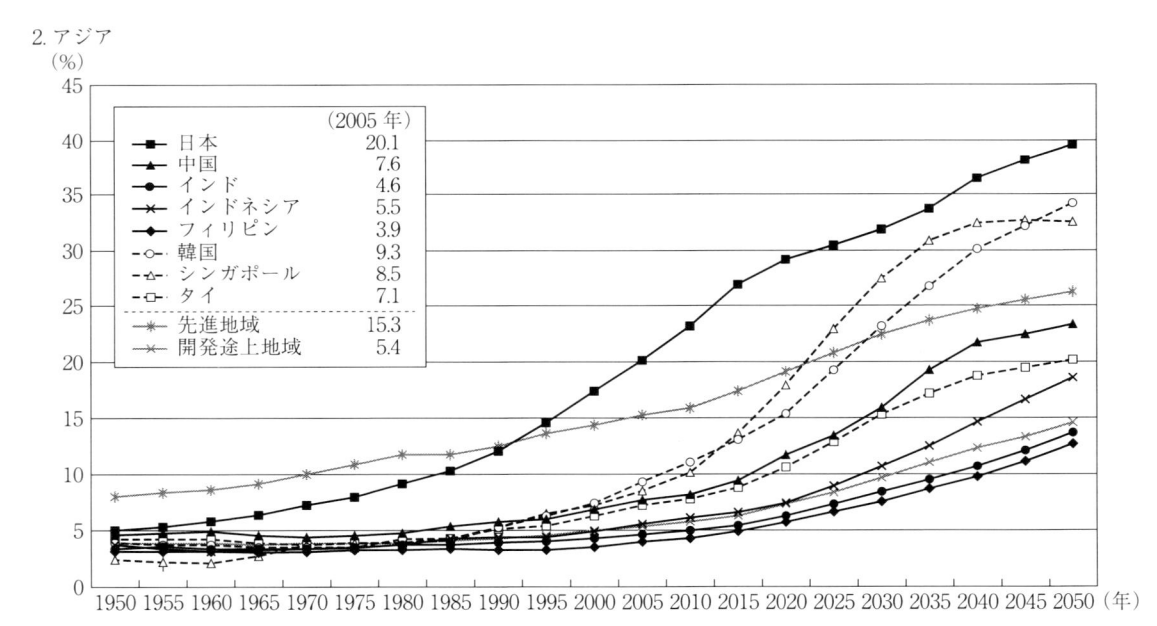

1. 欧米

(2005年)
- 日本　　　　　20.1
- イタリア　　　19.6
- スウェーデン　17.2
- スペイン　　　16.8
- ドイツ　　　　18.8
- フランス　　　16.5
- イギリス　　　16.1
- アメリカ合衆国 12.4
- 先進地域　　　15.3
- 開発途上地域　 5.4

2. アジア

(2005年)
- 日本　　　　　20.1
- 中国　　　　　 7.6
- インド　　　　 4.6
- インドネシア　 5.5
- フィリピン　　 3.9
- 韓国　　　　　 9.3
- シンガポール　 8.5
- タイ　　　　　 7.1
- 先進地域　　　15.3
- 開発途上地域　 5.4

資料）UN, World Population Prospects : The 2008 Revision
　　　ただし日本は、総務省「国勢調査」及び国立社会保障・人口問題研究所「日本の将来推計人口（平成18年12月推計）」の出生中位・死亡中位仮定による推計結果による。
注）　先進地域とは、北部アメリカ、日本、ヨーロッパ、オーストラリア及びニュージーランドからなる地域をいう。
　　　開発途上地域とは、アフリカ、アジア（日本を除く）、中南米、メラネシア、ミクロネシア及びポリネシアからなる地域をいう。
出所）内閣府『高齢社会白書（平成22年版）』p. 11

給付費は，増加傾向にある（第5章参照）。その主な要因のひとつが人口高齢化の進行である。社会保障給付費のうち，高齢者関係給付費は約7割を占めている。2009年の日本の高齢者人口は2,901万人，高齢化率は22.7%であった。

高齢化率は，2025年には30%を超え（30.5%），2055年には40%を超える（40.5%）ことが推計されている。高齢化率の上昇は，現役世代の社会保障費用負担を増大させ，経済活力を損ねる要因のひとつになることが懸念されている。

図表2-4は，世界の高齢化率の推移を示したものである。日本では1980年代以降急速に高齢化が進み，図中の国ぐにの中でも2000年代以降は際立った高齢化の進行を示していることがわかる。

以上のように，人口置換水準を大きく割り込む出生率の低下（少子化）と，世界でも類をみないスピードで進む高齢化との同時進行が，日本の人口構造を急速に大きく変えている。少子高齢化の影響を抑えるためには，少子化政策を進めつつ，増え続ける高齢者の健康の確保や維持などを通して支出を抑えること，そして租税や社会保険料等の社会保障の財源を負担する人口を増やすために，幅広い世代の就労促進や，現役世代の労働環境を整えることが急務である。

> **高齢化率（人口高齢化率）**
> 65歳以上の高齢者の人口が総人口に占める割合を高齢化率（人口高齢化率）として用いる。国連の定義では，65歳以上を高齢者とし，高齢者人口が7%を超えると「高齢化社会」，14%を超えると「高齢社会」としている。なお，高齢者人口が20%を超えた社会の状態を「超高齢社会」という。日本の高齢化率は，1970年の国勢調査で7%を超え，1994年には14.5%となった。2005年には20%を超え超高齢社会に突入した。2020年には29%に，2050年には40%に達すると推計されている。

2 労働環境の変化と社会保障制度

2008年9月のリーマン・ショックをきっかけとした世界的な金融不況は，日本にも大きな影響を与えた。職を失った人びとがハローワークに長蛇の列をつくり，若い人たちも含めて新たにホームレス状態におかれた人たちの様子がテレビや新聞で報じられた。その年の冬には，複数のNPOなどが集まって，路上で年を明かす人たちへ向けて炊き出しや生活・職業相談を行う年越し派遣村を東京の日比谷公園に開設した。ここでの相談の結果，生活保護の受給につながった人もいる。

前節でみたように，少子高齢化が進行する中で，社会保障制度を維持していくためには，支え手をできる限り増やしていく必要がある。しかし，上記のように，景気変動が大量の失業を生み出し，大量の支え手となるはずだった人が支えられる側になることもある。これには仕事のあり方が大きく影響している。以下，日本における働き方と仕事，これらを取り巻く環境の変化をみていこう。

（1）産業構造の変容

日本では，この数十年間に仕事や働き方が大きく変わってきた。その主な背景には，産業構造の変化，景気の変動，雇用慣行の変化，グローバル化の進行などがある。図表2-5は，日本における1950年代以降の産業別就業割合を

第2章 現代社会における社会保障制度の課題

図表2-5 産業別就業割合の推移

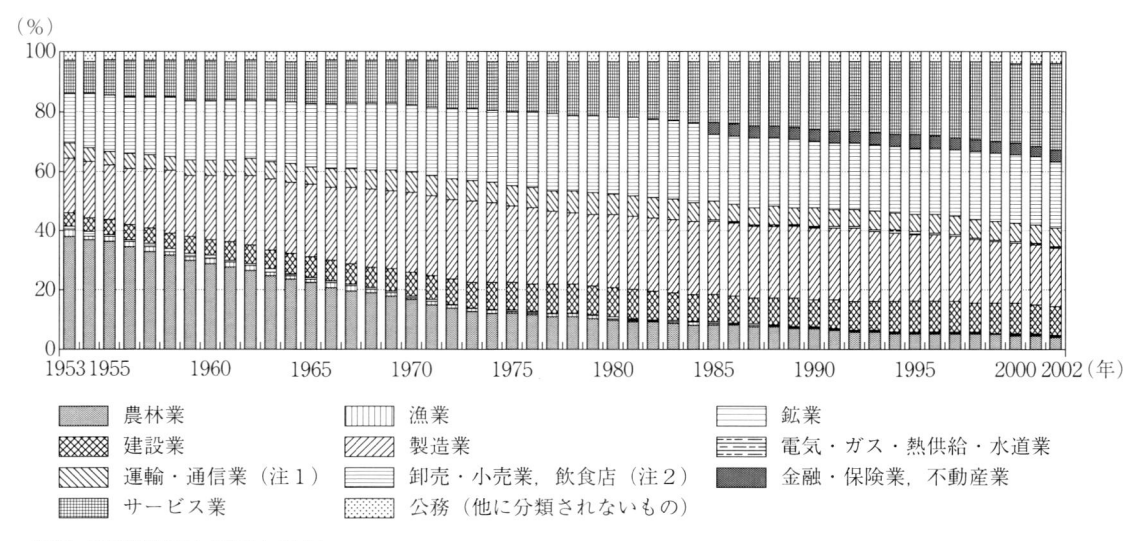

凡例：農林業／漁業／鉱業／建設業／製造業／電気・ガス・熱供給・水道業／運輸・通信業（注1）／卸売・小売業, 飲食店（注2）／金融・保険業, 不動産業／サービス業／公務（他に分類されないもの）

資料）総務省統計局「労働力調査」
注1）1953〜1984年の「運輸・通信業」には電気・ガス・熱供給・水道業の値が含まれる。
注2）1953〜1984年の「卸売・小売業, 飲食店」には, 金融・保険業, 不動産業の値が含まれる。
出所）『厚生労働白書（平成18年版）』p.42

示したものである。第1次産業（農林業・漁業）の構成比は長期的に低下を続け, 第2次産業（鉱業・製造業・建設業）の構成比は1970年代以降低下傾向にある。一方, 第3次産業（サービス業など）の構成比が高まっている。

(2) 働き方の変化

1) 雇用者の増加

第2次産業, 第3次産業の発達は, 雇用者数の増加をもたらした。図表2-6は, 15歳以上人口の就業状態, 就業上の地位, 完全失業率（年平均）, 15歳から64歳人口における女性労働力率の推移を示したものである。就業者全体に占める雇用者の割合は, 1953年の42.4%から2009年の86.9%まで上昇した。完全失業率は1980年代までは3%以下の低い状態を保っていたが, 90年代以降上昇している。また, 女性の労働力率は, 1970年代中盤を底として上昇に転じている。2009年における完全失業率は5.1%, 15歳から64歳人口に占める女性労働力率は62.9%であった。

2) 雇用形態の変化

日本では, 1950年代半ばから70年代初めまでの高度経済成長期とその後の安定成長期を通じて, 終身雇用, 年功賃金, 企業別労働組合, 新規学卒一括採用に特徴づけられる日本型雇用慣行が定着してきた。年一度, 新規の学卒者を一括して採用し, 横並びをとった年功的な賃金・処遇制度のもとで職員を育成していく雇用管理システムである。

2. 労働環境の変化と社会保障制度

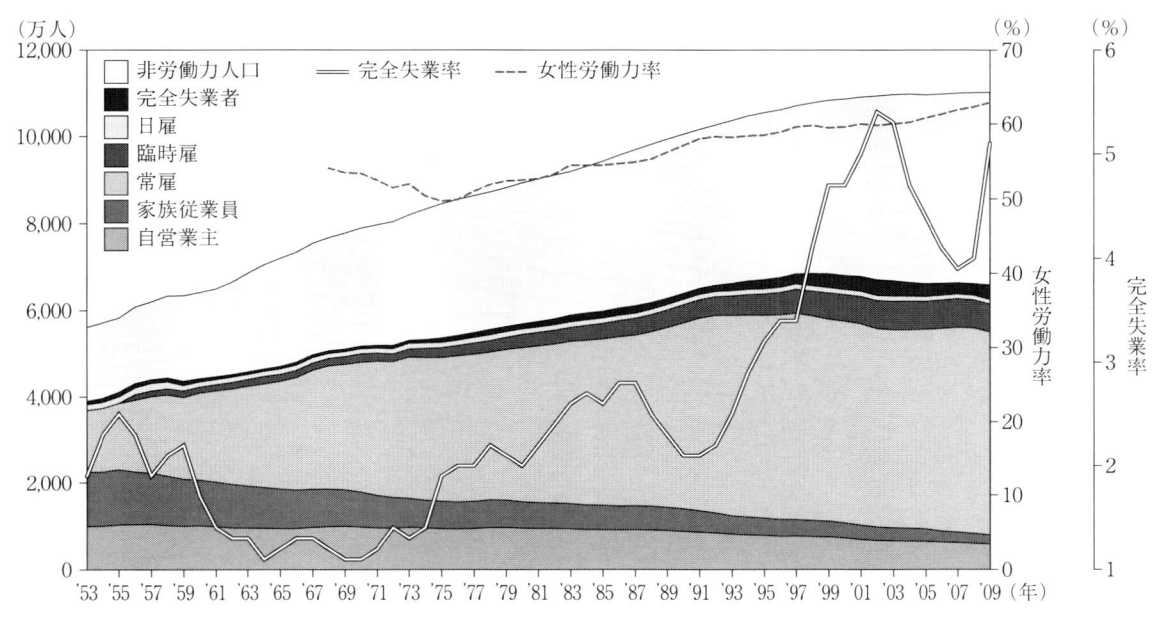

図表2-6 就業状態別，就業上の地位別15歳以上人口，失業率，女性労働力率の推移（1953年～2009年）

凡例：非労働力人口／完全失業者／日雇／臨時雇／常雇／家族従業員／自営業主／完全失業率／女性労働力率

出所）総務省統計局「労働力調査」より作成

　1970年代の石油ショックを経て高度経済成長が終わると，日本は安定成長期に入り，世界でも有数の経済大国へ発展した。しかし，1989年の株価暴落をきっかけとしたバブル経済の崩壊を経て低成長時代を迎えた。企業の倒産が相次ぎ，これまでの日本型雇用慣行も見直しに入った。多くの企業で社員を整理解雇するいわゆるリストラが行われ，大量の失業者が発生した。1995年には完全失業率が3%を超え，これまで日本の労働市場に特徴的であった完全雇用の側面も失われた。さらに新規学卒者が就職できないいわゆる就職氷河期に入った（図表2-6参照）。

　一方，1989年のベルリンの壁の崩壊をきっかけとして東西冷戦が終結し，市場経済のグローバル化が始まった。グローバル化の進展は国際競争を激化させ，厳しい市場競争や産業構造の転換にさらされた企業は，生産・サービスの柔軟な供給体制を追求し，採用抑制するとともに，非正規雇用者を雇用して雇用調整を行った。このような情勢の中で，労働者派遣法が改正され，労働者派遣の受け入れを行うことのできる業務や期間が拡大された。これをきっかけに，期間を定め短期契約で雇用される非正規雇用労働者が増加した。

　図表2-7は，雇用者を雇用形態別に示したものである。雇用者に占める非正規雇用労働者の割合は，1990年に20%を超え，2008年の34.1%まで上昇を続けた。男性では19.2%，女性では53.6%に達した。非正規雇用労働者のうち，パート・アルバイトの数は1984年以降25年間で2.6倍に増えた。また，2000年代初頭以降，派遣社員や契約社員が急速に増えている。

労働者派遣事業

　労働者派遣法に基づき，派遣元である事業主が，自己の雇用する労働者を，派遣先の指揮命令を受けて派遣先の業務に従事させる事業をさす。派遣元が雇用主としての責任を負い，派遣先は派遣元に派遣費用を支払う。派遣先は，原則1年，延長によっても3年以上派遣を受け入れることはできない。港湾運送業務や建設業務等は労働者の派遣・受入れができない。

2008年から2009年までの間に，非正規雇用労働者が数，割合ともにわずかながら減少・低下したが，これは2008年秋以降の金融不況に伴い，大量の非正規雇用労働者が職を失ったことを反映している。厚生労働省の調査によれば，2008年10月から2010年3月までの間に派遣契約の期間満了や雇用調整，解雇などいわゆる雇止めにあった非正規雇用労働者は，全国で約25万人にのぼった。特に2008年12月から3月までの間の4カ月間では，雇止めは15万人を超えた。

非正規雇用労働者は，雇用が不安定で解雇されやすいという問題を抱えている。実際に60歳未満の非正規雇用労働者の平均勤続年数は10年に満たない。それだけではなく，勤続年数の短い職員は，長期勤続を通じた職務経験の蓄積や職業能力の形成が困難になりやすく，結果として非正規雇用労働者が低賃金となる要因のひとつにもなっている。

2007年の就業形態別の年収分布をみると，正規の職員・従業員では年収300万円台が最も多く約2割を占めているのに対し，パート・アルバイトでは年収100万円未満が半数を超える。派遣社員や契約社員・嘱託では200万円台が最も多く，約3割を占めている。また，年齢段階別に収入分布を比較すると，正規雇用者の年収は年齢の上昇につれて増加するが，非正規雇用者では，年齢にかかわらず年収100万円前後であり，20歳代後半がやや高い。20歳代では正規雇用者と非正規雇用者との間の明確な収入格差は感じにくいが，その後収入格差は大きく広がる。

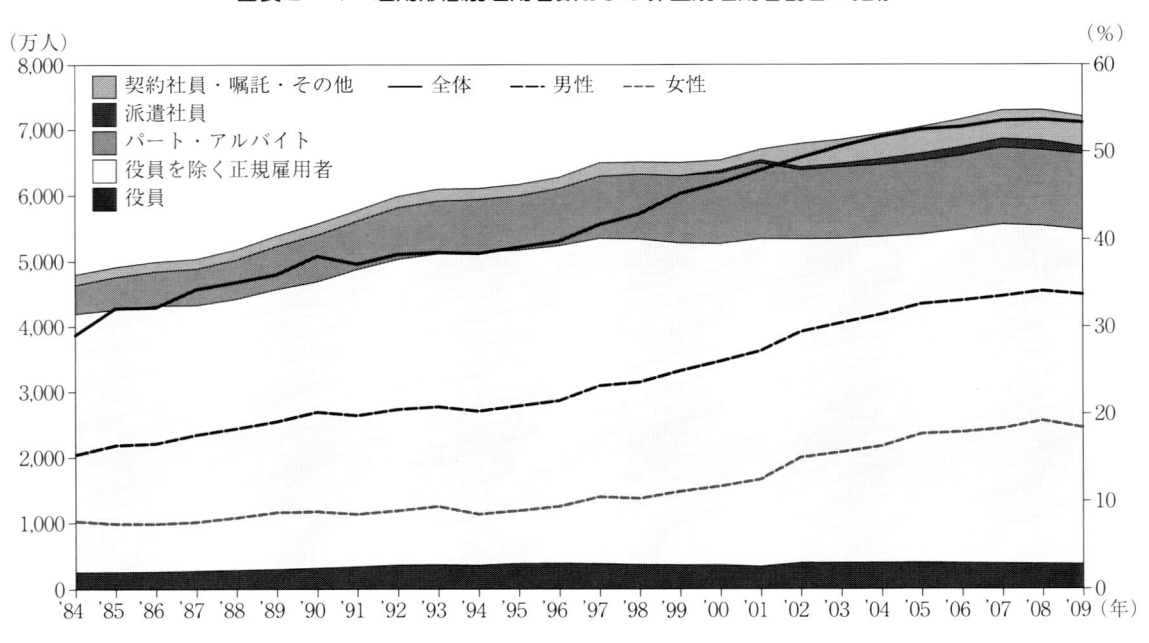

図表2－7　雇用形態別雇用者数および非正規雇用者割合の推移

出所）総務省統計局「労働力調査」より作成

このように非正規雇用労働者は，全雇用者の3分の1を占めるようになった。企業にとっては安価で，景気の波に合わせて就業調整をしやすいといったメリットがある。しかし，働く側にとっては不安定で低賃金である場合が多い。それだけではなく，非正規雇用労働者は，雇用労働者を対象とした健康保険や厚生年金制度に労働時間および収入要件のために加入できない場合があり，正規雇用労働者に比べて負担が重く，給付が少ないなど，社会保障制度面での不利な状況も生じている。

(3) 働き手の変化
1) 女性の就労

高度経済成長期とその後の安定成長期に日本の経済成長を支えた日本型雇用慣行は，男性が家計を支え，女性は家事育児に専念するという性別役割分業を前提としたものであった。第2次世界大戦直後から1950年代にかけての経済的窮乏期には，生活のために多くの女性が働いていたが，高度経済成長期に入って人びとの生活が豊かになっていくと，既婚女性は就労せずに専業主婦として家庭で育児に専念する風潮が広まっていった。しかし，1960年代に既婚女性向けのパート労働がはじまったのを契機として，1970年代以降，低賃金短時間労働を中心に働く女性が増え始めた（図表2-6参照）。日本型雇用慣行は専ら男性を対象としており，女性が男性と同じ雇用体系で働くことができたのは公務員や専門職などわずかな職業に限られていた。

1980年代に入ると，女性の社会参加を進める世界的な潮流の中で，日本も女子差別撤廃条約の批准に向けて取り組み始めた。1985年には，男女雇用機会均等法が制定され，性別役割分業観に基づく雇用差別が形式的に改善された。しかし，今なお雇用労働に就く女性の半数以上は不安定・低賃金の非正規労働者である。これには，社会保障制度や税制が日本型雇用慣行や性別役割分業を前提として設計されているために，女性が労働市場へ参加する機会を阻害しているとの批判もある。

2) 高齢者の就労

日本型雇用慣行は世代間の役割分担，つまり年齢による役割分業を求めるものでもあった。終身雇用と新規学卒一括採用の慣行は，企業間での労働力移動をむずかしくさせ，とくに中高年齢者にとって再就職が厳しい状況を作ってきた。慢性的に労働力不足が続いた高度経済成長期も中高年齢者の長期失業者の割合は相対的に高い状況が続いてきた。

このような状況の中で，1971年に事業主に一定割合以上の中高年齢者（45歳以上の者）の雇入れを促す中高年齢者雇用促進法が制定された。その後，法律は対象年齢を55歳以上の高年齢者に引き上げ，1986年には60歳定年制を努力義務とする高年齢者雇用安定法に改正された。さらに，厚生年金の支給開

> **高年齢者等の雇用の安定等に関する法律（高年齢者雇用安定法）**
> 1971年に制定された高年齢者の安定した雇用の確保の促進，再就職の促進，就業の機会の確保等の措置を総合的に講じることを目的とした法律。2006年の改正で，事業主に65歳までの雇用を確保するよう義務付けた。高年齢者は55歳以上，中高年齢者は45歳以上を指す。

始年齢の引上げを踏まえて，2004年に高年齢者雇用安定法が改正され，① 定年の引上げ，② 継続雇用制度の導入，③ 定年の定めの廃止のいずれかの実施が企業に義務づけられた。2008年までに，96.2％の企業（51人以上）で実施済み，301人以上の大企業では99.8％で実施されている。

このような取組みを経て，60～64歳の男性就業率は，2002年の64.0％から2008年には72.5％まで8.5ポイント増加した。しかし，65歳以上高齢者全体の就業率は，高齢者人口全体の増加を背景として相対的に低下する傾向にある。1969年から2009年までの40年間で，65歳以上の就業者数は，232万人から565万人まで増加したが，就業率でみると32.8％から19.6％まで低下している。このような高年齢者の就業は，多くは非正規雇用によるものが多い。65歳以上男性の雇用者は約134万人いるが，その70.6％は非正規雇用である。

3）若年層の就労

高齢者の就労対策が進む一方で，若年者の就業とその取組みは厳しい状況にある。1990年代以降，若年層（15～24歳）の完全失業率は上昇傾向にあり，2010年6月には11.1％に達した（季節調整値）。図表2－8は，年齢階級別の完全失業率の推移を表したものである。他の年齢階級と比べて特に男性若年層の完全失業率が極めて高い状況にある。

若年層の雇用情勢は，新規学卒者の求職状況に影響されやすい。2010年4月現在の新規学卒者の就職率は，大学卒者で91.8％であった。大学卒の就職率は，2000年4月に過去最低の91.1％を記録しており，2008年までに96.9％まで回復したものの，再び悪化した。

また，非正規雇用労働者の割合が高いことも特徴的である。2009年の15～24歳の男性非正規雇用労働者割合は41.1％に上り，最も低い35～44歳の7.5％（男性）と対照的である（なお，女性の非正規雇用労働者割合が最も低いのは25～34歳で41.4％であった）。若年層全体（35歳未満）の非正規就業率は，1987年には男性9.1％，女性23.2％であったのに対して，2007年までに男性23.1％，女性46.5％まで上昇している。いわゆるフリーターは，2008年現在で170万人に上り，フリーター数が最も多かった2003年の217万人からは減少傾向にあるものの，滞留傾向が懸念されている。

> **フリーター**
> 15～34歳の卒業者でパート・アルバイトとして雇用されている者，または働いていなくても希望する仕事がパート・アルバイトの者を指す。2000年代に入って，フリーターや若年無業者の増加・高止まり傾向が続いていることに対して，若年者就業支援センター（ジョブカフェ）や地域若者サポートステーションが全国に設置され，若年層の就労意欲の促進や職業紹介などの就業支援が行われている。

若年無業者も増加している。若年無業者（15～34歳の非労働力人口のうち，家事も通学もしていない者）は，2001年まで40万人台であったのに対して，2002年以降64万人前後と高止まりの傾向にあることが指摘されている。

日本では，社会保障の支え手となる現役世代の人口の割合が縮小し，支え手となる年齢幅を広げなくては支えきれないところまで来ている。ところが，本節でみてきたように現役世代がすべて働いているわけではない。2009年時点での生産年齢人口における労働力人口比率は73.9％である。独立行政法人労働

2. 労働環境の変化と社会保障制度

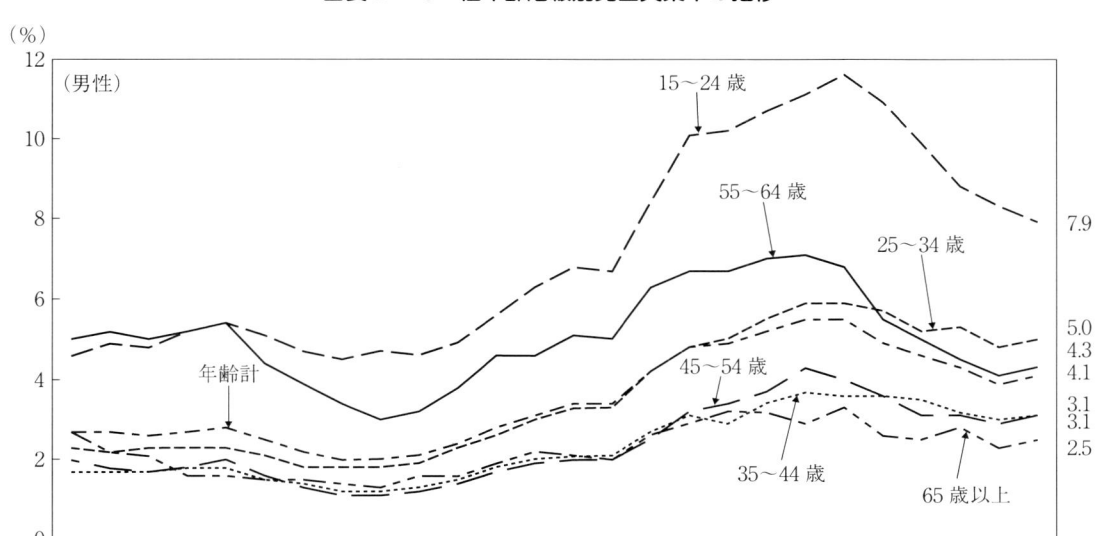

図表2−8 性年齢階級別完全失業率の推移

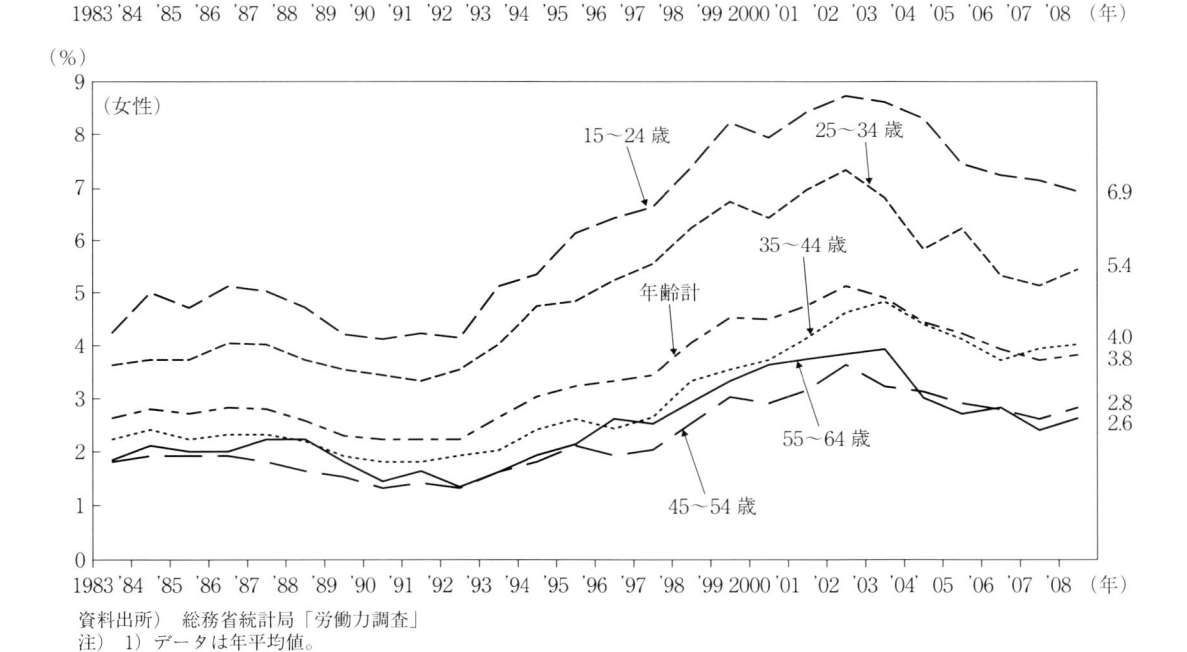

資料出所) 総務省統計局「労働力調査」
注) 1) データは年平均値。
    2) 女性の65歳以上については，統計的に有意であると考えられないので，掲載していない。
出所) 厚生労働省『労働経済の分析（平成21年版）』p.23

　政策研究・研修機構の推計によれば，仮に労働力率が2006年の水準で推移した場合，労働力人口は2006年から2030年までの間に約1,070万人減少することが見込まれている。しかし，各種の雇用施策を講じて労働市場への参加を進めた場合，労働力人口の減少は約480万人にとどまるという。非正規雇用形態をいかに正規雇用にかえていくか，そして女性，高齢者，若年層の就業を促進していくかが重要である。

3 ライフサイクルと社会保障制度

　ラウントリー（Rowntree, B. Seebohm：1871-1954）は，1899年にイギリスのヨーク市で行った調査をもとに，人は一生のうち三度貧困に陥る可能性があることを指摘した。幼少期，子育て期には多子のために稼得能力を超えた扶養が必要になるため，そして高齢期には子どもが独立する一方で本人の稼得能力が低下するために，生活水準が貧困線以下に陥るというのである。このようなラウントリーの指摘は，多くの人びとが，出生，幼少期，青年期，就労，結婚，子育て，子の独立，引退といった一定のライフサイクルを描くことを前提としていた。

　しかし，21世紀に入って，こうした人生を送る人はどれだけいるだろうか。本章の冒頭でみたように，ライフサイクルは社会保障制度と密接に結びついている。本節では，ライフサイクルの変化の実際とそれによる社会保障制度への影響を考えていこう。

（1）ライフサイクルからライフコースへ

　図表2-9は，1920年以降の人口動態に関する主要指標を示したものである。平均余命（寿命）は，20世紀の間におよそ倍に伸びた。出生率，死亡率が共に低下し，ひとりの女性が一生の間に産む子どもの数はおよそ5人から1.4人まで減った。さらに1970年代以降は，婚姻率が低下し，離婚率と生涯未婚率が上昇している。これは，結婚や出産が多くの人びとに共通するライフイベントではなくなりつつあることを意味している。また，婚姻に占める再婚の割合も1970年代以降上昇しつつある。つまり，1970年代以降，結婚や離婚を全く経験しなかったり，複数回経験したり，子どもをもたず，子育て期も経験しない人たちが増えた。人びとが多様な人生を歩むようになったのである。ラウントリーが19世紀末に想定したような多くの人に共通するライフサイクル・モデルでは，もはや人びとの一生をとらえることはむずかしい。そこで，近年で

図表2-9　人口動態に関する主要指標

年	平均余命（0歳）		出生率‰	死亡率‰	婚姻率（‰）		離婚率（‰）	生涯未婚率		合計特殊出生率
	男	女				うち再婚（%）		男（%）	女（%）	
1920	42.06	43.20	36.2	25.4	9.8	13.6	1.00	2.17	1.80	5.10
1930	46.92	49.63	32.4	18.2	7.9	10.8	0.80	1.68	1.48	4.70
1950	59.57	62.97	28.3	10.9	8.6	10.3	1.01	1.45	1.35	3.65
1970	69.31	74.66	18.8	6.9	10.0	7.2	0.93	1.70	3.34	2.13
1990	75.92	81.90	10.0	6.7	5.9	12.6	1.28	5.57	4.33	1.54
2008	79.29	86.05	8.5	9.1	5.7	17.6	2.01	15.96	7.25	1.37

注）　平均余命1920年のデータは1921-25年，1930年のデータは1935・36年，1950年のデータは1950-52年のものである。また，1950年の婚姻率に占める再婚の割合は1955年のもの，1920年の合計特殊出生率は1925年のものである。
出所）厚生労働省「人口動態統計」，国立社会保障・人口問題研究所「人口統計資料集（2010）」から作成

は，個人がたどる人生の多様性や個別性に着目し，ライフコースとして一生をとらえる視点が重視されている。

ライフサイクルからライフコースへという変化は，社会保障制度へ多くの課題を投げかけている。人びとがそれぞれのライフコースをたどるようになると，直面するリスクとその確率は多様になる。そうなると，人びとに共通するリスクを想定することがむずかしくなるし，そのために社会全体で負担し合うことについて合意を得にくくなるからである。制度が想定していたライフサイクルと実際の人びとが送る人生が離れてしまうことで，制度がニーズに応えきれなくなる。人びとの生活を支えるという社会保障制度の本来の役目を果たせなくなる場合が増え，制度への信頼が損なわれてしまう。また，負担をせずに制度にただ乗りしようとするフリーライダーの問題が発生する可能性もある。そのために，いっそう社会保障制度の財源は不安定になってしまう。

(2) 核家族化と世帯規模の縮小

人びとが多様な人生を歩むようになる一方で，家族の形もかわりつつある。日本では，世代から世代へ家が受け継がれていく伝統的な家制度が20世紀半ばまで続いた。しかし20世紀後半以降，産業化の進行と戦後制定された新しい民法の施行を契機として，3世代以上が同居する拡大家族から，ひと組の夫婦とその子どもの2世代で構成される核家族への移行が急速に進んだ。拡大家族から核家族への移行は，世帯規模の変化に反映されている。図表2－10は，世帯数と平均世帯人員の推移を表したものである。この図表からは，1950年代以降，平均世帯人員は縮小する傾向にあり，その一方で世帯数が増加し続けていることがわかる。1953年に5人であった平均世帯人員は，2009年現在で2.62人まで縮小した。

国勢調査の結果に沿って世帯人員の変化を詳しくみていくと，5人以上の世帯の占める割合は1960年以降，4人家族は1980年以降低下している。代わって，戦後増え続けているのが，1人世帯と2人世帯である。2005年の時点では，一般世帯の半数を超え，2,748万世帯（56.0％）となった。

また，1980年から2005年までの間の，世帯の家族構成の変化をみると，夫婦のみ世帯は446万世帯から964万世帯へ，単独世帯も711万世帯から1,446万世帯へとほぼ倍増し，単一世代の世帯が増加を続けている。

同一家計，同一居住を基本とする世帯は，病気や障害など生活上のさまざまなリスクを支える最小単位として機能してきた。主に戦後に発達した日本の社会保障制度は，近代家族の枠組みに沿って核家族を想定しながら保障の単位を世帯においてきた（たとえば，年金制度では第三号被保険者制度や財政再計算において夫婦モデルが採用されているし，健康保険制度では一定所得以下の配

> **核家族**
> 夫婦のみの世帯，夫婦またはひとり親と未婚の子どもからなる家族であり，核家族化とは，その社会の家族の典型的な家族として核家族が浸透することをさすが，①「家族形態の変化」を意味する場合と，②直系の関係を軸にした家族から，夫婦関係を軸にした家族への転換という「家族理念の変化」を意味する場合の2つがある。

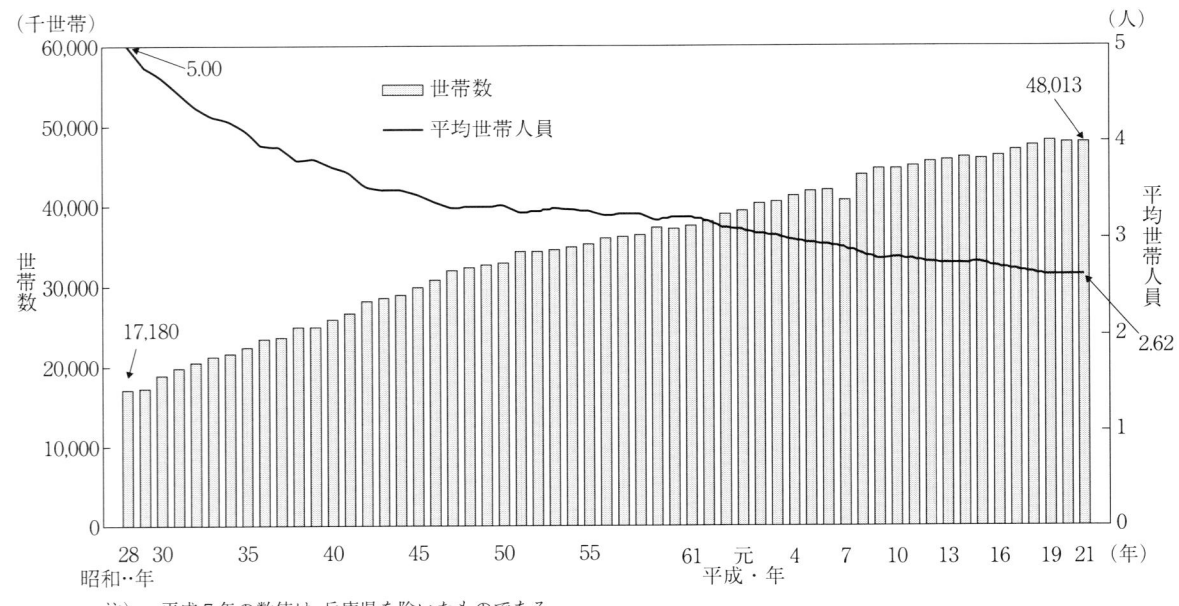

図表2−10　世帯数と平均世帯人員の年次推移

注）　平成7年の数値は，兵庫県を除いたものである。
出所）　厚生労働省「平成21年国民生活基礎調査の概況」

偶者，高齢の親，子どもを被扶養者とする制度が採用されている。また，税制における配偶者控除，扶養控除なども，夫単独稼働型核家族を前提とした制度である）。しかし，それでは多様な世帯のニーズには応えにくい。

ライフサイクルからライフコースへという人生の変化，そして拡大家族から核家族そしてひとり暮らしへという家族と世帯の変化は，社会保障が前提としてきた生活上のリスクそのものを変え，根本的な制度の見直しを迫っている。

4 社会保障制度の課題

(1) 新たな課題
1) 所得格差の拡大

2000年代後半になって，格差拡大の議論が注目されるようになった。高度経済成長とその後の安定成長期に使われた「一億総中流」というキャッチフレーズは，日本に住む人びとの所得や資産の格差が比較的小さく，多くの人びとが豊かな暮らしを送ることができることを象徴していた。しかし，低成長期に入り経済のグローバル化が進展する中で，所得や資産の格差が広がっている。2010年6月には生活保護の受給者が190万人を超え，戦後の混乱期であった1955年の水準に戻った。また，年収200万円以下の世帯が世帯の約2割を占めるようになり（2009年），長時間働いても生活保護水準以下の収入しか得られない，いわゆるワーキングプアが増えている。所得の不平等度を表すジニ係

ジニ係数

所得などの分布の均等度を表す指標。世帯数の累積比率を横軸に所得額の累積比率を縦軸にとってグラフを書くと，不均等であるほど深いカーブ（ローレンツ曲線）を描く。この弧状の曲線と全員が均等であるときにできる直線に囲まれた弓型の面積の大きさで不均等度を示す。ジニ係数は不均等の度合いが小さいほど0に近く，大きいほど1に近い値になる。

数は上昇傾向にあり，再分配所得のジニ係数は 2008 年時点で 0.3758 であった。OECD の比較統計データでも，相対的貧困率は低い方から数えて 29 カ国中 27 位，子どもの貧困率は 19 位，そしてひとり親世帯の貧困率が最悪の水準にあることが明らかにされている。

所得格差の拡大の中で，国民年金保険料や国民健康保険料の未納世帯が増加している。また，貧困世帯の子どもが教育から疎外されていく事例も報じられている。戦後作り上げられてきたセーフティ・ネットのほころびが，21 世紀に入って目に見えるようになっている。

2) グローバリゼーションの中で

市場経済のグローバル化は，競争の激化という面から雇用や労働環境に大きな影響を与えている。一方，資本とともに労働力移動も世界規模になりつつある。経済成長がいちじるしい中国に新たな成長市場と職場をみつけて移住する日本人の姿も時折報道される。

日本に移り住んでくる外国人も増えている。2008 年の外国人登録者数は，222 万人，総人口に占める割合は 1.74％であった。日本に住む外国人人口は，1990 年以降の約 20 年間でおよそ倍増した。その主な背景は，日系人を中心とする労働力の流入である。また，1970 年に 1％未満であった国内における外国人との婚姻件数も 2000 年代に入って 5％を超える水準まで上昇した。また，日本と外国を往復しながら生活する人もいる。

社会保障制度は，多くの場合国家の領域を単位として設計・構築される。しかし，人の世界的移動が広がる中で，国境を越えて移動する人の保障を視野に入れていく必要がある。そこで，国同士で社会保障の協定を結び，極端な不利が生じないようにする取組みも進んでいる。しかし，2010 年 10 月現在で日本が協定を結んだ国は 14 カ国（さらに 4 ヵ国と交渉・協議中）である。一方，サービス提供の場面では，多言語での情報提供など，異文化への配慮も求められている。

3) 限界集落，限界コミュニティと地域間格差

2000 年代以降，「地域格差」悪化の議論が活発化している。地方部の過疎化・高齢化が進んだ自治体では，地域経済の悪化とあいまって財政危機に陥り，提供するサービスの縮小を迫られている。また，高齢化率が 50％を超え，近い将来消滅が予測される「限界集落」や，都市部の団地や住宅地では住民の多数を高齢者が占める「限界コミュニティ」もみられるようになった。このような場所では，人口の極端な高齢化により，住民の相互扶助機能が劣化し，生活や生存が脅かされることが指摘されている。

地方自治体は，住民に最も身近なサービスを保障するために，安定的に十分な保健医療や福祉をはじめとした各種の公共サービスを供給する必要がある。さらに，保険者として国民健康保険や介護保険の運営を担っている。しかし，

地域間格差拡大の中で，財政の脆弱な自治体が行き詰まりをみせている。このような状況の中で，安定的な社会保障基盤確保のために保険者機能を都道府県単位へ移すなど，財政を広域化することにより，安定した運営を確保することが検討されている。

(2) 社会保障制度の新設計

これまでみてきたように，人口構造の変化と労働環境の変化，そしてライフサイクルの変化の中で，社会保障制度は根本的な制度の見直しを迫られている。できるだけ多くの人びとを社会保障の財政の支え手とし，社会保障支出を抑える工夫が求められる。また，これまで前提としてきたライフサイクルを見直し，一人ひとりの多様な人生に寄り添う制度設計も必要である。そして，持続可能な社会の形成に向けた次世代育成の取組みを組み込むことも必要である。

こうした環境からの挑戦に対して，2000年代に入って新たな2つの方向性が模索されている。ひとつは自立支援型，もうひとつは予防重視型の社会保障制度である。2000年にスタートした介護保険制度は，高齢者の「自立」した生活を可能にすることを目的としている。また，2006年にスタートした障害者自立支援法は障害者の「自立」を目指している。さらには母子家庭や生活保護受給者への自立支援プログラムも導入されつつある。そして，2005年の介護保険法改正では，介護予防給付が導入され，地域包括支援センターが介護予防のための地域活動に取り組むために設置された。また，社会保障の支え手としての自立を目指して，雇用施策の強化と離職者の就労環境を整えるための施策が始まっている。

プロムナード

厳しい経済情勢の中で，一人ひとりが社会保障の支え手となるための支援として，雇用施策が重視されるようになってきています。ですが，日本ではまだ離職者向けの住居・生活支援など，生活困難に陥ってからの事後的な対応に着手した段階です。雇用の流動化が進む欧米諸国では，福祉と就労を結びつけるワークフェアの取組み，職業訓練を強化し雇用の流動化に対応させていく積極的労働市場政策，さらに積極的労働市場政策と連動させて失業時の生活保障を強化するフレキシキュリティの取組みなどが行われています。こうした社会保障と就労をあわせて考えていく取組みは，グローバリゼーションの進む中で国際競争力を維持していくための戦略ともいえるでしょう。また，逆に所得保障を労働市場参加から切り離し，すべての個人に対して一律の最低所得保障を行うベーシック・インカムの考え方も注目されています。稼働能力による差別がなくスティグマが除去できることや，ミーンズ・テストやサービス提供にかかる事務費が不要となること，手当受給のために働く意欲をなくす「失業の罠」という現象を防ぐ，といった視点から注目が集まっています。

学びを深めるために

岩上真珠『ライフコースとジェンダーで読む家族』有斐閣コンパクト，2003年
　　家族社会学の視点から，家族と人生の変化について詳しく述べている。豊富な事例を用い親しみやすい。家族と社会保障の結びつきを考えさせられる。

厚生労働省編『厚生労働白書』各年版
　　日本の社会保障制度の動向と課題を知る上でもっとも役に立つ。統計資料も参考になる。

- 65歳以上高齢者を15〜64歳の生産年齢人口で支えていくとすれば，一人の高齢者を何人で支える計算になるでしょうか。また，高齢者を70歳以上，75歳以上と設定しなおした場合，どのように変化するでしょうか。
- 祖父母世代の人生，父母世代の人生，自分の将来を予想して，それぞれ直線上にライフイベントの発生した時期を書きこんでみましょう。世代間でどのような変化がみられますか？

福祉の仕事に関する案内書

中野麻美『労働ダンピング』岩波新書，2006年

第 3 章

欧米における社会保障制度の歴史的展開

1 社会保障の源流

(1) 社会保障という考え方

　社会保障の考え方やしくみは，歴史的にも国家体制によっても異なる。社会保障を制度として構築する必要性についてその源流をどこにおくか，現在において，確固として確立した統一した見解はない。

　人が一生の中で経験する種々の生活場面は誰しもが遭遇し，巡ってくるものとして円状にとらえ，ライフサイクル（life cycle）と考えるが，この考え方はもともと，精神分析家で発達心理学者のH・エリクソン（Erikson, E. H.）が，その著『ライフサイクル　その完結』で取り上げてから，広く一般にこの言葉が浸透するようになった。人生を生きていくうえで，老齢・死亡・傷病・障害等に遭遇し，生活困難に陥ることがある。こうした思いがけない困難は，時代や場所，国家を超えて，誰であっても起こりえる人生のリスクである。リスクには，出産や高齢など特有のライフステージにだけ生じる事故と，疾病や傷害など人生全体を通して生じるものとがある。また，失業のように社会構造上から発生するリスクもあれば，離婚など個人的事情のもとに生じるリスクもある。これらのリスクに対して，個人の努力だけでなく，制度として社会的に相互に支え合う考え方が社会保障である。

　病気や怪我，働き手の死亡等により生活に困窮した場合，まず考えられるのは血縁や地縁による私的扶養である。リスクに遭遇した際に備えて，自助努力で対応することを「自助」，身内や近隣の扶助に頼るのを「共助」というが，誰もが常に家族や近隣による私的救済を受けられるというわけではない。私的扶養には限度があり，国家による「公助」のもとに社会的に救済がなされなければならない。社会保障制度とは，社会生活が自助努力だけでは適切に維持できない状況になったとき，あるいはそうなると予想されるときに，生活の自立支援を目的に国家責任のもとに困窮者を支える「公助」のしくみである。

　社会保障は，それぞれの時代や社会背景を反映して変遷を重ねてきたが，歴史的には，社会保障制度は，初期にはこうした私的扶養を期待できない貧民の救貧制度から始まり，後に，互助組合的な制度を母体に，労働者の就労意欲を喚起させるために，ひいてはそれが国力の発展につながることから，社会保険制度の制度化に発展していった。

　アメリカの社会学者ウィレンスキー（Wilensky, H. L.）と心理学者ルボー（Lebeaux, C. N.）はその共著『産業社会と社会福祉』（1958）において，社会福祉の2つの概念について著名な考え方を発表した。それによると，生活の最小基礎単位である家庭の崩壊や不況によって生活ニーズが順調に満たされないときに社会福祉は補充的に拡大するととらえ，この考え方を「レジデュアルな福祉」という。これに対して，社会福祉とは，家族や社会の状態によらず，誰も

がライフサイクルにおいて，随時利用できるものであり，制度として存在すべき不可欠のものととらえる考え方が「インスティチューショナルな福祉」である。「レジデュアルな福祉」の例として，典型的なのが救貧制度である。それを利用する人は社会の敗残者とみられ，スティグマ（恥の烙印，社会的恥辱感とも訳される）を押され，差別や蔑視，排除など，その時代の社会構造や価値観を踏まえた評価がつきまといやすい。それゆえに福祉を利用したくとも利用しないという問題がある。

初期の救貧制度は，人道的観点から必要があったというよりも，むしろ，公衆衛生や治安維持の観点から，国家が例外的あるいは恩恵的にやむなく着手したものである。

図表3－1 社会保障の基本的考え方

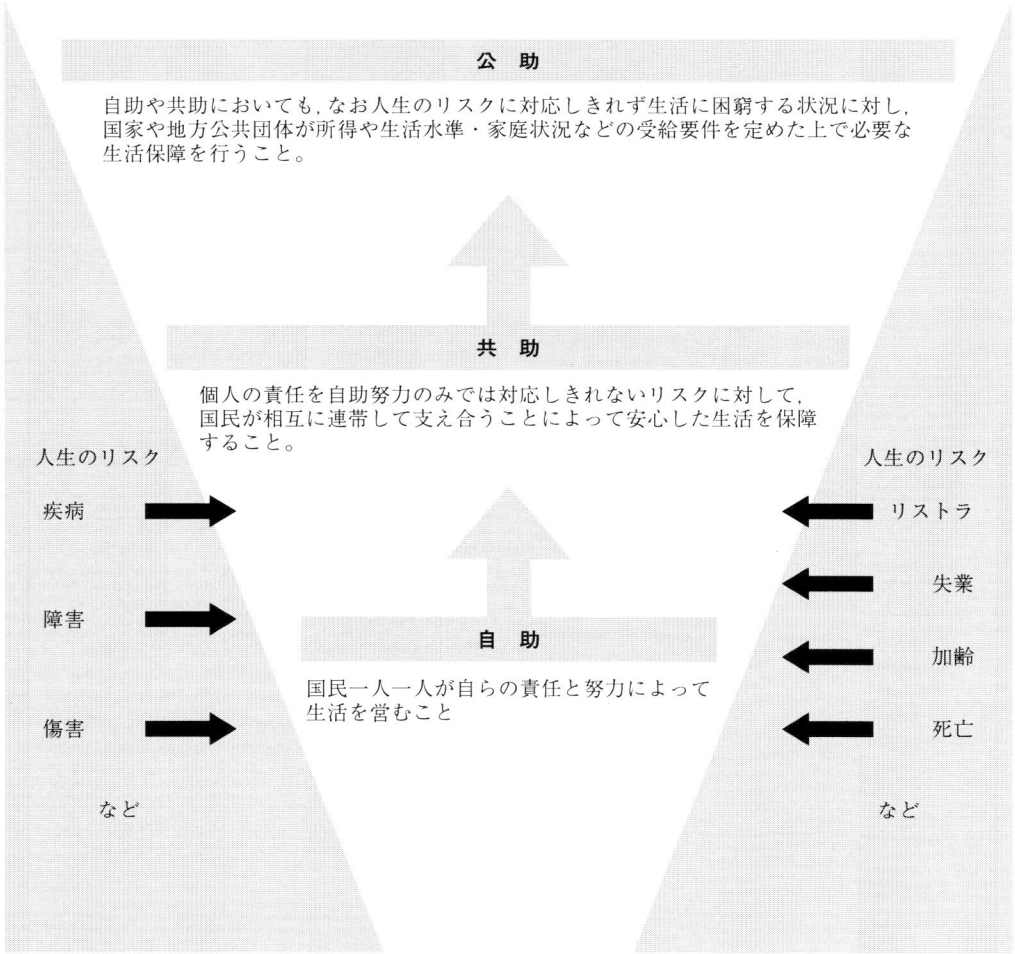

公 助
自助や共助においても，なお人生のリスクに対応しきれず生活に困窮する状況に対し，国家や地方公共団体が所得や生活水準・家庭状況などの受給要件を定めた上で必要な生活保障を行うこと。

共 助
個人の責任を自助努力のみでは対応しきれないリスクに対して，国民が相互に連帯して支え合うことによって安心した生活を保障すること。

自 助
国民一人一人が自らの責任と努力によって生活を営むこと

人生のリスク：疾病，障害，傷害　など

人生のリスク：リストラ，失業，加齢，死亡　など

出所）『厚生労働白書（平成20年版）』をもとに著者作成

図表3－2　社会保障と社会福祉

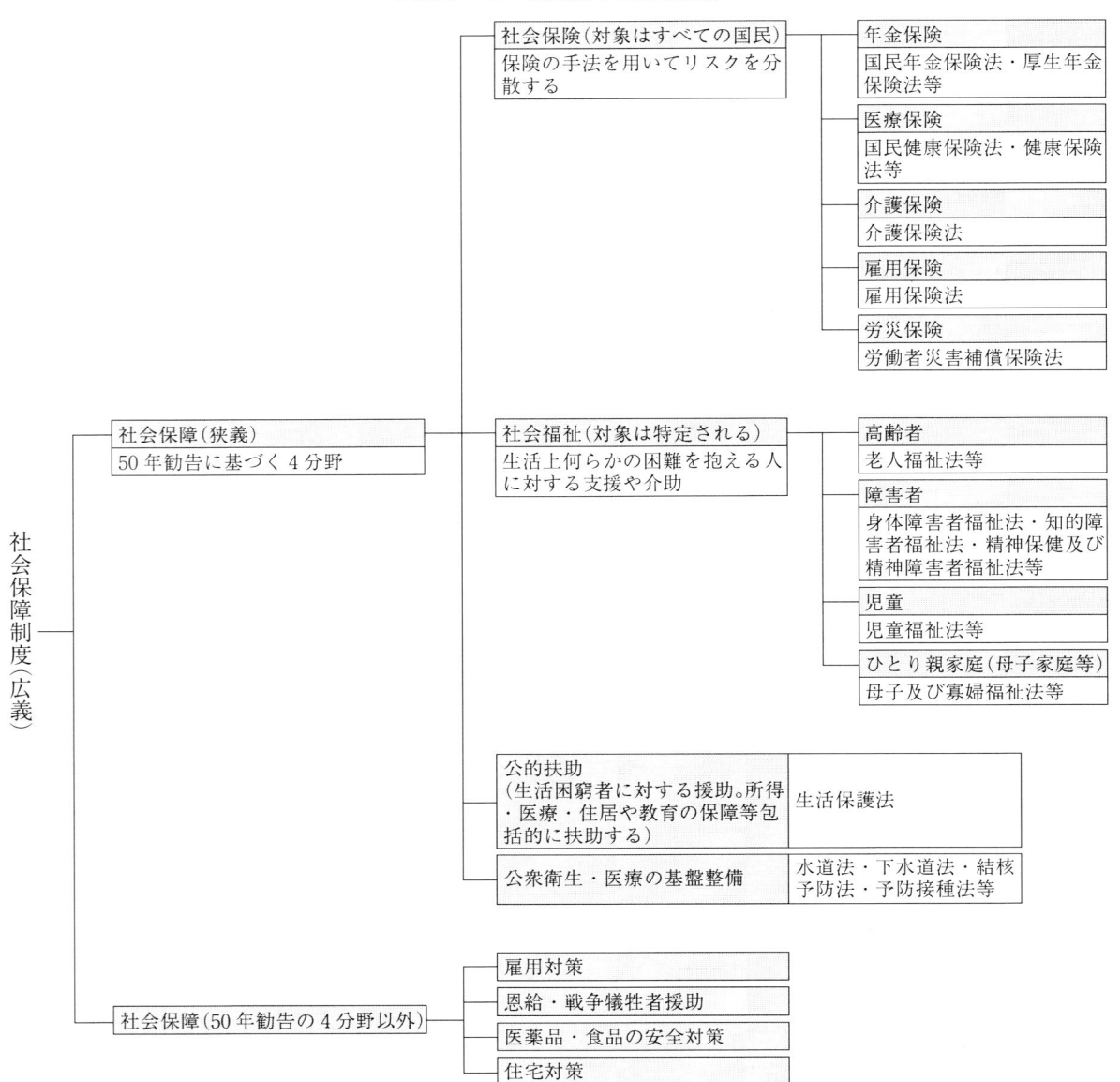

```
社会保障制度（広義）
├─ 社会保障（狭義）　50年勧告に基づく4分野
│   ├─ 社会保険（対象はすべての国民）
│   │   保険の手法を用いてリスクを分散する
│   │   ├─ 年金保険：国民年金保険法・厚生年金保険法等
│   │   ├─ 医療保険：国民健康保険法・健康保険法等
│   │   ├─ 介護保険：介護保険法
│   │   ├─ 雇用保険：雇用保険法
│   │   └─ 労災保険：労働者災害補償保険法
│   ├─ 社会福祉（対象は特定される）
│   │   生活上何らかの困難を抱える人に対する支援や介助
│   │   ├─ 高齢者：老人福祉法等
│   │   ├─ 障害者：身体障害者福祉法・知的障害者福祉法・精神保健及び精神障害者福祉法等
│   │   ├─ 児童：児童福祉法等
│   │   └─ ひとり親家庭（母子家庭等）：母子及び寡婦福祉法等
│   ├─ 公的扶助（生活困窮者に対する援助。所得・医療・住居や教育の保障等包括的に扶助する）：生活保護法
│   └─ 公衆衛生・医療の基盤整備：水道法・下水道法・結核予防法・予防接種法等
└─ 社会保障（50年勧告の4分野以外）
    ├─ 雇用対策
    ├─ 恩給・戦争犠牲者援助
    ├─ 医薬品・食品の安全対策
    └─ 住宅対策
```

　社会福祉という言葉の意味は，抽象的にはすべての人びとが人生の諸段階を通じ幸せな生活を送ることができるようにする社会的施策といえる。法的な使用は，昭和21年制定の日本国憲法25条で「①すべて国民は，健康で文化的な最低限度の生活を営む権利を有する。②国は，すべての生活部面について，社会福祉，社会保障及び公衆衛生の向上及び増進に努めなければならない」と規定して以来のことである。

　昭和25年に社会保障制度審議会が行った「社会保障制度に関する勧告」によると，「社会保障制度とは，疾病，負傷，分娩，廃疾，死亡，老齢，失業，多子その他困窮の原因に対し，保険的方法又は直接公の負担において経済的保障の途を講じ，生活困窮に陥った者に対しては，国家扶助によって最低限度の生活を保障するとともに，公衆衛生及び社会福祉の向上を図り，もって，すべての国民が文化的社会の成員たるに値する生活を営むことができるようにすることをいうのである」とされ，さらにこのうちの「社会福祉」については，「国家扶助の適用をうけている者，身体障害者，児童，その他援護育成を要する者が，自立してその能力を発揮できるよう，必要な生活指導，更生補導，その他の援護育成を行うことをいうのである」と規定している。

　したがって，この規定では，社会保障は，社会保険・国家扶助（公的扶助，具体的には生活保護）・公衆衛生（医療を含む）・社会福祉の4部門の上位概念として位置づけられている。

　なお，生活保護の受給者については社会福祉の範囲ともされている。この理由は，生活保護法は経済保障と被保護者個々人の環境，性格，能力などに応じ個別援助を行うという2つの目的をもっており，後者については社会福祉の一環として取り扱うことが適当と考えられたからである。

出所）『国民の福祉の動向』2009年，「第2編第1章　社会福祉の概念と沿革」をもとに筆者加工

（2）制度としての社会保障の始原

　社会保障の源流は，中世ヨーロッパにおけるキリスト教的封建制度の中で，キリスト教に基づいた慈善事業から端を発している。

　社会の構成員すべてに健康で文化的な最低生活を営む権利を認め，国がそのために社会保障，社会福祉や公衆衛生の向上・増進に努めなければならないとする社会保障の考え方が成立するのは，どこの国でも資本主義社会になってからである。さらに，その資本主義が一定の段階にまで成熟してからである。

　社会保障の発展してきた経緯については，産業革命後の資本主義社会発展とほぼ平行して形成されてきたといえる。

　公的に支え合いのしくみを制度化する社会保障制度という考え方や疾病・障害・貧困等で困窮する人びとを助けるという福祉の考え方が登場するのは，産業革命以降である。社会保障は，近代以降に登場した概念である。各国の社会保障制度の成立形成過程は，資本主義国家形成及び発展と同時に歴史的に展開されてきた。産業革命に端を発する資本主義経済社会への移行は，資本による利潤追求の自由と引きかえに，それまでに存在しなかった無産労働者階級を生むことになった。彼らは，囲い込み運動以後，資本も生産手段ももたない底辺階層であり，彼らの苛酷かつ劣悪な生活環境を救済することから，社会福祉という権利保障の考え方が認知されるようになった。福祉とは，いわゆる「民の声」「民の叫び」として盛りあがってきた要求権である。

　市場競争原理の中で，自助の限界及び貧困の不安が常に付きまとう中，共同体的相互扶助が機能を果たさない場合，社会的弱者は社会構造上の問題として救済されなくてはならない。諸外国での福祉の発展と現状を考えるには，まず世界に先駆けて福祉に直面しなくてはならなかった国々，すなわち，イギリスでの社会保障の発展過程を参照するのが相当であろう。

2　救貧制度の成立と展開

　中世ヨーロッパにおける封建社会では，封建領主にとっては農奴や職人は土地に付随した一種の財産であった。農奴にとっては，人格的な不自由や身分的な隷属を強要するものであり，はなはだしい制約をもたらしたが，その社会的関係は他方においては，地縁的・血縁的保護の基盤となり，一種の社会保障として作用した。少なくとも，貧民には，封建的身分制度の中で，土地に縛られ制約の多い生活ではあるが，そこで，生産活動に従事する限り，居場所と生活基盤は確保できたといえる。身分からの解放は自由を意味したが，一方でそれまでの共同体内部の保護を失うことであった。

　産業革命が進展していくと同時に，囲い込み運動が活発になっていく。トマス・モア（More, T.）がその著書『ユートピア』で「羊が人を食う」と評した

ように、封建領主たちは、毛織物工業の繁栄のために需要の増した羊毛をより効率的に生産するために土地を囲い込み、放牧に利用した。その結果、身分制度のもとで、世襲で土地に縛られていた農奴達は土地を追われ、離農者となり、都市部に流入していった。彼らは、土地という生産場所と生産するための手段をもたず、都市部で初期の資本主義の形成期である本源的蓄積過程の中で、無産労働者階級という新たな社会階層を形成せざるを得なかった。

このように封建社会が資本主義社会に再編成される過程において、大量の貧民や浮浪者の群れが生み出され、彼らが就労環境、生活環境ともに劣悪な状態に置かれたことが、のちに、彼らの人間らしく生きる権利として社会権が人権のひとつとして認知される端緒となった。

産業革命によるマニュファクチュアは工業化をもたらし、その過程の中で、従来の、身寄りのない、労働不能の貧民とは異なり、労働力をもった「有能貧民」として大量に都市部に流入し、彼らは、浮浪・乞食化し、これが治安上の問題となる。彼らは、中世社会の宗教的慈恵によって扱われた、病人であったり、障害があったりといった無能力の貧民ではなく、働くことのできる「有能貧民」であったことが特徴である。初期資本主義社会で台頭してきた無産労働者とは、労働力と対価で所得を得る賃金労働者の原型であった。

15世紀までもいわゆる浮浪貧民という封建支配から逃れた放浪者はいたが、16世紀からの浮浪者は、土地を奪われたため生活の基盤を失い窮乏するという形に変化した。

中世以来、貧民増加による社会不安を抑制するために、貧民対策としての一連の成文法が制定されていった。1531年法以来、救貧行政のために立法化された諸法がいわゆる救貧法（Poor Law）である。救貧法は、当初ロンドンその他の大都市における貧民対策として始まった。救貧法では、乞食や浮浪者を禁止・処罰するとともに、彼らを強制的に送還し、さらに労働能力のある者への就業強制、労働無能力者への救済を規定した。

1601年、エリザベス女王治世下に成立した救貧法（Poor Law）は、それまでの救貧行政の根拠となった諸法の大改正であり、「エリザベス救貧法」の名で知られる。同法は1834年にさらに改正されたため、1601年のそれは旧法である。この救貧法が、初期の公的扶助の基本的構造を規定し、多くの救貧院が設立された。1601年法は、教区において毎年、貧民監督官を任命する、救貧税の徴収を規定した。また、救済の対象である貧民を労働能力の有無に従って、労働可能な「有能貧民」、「無能貧民」、および扶養義務者による扶養が期待されない「児童」とに分け、労働可能な有能貧民には強制労働を課し、これを拒否する者には懲治院、または監獄に収容し、孤児または貧困ゆえに親に扶養されない児童は徒弟に出され、これも強制的に働かされた。

しかし、労働能力の有無を判定する区分基準は貧民監督官の裁量に委ねられ

エリザベス救貧法

エリザベス女王治世下において、貧民統制のために運用された救貧法のことを指すが、1601年法と1834年法の2つが有名である。前者は旧救貧法、後者を新救貧法とも呼ぶ。1601年のエリザベス救貧法では、救貧行政の中央集権化がなされ、貧民監督官が設置された。産業革命以後の1834年新救貧法では、劣等処遇の原則や労役場収容主義などが採用されたことで有名である。新救貧法は救貧行政を国家の任務として位置づけ、社会保障の源流となったとされる。

ており，教区によって労働可能な貧民の数が恣意的に操作されたりしたため，人びとの貧民行政の不満が払拭されることはなかった。

　救貧にはほど遠いものであり，むしろ処罰法・弾圧法としての色合いが濃く，有能貧民への労働の強制によって，彼らを管理し，抑圧し，治安を維持することに主眼が置かれた。

　また，救貧税という強制課税を財源として，貧民への救済処置を行うものであったために，貧民の増加は救貧費の増大に直結し，それは，中産階級に重くのしかかった。教区内では，貧民監督官は少しでも貧民の数を減らそうと貧民を追放したり，逆に，他教区からの貧民の流入を阻止することに躍起となった。

　産業革命による技術の進歩および機械化は，女性や児童など社会的弱者の労働酷使の常態化を招いた。彼らは労働搾取され，不衛生で劣悪な労働環境での長時間労働を強制され，不満分子による懲治場からの脱走や労働拒否は後を絶たなかった。貧困と失業と病気は悪循環を繰り返し，社会不安は根治することはなかった。

　1722年に，ワークハウステスト法が制定され，労役場を制度化した。救貧に関わる実費が安価であることと，労働力を大量に一ヵ所に集中させることが可能であることから，ワークハウス（労役場）での救貧施策が進められていくが，その目的は，救済費の節減にあったため，そこでの労働と生活は悲惨をきわめ，貧民はより，過酷な労働条件の下に置かれた。ワークハウスは，その劣悪なる処遇がゆえに「恐怖の家」と称された。

　産業革命期のイギリスにおける救貧体制は，従来のいかなる時期よりも急速に変化していく社会経済体制に適応すること，また，新たな社会階層である無産労働者の貧困施策に対応することを余儀なくされた。この時期，エリザベス救貧法に理論的根拠を与えたのが，マルサス（Malthus, T. R.）であった。彼は1798年に『人口論』を表し，独自の「人口法則」に従って，貧困の原因は，あくまでも貧困者個人の資質にあるとする見解を公表し，救貧施策の全面的廃止を訴えた。マルサスは，貧困は人口増加によって必然におこるものであり，安易な救済よりも人口抑制をはかるべきと主張した。また貧民には貧しいことを恥じるべきであるとした。

　救貧政策の転換は1782年のギルバート法の成立によってもたらされた。同法は，まず労役上の請負制度を禁止し，救貧税の徴収と貧民の処遇とを別々の担当者に分離した。

　続いて，1795年には，スピーナムランド制度が実施された。スピーナムランド制度とは，パンの価格を基準にした賃金補助制度であり，当時議会で導入が検討されていた最低賃金制に対する代案としていたが，その財源には，救貧税が充てられ，中産階級の負担が増大する一方，低賃金雇用が正当化されることになり，貧民の数がますます増加する結果を招いた。

翌1796年には，ウィリアム・ヤング法が成立し，治安判事の権限で窮貧労働者を労役場から解放し，院外救済することを可能とした。これによって院外救済が一般化し，窮貧労働者の雇用環境は改善されたが，スピーナムランド制度の実施とあいまって救貧費用の高騰とそれを賄う救貧税負担の増大は，社会問題となっていった。

救貧法の適用を受けない一般労働者の不満は，1830年夏の全国的な大暴動へとつながった。政府は，ただちに王立救貧委員会を発足させ，救貧法の改正を検討し始めた。1834年新救貧法は，エリザベス救貧法への復帰を唱え，窮貧者救済に関する2つの原則を打ち出した。

ひとつは労働能力のあるものの救済の拒否であり，もうひとつは，「被保護民帝位の原則」である。まず，労働能力のある者の救済の拒否とは，具体的にスピーナムランド制度の廃止を意味し，窮貧労働者については，再び労役場に収容して扶養する方向に改められた。ただし，1722年法と違って，窮貧者を労役場に強制収容することはせず，救済を受けるなら労役場への入所を条件としたのである。また，居住地法も廃止され，窮貧労働者もひとりの労働者として労働市場を移動して，職を求める自由を与えられた。

1834年に制定された新救貧法はエリザベス救貧法の旧法を踏襲するものであったが，貧民を賃金労働者として位置づけ，労働市場への参入を促す手法を採用した。生活困窮者の最終的な救護手段として救貧事業を残すが，救済を受けることが本人にとって苦痛であるように仕向けることによって救済すべき貧民の数を抑制しようとするものであった。新救貧法では，院外救貧を全廃し，救貧の方法は懲治院への収容のみとする「労役場処遇」，救済の程度は「最下級の労働者以下」の待遇とする「劣等処遇の原則」などの原則が打ち出された。

救貧行政とは，すなわち，懲罰と見せしめ的要素を濃くする性格のものであったが同時期に一方で，市民層による慈善事業が活躍した。社会福祉の近代化への一翼を担った。慈善学校や病院，孤児院，精神病院などが建てられ，富裕層の社会的義務として展開した。

1869年には慈善事業の組織的調整と救済の適正化を目指して，慈善組織協会（Charity Organization Society: COS）が結成され，貧困への対応を社会的かつ組織的に行う必要を社会に訴えた。COSは対象者の状態を多角的に把握するために本人との面接や家庭訪問をし，近隣の評判や地域状況の情報収集に努めるといった手法をとり，こうした訪問活動は「友愛訪問」とよばれ，のちのケースワークのルーツとなった。しかし，対象者を自助努力しているかどうかという曖昧な基準によって，「救済に値する貧困者」と「救済に値しない貧困者」とに区別し，前者は民間慈善事業が扱い，後者は救貧法による事業が担当することとした。選別主義を採用し慈善事業の対象を前者だけに限定し，社会改良を本人の自助努力を損なうものとし，受け入れようとしなかったためにマ

ルサスの論拠を超えるものではなかった。

　思想面で20世紀の社会事業の成立に貢献したのは、1884年トインビーホールの設立によって、本格的に拡がりをみせたソーシャル・セツルメント運動であった。この運動では、貧困の救済のためには慈善的施与だけでは解決せず、教育的環境の重要性が主張された。貧困の原因は、個人の資質や怠惰といった個人的理由に帰因するものではなく、社会的な産業構造や雇用環境によりもたらされるもので、そうした社会的原因の認識とそれを変革する社会改良の必要性を広く訴えた。

　貧困の実態を科学的な社会調査のもとに客観的事実として示したのがブース（Booth, C.）（1840～1914年）とラウントリー（Rowntree, B. S.）（1871～1954）による貧困調査である。ブースは1886年から1903年までの17年間イギリスのロンドンで調査し、イーストロンドンの3分の1にもおよぶ人びとが貧困または極貧の状態にあること、貧困の主要な原因が不安定就労・低賃金などいわゆる雇用上の原因にあることを指摘した。つまり貧困の原因は個人にあるというよりも社会にあるということを科学的調査の裏付けによって指摘したのである。

　ラウントリーは、1899年からヨーク市において貧困調査を進める中で「貧困線」という貧困に陥る指標を発見し、その概念を一般化した。ラウントリーは栄養摂取の観点から人が生存するために必要な最低生活費を計算し、その基準を貧困線として定義した。

3 社会保障法の成立と福祉国家の誕生

（1）社会保障法の成立

　1935年、アメリカで社会保障法（Social Security Act）が制定された。法条文中に「社会保障」という言葉を用いたのは、同法がはじめてといわれる。建国より約150年間、自助の伝統が根付いていたアメリカにおいて、大恐慌に苦しむ民衆の圧倒的支持のもとに成立したのがこの社会保障法である。伝統的に新大陸を開拓するフロンティア精神が重んじられ、「資本主義」や「個人主義」が徹底され、自助による立身出世や個人の努力による経済平等の達成が「アメリカンドリーム」として支持されてきたアメリカは、思想背景に社会的連帯を前提とする社会保障の考え方とは対極の理念をもつ。社会保障という考え方が長い間相容れず、制度化されてこなかった、そのアメリカにおいて世界初の社会保障法が成立したことは、興味深いところである。

　1933年、大統領に就任したフランクリン・ルーズベルト（Roosevelt, F.）は世界恐慌を克服するために、ケインズ理論を取り入れ、積極的に経済に介入する政策を採用した。これがニューディール政策である。新規まき直し政策とも

貧困線

　シーボム・ラウントリーが確立した生存を保つに必要な最低レベルの貧困状態を測る指標で「貧困線」と呼ばれる。ラウントリーはヨーク市の貧困調査を1899年に行ない、その成果から貧困状態を科学的に分析して当時の社会に大きな影響を与えた。その貧困測定の基準は貧困の質を把握するための区分で、後々まで貧困測定に使われることとなった。彼は貧困を第1次貧困と第2次貧困の2つに分け、肉体的生存が維持できないほど貧困を極め、絶対的貧困にある状態を第1次貧困とした。第2次貧困とは、総収入がほんのわずかしか第1次貧困線を上回っていないために、飲酒や賭博など平常とは異なったものに支出があると即座に貧困に陥る世帯のことをいう。ラウントリーは収入がこの第1次貧困線を下回る層を貧困層と定義した。

図表3-3 社会福祉の発展史

年	事項	内容
1500		
1520	ドイツ貴族に与える書	マルチン・ルターによる怠惰とどん欲の排斥 労働の奨励, 救貧行政への提言
1555〜	ブライドウェル懲治場（矯正院）	壮健な貧民の矯正施設としての懲治場 ロンドン・ブライドウェル宮殿を転用して設置 18世紀初頭までで廃止
1600		
1601	エリザベス救貧法（旧法）	労働能力有無による貧民の区別
1700		
1722	ワークハウステスト法（ナッチブル法）	労働能力のある貧民を救貧作業場に収容, 強制就労させた
1776	アメリカ独立革命	独立宣言
1782	ギルバート法（英国）	懲治場には, 老人・病人のみを収容 施設外救済として自宅での仕事を与える
1789	フランス革命	フランス人権宣言
1798	マルサスの『人口論』	救貧法に理論的根拠を与えた
1795	スピーナムランド制度	物価連動制の院外救貧制度 パンの価格を元に基本生活費を算出 基本生活費以下には, 差額を補填
1800		
1809	オンブズマン制度	スウェーデン議会
1834	エリザベス救貧法（新法）	1. 劣等処遇の原則 2. 行政水準の全国的統一の原則 3. 労役場制度
1867	マルクスの『資本論』	
1869	慈善組織教会（COS）の設立	COS（Charity Organization Societies）の略 組織化かつ効率的な慈善運動を目指した
1874	恤救規則（日本）	厳格な要件に基づいた制限扶助
1883	廃疾保険法（ドイツ）	世界初の社会保険法（健康保険）
1884	フェビアン協会設立	ロンドンで設立, 社会主義知識人の団体 シドニー・J・ウェッブとその妻, ビアトリス・ポッター・ウェッブ, バーナード・ショー等 緩やかな社会改良を主張
1884	トインビーホール設立（イギリス）	世界初のセツルメント運動 金品を与える貧民救済と違い, 一定の地域に定住させ生活全般を援助する
1889	ハルハウス設立（アメリカ）	ジェーン・アダムス アメリカにおける初のセツルメントハウス （隣保館）
1900		
1889〜1903	貧困調査（ロンドン）	チャールズ・ブース
1889	貧困調査（ヨーク第一次）開始	シーボーム・ラウントリー 貧困線の発見
1919	ワイマール憲法	世界ではじめて社会権を人権と認知 社会権保障のためには自由権を制限すべきと「公共の福祉」理論を導入
1929	世界大恐慌	
1933	ニューディール政策（アメリカ）	
1935	社会保障法（アメリカ）	世界初の社会保障法
1939	第2次世界大戦勃発	
1942	ベヴァリッジ報告	政府刊行物としての報告書「社会保険及び関連サービス」
1943		
1944	フィラデルフィア宣言採択	国際労働機関（ILO）の目的に関する宣言 ILO総会で採択, 労働者の人権と社会保障の制度構築を確認
1945	第2次世界大戦終了	
1948	世界人権宣言	
1966	国際人権規約	世界人権宣言の内容を条約化したもの（文書化） 第21回国連総会で採択

よぶ。"New Deal" とは，トランプゲームなどで親がカードを配り直すことをいい，それにたとえて政府が新たな経済政策を通じて国家の富を国民全体に配り直すことを意味している。公共事業を積極的に推進し，雇用創出を図り，1933年には，連邦緊急救済法を制定して生活困窮者を救済した。

それまでアメリカの歴代政権は，市場には介入せず，経済政策も最低限なものにとどめる政策を採ってきた。政府は原則として個人の生活に干渉しないという自己責任の精神が強く，貧困も失業も自己責任に帰すと考えられてきた。また，連邦制のゆえに連邦の構成単位である州の権限が強い。しかし世界恐慌の嵐が吹き荒れる中，政府がある程度経済へ関与することは避けられないと，社会主義的な政策理念へと転換した。アメリカ社会保障法は，こうした背景の中で登場したものであり，第2次世界大戦後の資本主義国の経済政策に大きな影響を与えた。

(2) 福祉国家の誕生

国民の福祉政策を積極的に増進する国家を福祉国家という。社会保障をさまざまな制度や施策を通じて保障するには，国家を主体として実施されることが重要である。国家の政策として福祉施策に力を入れる体制が福祉国家（welfare state）である。

国民に対して積極的な関わりをする国家を福祉国家といい，公助を前提に福祉を拡充させる施策を「福祉国家型」福祉というが，社会福祉は，常にその社会の経済生産力の大きさに左右される。

福祉国家とは何か[1]，その意義を探るためには，福祉国家を生み出した資本主義の登場およびその歴史上の経緯を概観することが必要である。経済的・社会的格差の発生が福祉国家の誕生につながったことに着目しなければならない。

各国の社会保障制度の成立および形成過程は，資本主義国家の形成および発展と同時に歴史的に展開されてきた。

世界に先駆けて社会保障という考え方にいち早く直面した国は，イギリスである。イギリスは，何より世界で初めて産業革命を経験した国であるということで，いち早くその資本主義体制の矛盾に向き合うことになった。

産業革命を契機に資本主義経済社会への移行が進んでいくなか，囲い込み運動以後，土地を負われた貧農は都市部に流入し，それにより新たな社会階層を形成した。資本も生産手段も持たない底辺階層である無産労働者階級が史上はじめて登場した。彼らは，生産手段をもたないがゆえ，自らの労働力を売る以外になく，低賃金・長時間労働に甘んじなければならなかった。資本による利潤追求の自由と引きかえに，彼らは不平等という現実を手に入れた。彼らの苛酷かつ劣悪な生活環境を救済することから，社会福祉という権利保障の考え方が認知されるようになった。福祉とは，いわゆる「民の声」として盛りあがっ

てきた要求である。

　近代になって登場した自由主義国家は，商いや取引など契約による経済活動を私人にまかせ，国家としての国民への関わり・干渉は最小限にとどめることで個人の自由を保障しようとする体制であった。自由主義国家の時代はすなわち，国家の役割は，治安の維持・外敵の侵入に備えればよいのであって，そのことをラッサールは夜警国家とよんで批判した。

　国家施策として工業化が進むなか，労働者階級では，劣悪な環境下で過酷労働や児童酷使が常態化しており，貧困，疾病，失業などの困窮が表面化していき次第に社会問題化していった。私人間での経済活動が促進する結果，経済的・社会的格差が発生し「持てる者」と「持たざる者」との格差は歴然と広がった。

　市場競争原理の中で，経済的・社会的弱者が発生しても，自助の限界および貧困の不安が付きまとうなか，共同体の相互扶助が機能を果たさない場合，社会的弱者は社会構造上の問題として救済されなくてはならない。ここから，私人間の社会的・経済的格差是正および私人の自由を追求する権利内容の修正という観点から，国家の積極的な関与を必要とするようになり，福祉国家の思想が生まれた。

　福祉国家という言葉は，1930年代半ばにイギリスで最初に使われたが，1941年にテンプル（Temple, W.）が『国家論』において用いて以来，急速に流布したといわれている。彼は，ナチス・ドイツの戦争国家（Warfare State）に対して，イギリス国家を軍備よりも国民の福祉を優先するWelfare Stateとして特徴づけて用いた。戦後この言葉が全世界に普及することになる。福祉国家は，それぞれの社会の現実的必要性や理念背景により多様な発展を遂げていく。

　第2次世界大戦後の西側諸国の好調な経済成長に支えられて，福祉国家はその体制を確立し，発展してきた。同時に日本を含む西側諸国において，福祉国家の理念は先進的な国家理念として支持された。

　福祉国家は，基本的経済調整メカニズムとしての市場を維持しながらも，何よりもまず，国民全体の生活の安定と向上に配慮する義務をもつ国家として規定される。

　福祉国家の基本原理は，その原因を個人的要因に帰属させずに，社会的・経済的な構造上からくるものとし，公的な責任としてとらえるところに特徴がある。公的な責任とは，国家責任をいう。

4　社会保障制度の普及と発展

　国家が社会保障に積極的に関与するのは，1880年代のドイツで登場した社会保険制度以降の20世紀初頭である。個人の責任や努力だけでは解決できな

4. 社会保障制度の普及と発展

い人生のリスクに対して，社会全体で支え合っていこうとする社会的連帯の考え方は，ワイマール憲法で社会権の世界的認知を受けることで人権保障の概念に支えられ，福祉国家という国家の役割の転換を経て，社会保障制度として発展していく。それまでの初期の人権とされる自由権とは違い，社会権では，国家が積極的に国民生活に関与してはじめて社会権保障の実現がなされるため，初期においては貧民管理政策として機能した救貧制度は，各国において，社会保障を制度として組み込んだ体制作りへと展開していった。救貧法に基づく救貧の概念は公的扶助として近代化した権利性のある概念へと発展した。

　第2次世界大戦以降，各国は戦後の経済復興を目指すが，同時に自由主義経済社会の中での国家体制作りをすることになり，社会的弱者を生んだ。市場競争原理が前提の社会では，失職したり，業務による事故，病気に見舞われたり，といったリスクから社会的および経済的に困難を抱える者が自ずと生じることになり，国家責任として社会的弱者の救済を見込んだ社会保障制度を構築していく。特に，東西冷戦の中で社会主義体制の拡大を阻止する目的も相まって，社会保障制度は1970年代にかけて積極的に展開していった。なかでも，社会保険に基づく給付は，事前の保険料拠出に対する反対給付として獲得できるものでありスティグマを伴わないため，社会保障制度の主柱として広く受け入れられた。各国は社会保険を中核にすえて制度を構築することとなった，すなわち保険加入による自己責任を基本とし，保険の適用されない窮乏に対してのみ公費を投入して公的扶助を適用するというしくみである。

　社会保障という用語は，social securityの訳語であるが，この用語がはじめて正式に用いられたのは，1935年のアメリカの社会保障法（Social Security Act）である。この法律は，1929年にウォール街で始まった世界大恐慌に対処するニューディール政策の一環として立案された。ドイツで確立した社会保険は拠出制度であり，世界的な大不況の前に即効性のある効果を期待できる制度ではなく，産業構造の急変から生じる国民生活の危機に即応できず，社会全体で経済安定化を図り，保障する必要があった。このことから社会的にリスクに対応すべきとの意味を込めてsocial securityという用語が使われたといわれている。1938年，ニュージーランドでも「社会保障法」が制定された。

　社会保障制度が近代化していく形成過程の中で原点となったものが2つある。ひとつがベヴァリッジ報告であり，もうひとつが，ILO（国際労働機関）が，刊行した報告書『社会保障への途』である。双方ともに1942年に出された。

　イギリスでは，ブースやラウントリーの科学的貧困調査の成果をふまえて，貧困を個人の自助努力ではなく，社会的に対応していくべきとする認識が広がっていった。1942年に出されたベヴァリッジ報告（Beveridge Report）[2]は第2次世界大戦後のイギリスの福祉国家体制の大きな柱となり，労働党が選挙演説で唱えた「ゆりかごから墓場まで」のスローガンとともに社会保障制度を

スティグマ

元来，奴隷や囚人に押した焼き印のことをいう。ギリシア語に由来し，キリスト教では，アッシジの聖フランシスコの手の平に表れた聖痕を意味するが，アーヴィン・ゴッフマンは1963年に「スティグマの社会学」の中で，望ましくないとか汚らわしいとして他人の蔑視と不信を受けるような属性と定義した。個人や組織によって無理に押しつけられたマイナス・イメージのことである。「社会的烙印」あるいは「社会的恥辱感」とも訳される。スティグマというレッテルを貼られた者は，自尊感情は低くなり，周囲の劣等視は社会的に正当化され，差別という形でさまざまな社会的不利益を被り社会的排除の対象となる。

構築するうえで大きな影響を与えた。

　ILOは社会保障の用例に先鞭をつけ，社会保障を制度として普及さえ定着させることに尽力した。『社会保障への途』では，各国の社会保障制度の歩みやその内容を整理し，ニュージーランドの制度を新しい型の社会保障制度のモデルとして紹介した。こうして「社会保障」という言葉が一般化していった。また，1941年8月のチャーチル（イギリス首相）とルーズベルト（アメリカ大統領）の洋上会談により発表された大西洋憲章中に「社会保障」に関する提案が盛り込まれたことも，この言葉が世界中に広まる契機になったといわれている。

　ILOが呈示した社会保障の考え方は，1944年のフィラデルフィア宣言で結実し，世界的に認知された。1944年に行われたILO総会で「ILOの目的に関する宣言」が採択された。これは「保護を必要とするすべての者に基礎的所得と包括的な医療を与えるように社会保障を拡充する」ように勧告しており，フィラデルフィア宣言ともよばれる。ベヴァリッジプランには，社会サービスと医療保障は含まれていない。権利性のある社会保障を制度として普及させ，保障していくには公的扶助と社会保険，社会保障という従来の概念に加えて，所得保障・医療保障を統合する必要があるとはじめて明確にしたことで知られる。

　ILOは1952年に第102号条約（社会保障の最低基準に関する条約）を採択した。

　1948年には第3回国際連合総会で世界人権宣言が採択された。この第25条で「すべて人は，衣食住，医療及び必要な社会的施設等により，自己及び家族の健康及び福祉に十分な生活水準を保持する権利並びに失業，疾病，心身障害，配偶者の死亡，老齢その他不可抗力による生活不能の場合は，保障を受ける権利を有する。」と規定されている。

注）
1) 福祉国家の定義については，本書の第1章社会保障制度の概要，1　福祉国家と社会保障　(1) 福祉国家とは　の項目を参照。
2) ベヴァリッジ報告については，同じく本書第1章を参照のこと。

参考文献

厚生労働省編『厚生労働白書』各年版，ぎょうせい
社会保障入門編集委員会編『社会保障入門』中央法規，2009年
財団法人厚生統計協会編『国民の福祉の動向』各年版
国立社会保障人口問題研究所「社会保障統計年報」各年版，法研
樫原朗『イギリス社会保障の指摘研究Ⅰ～Ⅱ』法律文化社，1980年
社会福祉士養成講座編集委員会編『社会保障論』中央法規，2009年
右田紀久恵・高澤武司・古川孝順編『社会福祉の歴史 政策と運動の展開』（有斐閣選書），2001年
堀勝洋編『社会保障読本（第3版）』東洋経済新報社，2004年
社会保障研究所編『社会保障の新潮流』有斐閣，1995年
岡本英男『福祉国家の可能性』東京大学出版会，2007年

プロムナード

　社会保障とは何でしょう？制度とはどういうことでしょう？社会保障制度とは，病気になったり，仕事を失ったり，といった誰もが遭遇しえる人生のリスクに対応して，国家責任のもとに，生活を支える給付を行うしくみのことをいいます。日々の生活の安定が損なわれたときに，助け合い，支え合う相互依存の実践を社会的連帯といいます。社会保障の制度を学んでいくと，国，自治体，企業，個人がどういう位置関係にあり，どんな役割を果たしているのか，社会全体がどういうふうに成り立ち動いているのかが見えてきて，私たちの社会が立体的に理解できます。社会保障制度は私たち一人ひとりが制度の趣旨に賛同して参画し，自己分担金を拠出したり，負担を分かち合うことで成り立っているのです。社会を作り，変えていき，動かしていくのは私たちです。この認識で助け合いの制度の一翼を担っていきましょう。

学びを深めるために

モーリス・ブルース著／秋田成就訳『福祉国家への歩み―イギリスの辿った途―』法政大学出版局，1984年
　福祉国家体制がイギリスで出現した歴史的経緯が詳説されており，福祉の始原に産業革命が大きく関与したことを理解するには最適である。
椋野美智子・田中耕太郎『はじめての社会保障』第7版補訂版，有斐閣，2010年
　コンパクトながら，社会保障とはどういうことか，概念整理がなされている。本書の最大の利点は，最新改正を追いかけていることである。日本の社会保障制度がわかりやすく説明されており基本書として勧める。

▶現代の社会保障の源流はどこにあるか，歴史的経緯に従って説明しなさい。
▶福祉国家について説明しなさい。

福祉の仕事に関する案内書

湯浅 誠『どんとこい，貧困！』理論社，2010年
牧野富夫・村上英吾編著『格差と貧困がわかる20講』明石書店，2008年
大竹文雄著『格差と希望―誰が損をしているのか？』筑摩書房，2008年

第4章

わが国における社会保障の歴史的展開

1 近代国家の成立と社会保険

(1) 公的扶助制度の萌芽〜明治期

わが国は，明治維新という政治的変革の成就によって近代国家の道を歩み始め，社会経済体制の近代化を推進していった。このような大きな体制の変化によって，明治期には近代的な行政機構が確立されていったが，多くの窮乏層を生み出し社会不安を招くことになった。そこで，明治政府は中央集権的な国家体制を確立するため政策の一環として救貧制度の整備・確立を目指し，太政官達第162号として恤救規則（1874）を制定した。恤救規則は，全7条と前文からなるもので，本来の救済は「人民相互の情誼」によって行われるべきものとし，この規則の対象者は「無告の窮民」とされた。つまり，貧民の救済は家族や近隣がお互いに助け合うことを基本としているが（隣保相扶），身寄りがなく老・幼・障害・疾病等のため就業できない極貧の者に対しては恤救規則によって救済を行うとしている。また，救済は居宅で行われ，50日以内の米代を給付するというものであった。恤救規則は，1929年に救護法が制定されるまで，わが国の救貧法として存続したが，恤救規則は徳川時代からの救貧対策の系譜を引くものであり，対象・内容も慈恵的・制限的で近代国家における公的扶助としての基本的要素を備えたものとはいえなかった。

(2) 社会保険の成立

明治期には，政府主導の資本主義の発展が図られるとともに労働運動も活発になり，政府は労働者問題への対処として鉱業法（1905），工場法（1911）を制定した。また，わが国もドイツと同様に労働運動への懐柔策として社会保険が用いられた（アメとムチ政策）。わが国最初の社会保険が成立するのは健康保険法（1922年制定，1927年施行）であり，この制度はドイツの疾病保険を手本としていた。被保険者は，鉱山・工場など鉱業法・工場法の適用事業所（従業員常時10人以上）の肉体労働者で，年収1,200円を超える者や職員は対象外であった。保険給付は，被保険者本人にのみ対して行われ業務上の給付も含んでいた。また，給付期間も，業務上では同一疾病につき180日，業務外では合算して年に180日とした。保険料は労使折半で，国庫負担は保険給付に要する費用の10％（実際には保険給付費に対してではなく事務費に対してのものであった）とした。健康保険法は当初1924年4月から施行される予定であったが，関東大震災のため延期され施行されたのは1927年1月からであった。その後，1934年の健康保険法改正では適用事業所の拡大（適用事業所をそれまでの従業員10人以上から5人以上へとし，運送業を追加），1939年には家族給付の創設（任意）と結核の療養給付期間の延長が行われた。

隣保相扶

家族，親族，そして地域における近隣の人びとが相助け合うという意。第2次世界大戦前・中の救済立法・行政において，国家，行政責任を回避する目的で強調された。まず，恤救規則においては，「人民相互の情誼」が強調されたが，これは血縁・地縁的共同体的相互扶助，言い換えるとこの隣保相扶，あるいは「相扶共済」の強調ということになる。また，救護法においては，義務救助主義が確立する反面，この隣保相扶が法律の前提とされ，依然として日本の救済立法は相互扶助組織の延長線上から発展することができなかった。

工場法（イギリス・日本）

イギリスにおいては，19世紀前半に制定された一連の労働保護法規の総称。1819年法は児童についての規制を定め，1833年法においては，工場監督官制度が導入され，また一般労働者についても労働時間が制限された。日本においては1911（明治44）年に制定（1916年施行）された最初の労働保護法規。安全衛生・労働時間制限・災害補償等について規定されたが，施行時の内容は，たとえば労働時間制限についても，そもそも対象を15歳未満の児童と女子のみに限定し，上限時間も12時間であるなど，非常に貧弱なものであった。

（3）救護法

昭和期に入り金融恐慌，世界恐慌という急激な経済変動のなかで，急速な工業化の進展は家族制度や地域共同体を解体させ，大量の失業者や生活困窮者は都市のなかで生活し，下層社会の構成員となっていった。恤救規則の救済人員の増加からみても，貧困者の状況はこのまま放置できるものではなくなってきた。そのため，米騒動の前後から社会事業関係者の間では恤救規則改正の要望が高まり，1929年に救護法が制定された（1932年施行）。

救護法は全33条からなる法律で，その対象者は制限列挙されており，扶養義務者が扶養することができない65歳以上の老衰者，13歳以下の幼者，妊産婦，身体的・精神的な障害により労働できない者であった。また，救護の種類は生活扶助，医療，助産，生業扶助の4種類で，救護を受けている者が死亡した場合には埋葬費を支給することができるとした。

救護法の最大の特徴は，恤救規則よりも法体制としては相当に整備されたものであり，困窮者の救済を一応国の事務と考えるとともに，費用負担においても市町村の負担に対する都道府県と国の補助を規定していた点であろう。しかし，性行いちじるしく不良なるときまたはいちじるしく怠惰なるときは救護法による保護を行わないという欠格条項が定められているなど対象者の権利を保障するものではなく，国家責任の原理に基づいて実施するという近代的公的扶助における重要な要素を欠いていたものであった。

その後，1930年代前後からの日本の軍部による海外進出というような時局の変化のもとで軍事扶助法（1936）が成立し，母子保護法（1937），医療保護法（1941）など対象別の法律が制定されるにしたがって，救護法によって救済される人びとの数は減少し，その役割は相対的に低下していくこととなった。

（4）国民健康保険法と労働者年金保険法

保健衛生や社会事業，労働関係の行政を行う厚生省（現厚生労働省）が設置された1938年には，医療保険分野では不況にあえぐ農山漁村の住民や都市の中小企業者の生活の安定を図り，また戦時体制下における労働力と兵力の確保に寄与するため国民健康保険法（市町村の区域を単位とする任意設立の国民健康保険組合を保険者とし，任意加入の制度として発足）も成立する。これにより，医療保険が労働保険の域を脱し，一般国民をも対象とすることになった。1939年には海上労働者を対象とした船員保険法，販売や金融等の事業所で働く事務系労働者を対象とした職員健康保険法が成立した。

その後，太平洋戦争が勃発し，1942年には健康保険法に職員健康保険法が統合され，一部負担金制度の導入や家族給付の法定化が行われた。そして，1944年には給付期間の延長（2年間）という制度の拡充整備が行われていく。

また，民間被用者を対象とする最初の公的年金制度は1939年の船員保険法

厚生労働省
(Ministry of Health, Labour and Welfare)

21世紀の日本の新しい国家機能を再構築するため2001（平成13）年1月6日から中央省庁が従来の1府22省庁から1府12省庁へ再編成された。その中でこれまで国民の健康・生活を守る役割を担ってきた厚生省は戦後，厚生省から分離独立した労働省を吸収する形で新たに「厚生労働省」として再編成されることになった。これによって，同省は国民の生活全般（保険，医療，福祉，雇用，労働，年金等）に関する行政を担当する省となる。また，厚生労働省の外局として社会保険庁と中央労働委員会が設置されることとなった。

船員保険
(Seamen's insurance)

この保険は，船員を対象としたもので，その給付範囲は職務上の事故のみならず職務外の事故を含んでおり，給付の種類は海上勤務が長いという点に配慮して，疾病給付部門（健康保険），失業給付部門（雇用保険），年金給付部門（現在は職務上のみ，職務外の年金部門は1985年4月1日より厚生年金保険に統合された）と，広範囲におよび総合的な社会保険となっており，他の被用者保険といちじるしく異なる。また，保険者は国であるが，中央の行政機構として厚生省（現厚生労働省）保険局と社会保険庁外局があるが，直接の事務取扱いは都道府県保険課と社会保険事務所になっている。

に始まり，1941年には民間の一般労働者（男子の肉体労働者に限定）に対して労働者年金保険法が制定された。労働者年金保険法の成立背景には，購買力の吸収策・労働移動防止策・戦費調達説という3つの要因が考えられる。その特徴として，強制被保険者の範囲は，健康保険法の適用をうけた10人以上の事業所の労働者で，保険給付は老齢，廃疾，死亡，脱退とし，養老年金，廃疾年金，廃疾手当金，遺族年金，脱退手当金とした。保険料は平準保険料方式とし，国庫負担は給付費の1割（坑内夫は2割）と事務費とした。この制度は，労働力不足がいちじるしかった炭鉱に有利なものであった。その後，戦局の悪化に伴って雇用構造が変化したことをうけ，施行時点から改正を必要とする事態となったため，1944年には職員・女子・5人以上の事業所労働者も強制適用とし（健康保険法の改正と同時に），名称も厚生年金保険法と改称された。これによって，ブルーカラーの男子労働者を対象とした年金保険が，ほぼ全労働者を対象とする年金保険になったということができる。

2 戦後の社会保障制度の確立―敗戦から1950年半ばまで

第2次世界大戦後，GHQ（連合国軍最高司令官総司令部）の非軍事化・民主化政策のもと，わが国の社会保障制度は本格的に整備されていくことになる。敗戦後すぐ，政府はまず大量の失業者の生活問題に対処せざるをえなかったため，生活困窮者に対する緊急対策として「生活困窮者緊急生活援護要綱」（1945）を閣議決定した。この要綱では，対象者を失業者，戦災者，海外引揚者，在外者留守家族，さらには傷痍軍人およびその家族・遺族とした。援護内容は，各種施設の拡充および生活困窮者の施設への収容，あるいは生活必需品の給与，生業の斡旋などで，町内会長や方面委員などによって行われた。

しかし，生活困窮者緊急生活援護要綱は緊急措置であったため，政府は1946年9月に（旧）生活保護法を制定し，同年10月に施行した。救済の対象は，労働能力の有無を問わず生活困窮者一般とし，保護の種類として生活扶助，医療扶助，助産扶助，生業扶助，葬祭扶助の5種類となった。また，保護に要する費用は，国がその8割を負担することが規定された。

（旧）生活保護法の特徴は，初めて無差別平等に国家責任によって扶助が行われることを明文化した点であり，この点においてこれまでのわが国の救貧法規とは画然と区別されるものである。しかしなお，怠惰な者や素行不良な者は救済の対象から除外されるといういわゆる欠格条項の設定が設けられた。また，GHQによる公的扶助の三原則（保護の無差別平等，保護の国家責任の明確化，最低生活の保障（保護費制限の禁止））は一応は守られたものの，憲法25条（生存権）との関係は不明確なうえ，個々の要保護者に積極的に保護請求権は認められておらず，公的扶助義務に対応する被保護者の地位は依然として「法

の反射的利益」にすぎないとされていた。そのため，戦前の救護法との連続性を完全に断ち切れておらず，現代的な公的扶助制度への過渡的な制度であるといえよう。

そのため，1948年に設立された社会保障制度審議会の「生活保護制度の改善強化に関する勧告」(1949)を経て，1950年に（旧）生活保護法は全面的に改正された。（新）生活保護法の特徴は，①憲法25条との関係を明確にし，国民の生存権の保障がはっきりと謳われたこと，②国民の生存権保障を実質化するための不服申立制度の確立，③対象における欠格条項の廃止，④生存権保障の国家責任を明確にするために実施機関を福祉事務所とし，民生委員を補助機関から協力機関へ変更，⑤保護の種類は教育扶助と住宅扶助が追加され7種類となった。こうして生存権保障を明確に謳った現代的な公的扶助制度が成立したのであった。また，社会福祉の領域では，上記の生活保護法のほかに，児童福祉法(1947)，身体障害者福祉法(1949)が制定され，昭和20年代は福祉三法体制が確立した時期であった。また，公衆衛生福祉局（PHW）のいわゆる「6項目提案」（市厚生行政組織の再編や公私社会事業の責任と分野の明確化，社会福祉協議会の設置等）を契機として，1951年に社会福祉事業法も成立した。

社会保険の領域では，健全な労働運動の保護などの民主化政策が実施される中で1947年に労働基準法が制定され，それに伴い同年4月，使用者の労働保障責任を明確にした労働者災害補償保険法が公布，それまで健康保険法で対象とされていた業務上の災害に対する給付が廃止された。また，戦前・戦時中に施行された医療保険や年金保険は，戦後のインフレーションで休眠措置をとられ機能は停止していたが，1948年には国民健康保険法が改正され市町村公営原則（任意設立強制加入制）の確立，1953年には国庫負担が導入された。また，厚生年金保険も抜本的に見直され，1954年には給付体系等の全面改正を行い新厚生年金保険法が制定された。その内容は，それまで報酬比例部分のみであった「養老年金」を定額部分と報酬比例部分からなる2階建ての老齢年金へ変更し，また男子の支給開始年齢を55歳から60歳へ段階的に引き上げるなどの措置を行うものであった。また，わが国では，第1次世界大戦後に大量の失業者が発生したものの失業保険制度は制定されず，第2次世界大戦後になってようやく失業保険法(1947)が制定された。

> **社会保障制度審議会**
> 内閣総理大臣の所轄に属し，社会保障制度につき調査，審議および勧告を行う審議会のこと。同審議会は，「生活保護制度の改善強化に関する勧告」(1949)，「社会保障制度に関する勧告」(1950)，「社会保障制度の総合調整に関する基本方策についての答申および社会保障制度の推進に関する勧告」(1962)等，社会保障制度の充実・改善に向けた勧告を行った。1995（平成7）年，同審議会は，「社会保障体制の再構築（勧告）」において，国家責任を重視した社会保障から，国民相互の「社会連帯」を基礎とした転換を打ち出した。2001年1月に廃止された。なお，その役割は，社会保障審議会に引き継がれることとなったが，今後の社会保障政策と負担の在り方などを検討する会議として2008年1月29日に「社会保障国民会議」の初会合が開かれた。

3 高度経済成長と社会保障制度

(1) 1950年後半～1960年代前半まで

1955年頃から始まった日本経済の高度成長は「なべ底不況」を経て「岩戸景気」へと移行し，1960年に入ると年平均成長率が10％を超すという驚異的

国民皆保険皆年金

すべての国民に医療保険制度が適用されたのは，1961（昭和36）年4月であるが，その背景には医療保険の多数の未加入者の存在があった。国民皆保険推進の直接のきっかけとなったのは社会保障制度審議会による「医療保障制度に関する勧告」（1956）である。これを受けて厚生省（現厚生労働省）は，翌年の4月5日「国民皆保険計画」を決定した。その後，各市町村，都道府県と関係団体の努力並びに政府の推進策によって計画が遂行され，ついに，国民皆保険体制が実現したのである。また，国民年金に関しても1959（昭和34）年に国民年金法が制定され，無拠出の福祉年金は同年の11月から，拠出制国民年金は1961（昭和36）年4月より実施され国民皆年金体制が確立された。これによって厚生年金より除外されていた自営業者・農林漁業者・零細事業者が含まれることとなった。

な経済成長を遂げた。そして，経済成長を背景に社会保険制度の整備が急速に推進され，わが国の社会保障制度上ひとつの契機となる国民皆保険・皆年金（1961）が実現する。しかし，高度経済成長は，貧困という従来の社会問題を次第に克服していったようにみえたが，公害問題や交通・住宅問題など生活環境の悪化，高齢者や障害者など社会的なハンディキャップを負った人びとの生活問題を顕在化させ，社会保障政策は大きな転換を迫られることとなった。

医療保険分野では，当時すでに職域の被用者保険の整備はほとんど完了していたが，任意設立であった国民健康保険は大都市ではほとんど実施されていなかった。また，それまで実施されていた市町村国民健康保険は被用者保険に比べると給付範囲や水準が低いという問題もあったため，1958年に国民健康保険法が全面改正，1961年に全面的に実施された（国民皆保険達成）。改正内容は，国民健康保険の実施を全市町村に義務づけ，被用者保険の適用を受けないすべての住民に強制適用とする，医療給付の範囲や期間は被用者保険と同一で，水準は5割給付とするものであった。

年金保険分野においては1954年の厚生年金保険法全面改正前後に，私立学校教職員共済組合法（1953），1956年には公共企業体職員等共済組合法（のちに厚生年金保険に統合）が制定された。また，1958年には国家公務員共済組合法の改正と農林漁業団体職員共済組合法が制定された。そして，1962年には地方公務員等共済組合法が制定されたことにより，戦前からの恩給制度や現業員等に対する官業共済組合の制度は整理統合され，一般労働者とは異なる制度での対応が存続することとなった。

一方で，農林漁業従事者や自営業者等に対する公的年金制度は整備されておらず，1950年代後半に入ると国民皆年金の実現が目指されることとなった。そこで，1959年には農林漁業従事者や自営業者等に対する国民年金法が制定され，同年11月には無拠出制の福祉年金（拠出制年金の資格要件を満たすことができない者を対象，全額国庫負担によって賄われる）が実施，1961年4月より拠出制年金の保険料徴収が開始された（国民皆年金達成）。

また，社会福祉分野では，高齢者，障害者，母子世帯など高度経済成長の恩恵を受ける機会に恵まれない人びとの生活問題に対応するため，新しい制度が創設された。それは，精神薄弱者福祉法（1960，現知的障害者福祉法），老人福祉法（1963），母子福祉法（1964，現母子及び寡婦福祉法）の制定であり，この時期，昭和20年代に制定された福祉三法に加えて，福祉六法体制が確立したのである。また，所得保障の面では，児童扶養手当法（1961），重度精神薄弱者扶養手当法（1964，1966年に改正され，特別児童扶養手当法に改称）も制定されている。

(2) 1960年代後半～1973年まで

　国民皆保険達成以後の医療保険分野においては，医療費の急激な増加により医療保険財政の悪化と財政安定が大きな課題となったが，高度経済成長期には国家負担の増額による給付改善に重点をおいた改正が行われた。具体的には，国民健康保険の世帯主7割給付（1963）と世帯員7割給付（1968）の実施，健康保険薬剤費の一部負担の廃止（1969），被用者保険の扶養家族7割給付と高額療養費支給制度の創設（1973）である。また，1973年には組合管掌健康保険との財政力格差調整のため政府管掌健康保険（現全国健康保険協会管掌健康保険）の国庫負担の定率化が導入された。

　そして，医療が必要とされながらも負担能力の低さや受診時の自己負担の重さから受診が抑制されがちであった高齢者に対する負担軽減措置として，老人医療費支給制度が創設された（1972年，老人福祉法改正）。この制度は，所得制限を条件として，国と地方自治体の公費負担（国2/3，都道府県1/6，市町村1/6）により国民健康保険の被保険者および被用者保険の被扶養者である70歳以上の高齢者の医療保険における自己負担分を肩代わりするものであった。

　年金保険分野においても大幅な給付改善が行われ，国民皆年金達成後も年金制度の拡充・改善が図られることとなる。たとえば，厚生年金保険に関しては1965年改正では「1万円年金」（平均標準報酬2万5,000円の者が加入20年した場合の年金額を月額1万円とする）の実現・厚生年金基金の創設があり，1969年改正では「2万円年金」へと引き上げた。同様に国民年金も厚生年金に歩調をあわせる形で改正され，1966年には25年間の保険料納付済期間がある受給権者に対して月額5,000円の年金支給が決定された。さらに1973年改正では，過去の標準報酬月額の再評価，自動物価スライド制の導入，標準年金の水準を標準報酬の60％とする原則の確立が行われた。このように国民皆保険・皆年金体制では，経済成長による税収や社会保険料の高い伸びに支えられて大幅な給付改善が行われ，1973年には「福祉元年」が宣言されたものの，高度経済成長の終焉を迎えることと国の財政赤字問題の露呈によりその後社会保障制度のあり方は見直されることになる。

　そして，他の先進諸国では家族手当として早くから実施されていたが，わが国では社会保障体系の最後に加わった制度として児童手当法が成立する（1971）。この制度は，3人以上の児童を養育し所得が一定水準以下の父母に対して，義務教育終了前の第3子以降の児童につき手当（月額3,000円）が支給されるものであった。また，高度経済成長過程において変化した雇用情勢および社会経済状況に対応するため，従来の失業保険制度を発展的に吸収し労働者に望ましい雇用状態を確保するため，失業保険法を全面改正し名称も新たにした雇用保険法が1974年に制定された。

全国健康保険協会管掌健康保険

　2008年10月より，これまでの政府管掌健康保険が全国健康保険協会が保険者である全国健康保険協会管掌健康保険（略称「協会けんぽ」）が創設された。この背景として一連の医療保険制度の改革や政府管掌健康保険の主管であった社会保険庁の不祥事による廃止・解体がある。これによって，2008年10月1日現在，約3,600万人の加入者が全国単位の公法人である同協会に移ることになる。また，全国健康保険協会の業務は民間職員（非公務員）が行うことになり，本部は東京に置かれることになった。同協会に設立によって，協会発足後1年以内に各都道府県支部別に保険料が決定されることになる。ただし，地域の加入者の事情によって保険料率が高くなる恐れがある場合，全国平均と比較して調整することになっている。

4 社会保障制度の見直し―1970年代後半～1980年代

「福祉元年」が宣言された1973年秋にはオイル・ショックがおこり、急激なインフレーションとそれに続く経済の不況によって、高度経済成長は終焉をむかえた。税収入の落ち込みによる国の財政赤字の増大にともなって、これまで国庫支出に依存する形で拡充が図られてきた社会保障制度に対しては、「福祉見直し」や個人・家族の自助努力を強調する議論が台頭し、従来の拡充基調からの大きな方向転換を迫られることとなった。また1970年には高齢化率が7％を超え、わが国も高齢化社会へ突入することとなった。この社会保障制度の見直しに大きな役割を果たしたのは、1981年に発足した第二次臨時行政調査会（第二臨調）であった。第二臨調では、「増税なき財政改革」をスローガンに、高度経済成長期に肥大した行財政の改革案を提示し、社会保障・社会福祉においては国庫支出の抑制・削減を柱とする制度の見直しを強く求めた。

そして、社会保障の各分野で制度見直しの改革が行われていくが、まず対象となったのは生活保護制度である。1980年代には不正受給対策を名目に生活保護の「適正化」が実施された結果、1980年代後半から1990年代前半にかけて生活保護受給者は急速に減少した。また、高齢者医療分野では、1982年に老人医療費支給制度を廃止し、かわりに老人保健制度が創設された。制度創設の背景として、老人医療費が急激に膨張し病院のサロン化や社会的入院などの弊害が指摘されたこと、高齢者が多く加入する国民健康保険の財政状況がますます悪化したことなどである。この制度は、①70歳以上の高齢者及び65歳以上の寝たきり高齢者等への医療、②40歳以上を対象として行われる健康教育や健康審査などの医療以外の保健事業、を実施する制度であり、実施主体は市町村であった。また、その特徴をみてみると、①これまで無料だった患者の一部負担（当初は外来で月400円、入院1日300円）を復活させることで老人医療費の抑制を図り、②疾病予防や早期発見、③財政調整を行うことで高齢者が多く加入している国民健康保険の負担を減らすこと、があげられよう。また、被用者保険においては医療費の適正化・効率化、給付と負担の公平化の観点から、1984年には健康保険本人1割負担の導入（1997年から2割）および退職者医療制度の創設などが行われた。

年金保険分野でも1985年には公的年金制度全体の大改革が行われ、新体制の公的年金制度へ移行された。それは、制度分立にともなう制度間の不合理な格差や国民年金の財政危機の建て直し、女性の年金保障の不安定性等への対応が急務となったからである。新年金体制では、従来の国民年金を国民全員が加入する「基礎年金」（1階部分）と位置づけ、従来の厚生年金や各種共済年金はそのうえに報酬比例部分として上乗せされる2階部分として位置づけられることになった。この改正では専業主婦も第3号被保険者として国民年金に加入

生活保護「適正化」

生活保護の不正受給や濫救を防止し「真に生活に困窮している者」に「適正」な保護の決定・実施を行うという名目で、保護対象に制限を加えること。「保護の引き締め」ともいわれる。1954（昭和29）年以降の医療扶助支給対象の制限に始まり、1964（昭和39）年以降の、稼動能力者に対する保護適用の制限、加えて1980年代以降の生別母子家庭に対する保護引き締めが進められた。保護の「適正化」の方策としては、資産調査の厳格化、保護申請の窓口規制、扶養義務履行の強化等があるが、1981（昭和56）年の「123号通知」によりそれらの履行が徹底されることとなった。

退職者医療制度

サラリーマン（被扶養者含む）が退職後、各市町村の国民健康保険に移行する制度であって、退職後、年齢的に医療費の必要性が高まる時期に本人が負担する医療費の増加に対する給付水準の低下の防止、退職者（高齢者）の加入による医療費の高騰化にともなう国保財政悪化の阻止、世代間の公平化等を図るため1984（昭和59）年に創設された。退職被保険の資格者は、老人保健法の規定に基づく満75歳以上の者を除いた国民健康保険の被保険者である。

することが義務づけられたが，個人所得のないサラリーマンなど（国民年金の第2号被保険者）の妻（夫）の保険料は夫（妻）が加入する被用者年金が負担することとなり，自ら保険料を納付しなくてもよいこととした。

5 社会保障構造改革と最近の動向―1990年代以降

(1) 社会保障構造改革

　1986年を境にわが国の経済は景気拡大に向かうが，1990年をピークに急激な下降局面に入り1990年代の日本は「失われた10年」といわれるほどの大不況に陥った。また，急速に高齢化が進展し，1970年に高齢化率が7％を超えて高齢化社会に突入したのち，24年後の1994年には14％を超え高齢社会を迎えた。一方で，合計特殊出生率（ある年次について15～49歳の女性の年齢別出生率を合計したもの）も年々低下しつづけ，少子高齢化の進展は深刻化しつつあった。

　このような社会経済状況の急激な変化に伴って，1980年代の公費支出の抑制と家族依存型の福祉政策には行き詰まりがみられ，社会保障制度全般にわたって少子・高齢化対策が重要な政策課題となる。1990年代前半の具体的な政策展開をみてみると，まず特筆すべきは高齢者・障害者・子どもの分野において具体的な政策目標を掲げた「ゴールドプラン」(1989，1994年には見直され「新ゴールドプラン」が策定)・「エンゼルプラン」(1994)・「障害者プラン」(1995)が策定されたことであるといえよう。また，1990年には老人福祉法等の福祉関係八法が改正され，市町村を中心とした福祉行政の展開，老人保健福祉計画の策定が行われる。

　また，医療保険分野では高齢化の進展によって老人医療費が増大し，健康保険などの財政を圧迫，市町村国民健康保険も保険料収納率のさらなる低下と財政悪化という事態が深刻化していった。そこで，1991年には老人保健法における一部負担金の改定や老人訪問看護制度の創設，介護部分の公費負担の引き上げなどの措置が図られた。また1994年には健康保険法改正が行われ，付添看護・介護や入院時の給食にかかる給付の見直しが行われた。このように1990年代に入ってからも医療費の抑制政策は強化されたが，医療保険財政の危機に対する抜本的な解決には至らなかった。そして，医療保険に含まれている介護部分を切り離すという新しい介護保障システムの検討が進み，1997年には介護保険法が成立する。

　1990年代後半になると社会保障制度の改革・再編が加速する。1994年には高齢社会福祉ビジョン懇談会が「21世紀福祉ビジョン－少子・高齢社会に向けて」を，1995年には社会保障制度審議会が「社会保障体制の再構築」を発表した。これらの社会保障のビジョンを基本的に受け止め，1990年代後半か

21世紀福祉ビジョン

　1994（平成6）年，厚生大臣（現厚生労働大臣）の私的諮問機関である高齢社会福祉ビジョン懇談会がまとめた報告書。この報告書では，少子・高齢社会に向けて，国民の誰もが安心できる活力のある福祉社会をめざすために，社会保障制度の再構築が必要であり，具体的には，公正・公平・効率的な社会保障制度の確立，介護・子育て等福祉対策の飛躍的充実，自助・共助・公助による地域保健医療福祉システムの確立などが提言されている。この報告書をうけて，新ゴールドプランおよびエンゼルプランの策定が行われた。

ら介護保険制度創設をはじめとした社会保障構造改革が登場する。その改革の方向性は，社会保障制度審議会と7つの社会保障関係審議会からなる「社会保障関係審議会会長会議」によって，1996年11月に「社会保障構造改革の方向（中間まとめ）」として取りまとめられた。この中間まとめでは，今後の社会保障構造改革の方向性を，① 国民経済との調和と社会保障への需要への対応，② 個人の自立を支援する利用者本位の仕組みの重視，③ 公私の適切な役割分担と民間活力の導入の促進，の3点とし，この方向性にそって社会保障制度の改革が横断的に進められていくこととなった。また，1997年には社会福祉事業等の在り方に関する検討会が「社会福祉の基礎構造改革について（主要な論点）」を取りまとめた。ここでは，サービスの提供者と利用者の対等な関係の確立，個人の多様な需要への総合的な支援，多様な主体による参入促進などの6つの改革の方向が示された。この内容を受けついで，1998年には中央社会福祉審議会社会福祉構造改革分科会によって，「社会福祉基礎構造改革について（中間まとめ）」が取りまとめられた。そして，2000年には社会福祉事業法が改正（名称も社会福祉法と変更）されるなど，社会保障・社会福祉の改革が進められていくことになる。

(2) 最近の動き— 2000年以降

2000年以降も引き続き小泉内閣のもとで改革は推進されていった。そして，社会保障分野は公的支出の削減が最大の標的となり，制度改革の柱としての負担増と給付抑制の方向性はさらに鮮明になった。医療保険分野では医療費の適正化・効率化が目指され，2000年の健康保険法等改正では，高額療養費の自己負担限度額の見直し，老人外来の薬剤一部負担金の廃止，老人一部負担金の定額制から定率制への変更（医療費の1割）が実施された。続いて，2002年の健康保険法等改正では，① 被保険者本人自己負担を3割（3歳未満は2割）へ引き上げ，② 老人医療については原則として自己負担額は月額上限制と診療所での定額負担制が廃止されて定率1割（上位所得者は2割）へ統一，③ 老人医療対象者も70歳から75歳へと段階的に引き上げ，が決定された。さらに，2006年の医療制度改革では，新たな高齢者医療制度の創設（後期高齢者医療制度）や療養型病床の再編成等が行われることとなった。

年金保険分野では2000年改正で給付の抑制が行われ，被用者年金の2階部分の給付を当面の間5％削減，年金給付の賃金スライドを廃止し原則として物価スライドにのみにする，支給開始年齢段階的引き上げ（報酬比例部分），保険料（率）の凍結と国庫負担の見直し，などの改正が行われた。また，2004年改正では，基礎年金の国庫負担引き上げ（3分の1から2分の1へ）や保険料免除制度の多段階化が決定し，最終保険料固定・マクロ経済スライド方式導入などが行われた。

賃金スライド

報酬比例年金に関して，5年に一度，賃金上昇率に応じて年金給付額を改定するしくみ。賃金スライドは，経済成長による年金給付額の相対的な目減りを防ぐ役割を果たす。賃金スライドは，1994（平成6）年10月以前には，現役世代の名目賃金の伸びに応じて，それ以降では，現役世代の手取り賃金（ネット所得）の伸びに応じて，年金給付額の算定基礎となる平均標準報酬月額をスライドすることによって行われてきた。ただし，1999（平成11）年度に行われた財政再計算の時に，年金受給開始以降は年金給付額について賃金スライドを行わないことが決定された。

5. 社会保障構造改革と最近の動向—1990年代以降

図表 4－1　社会保障構造改革の進め方

社会保障構造改革の第一歩としての介護保険制度の創設に引き続き，医療・年金・社会福祉の改革に順次着手

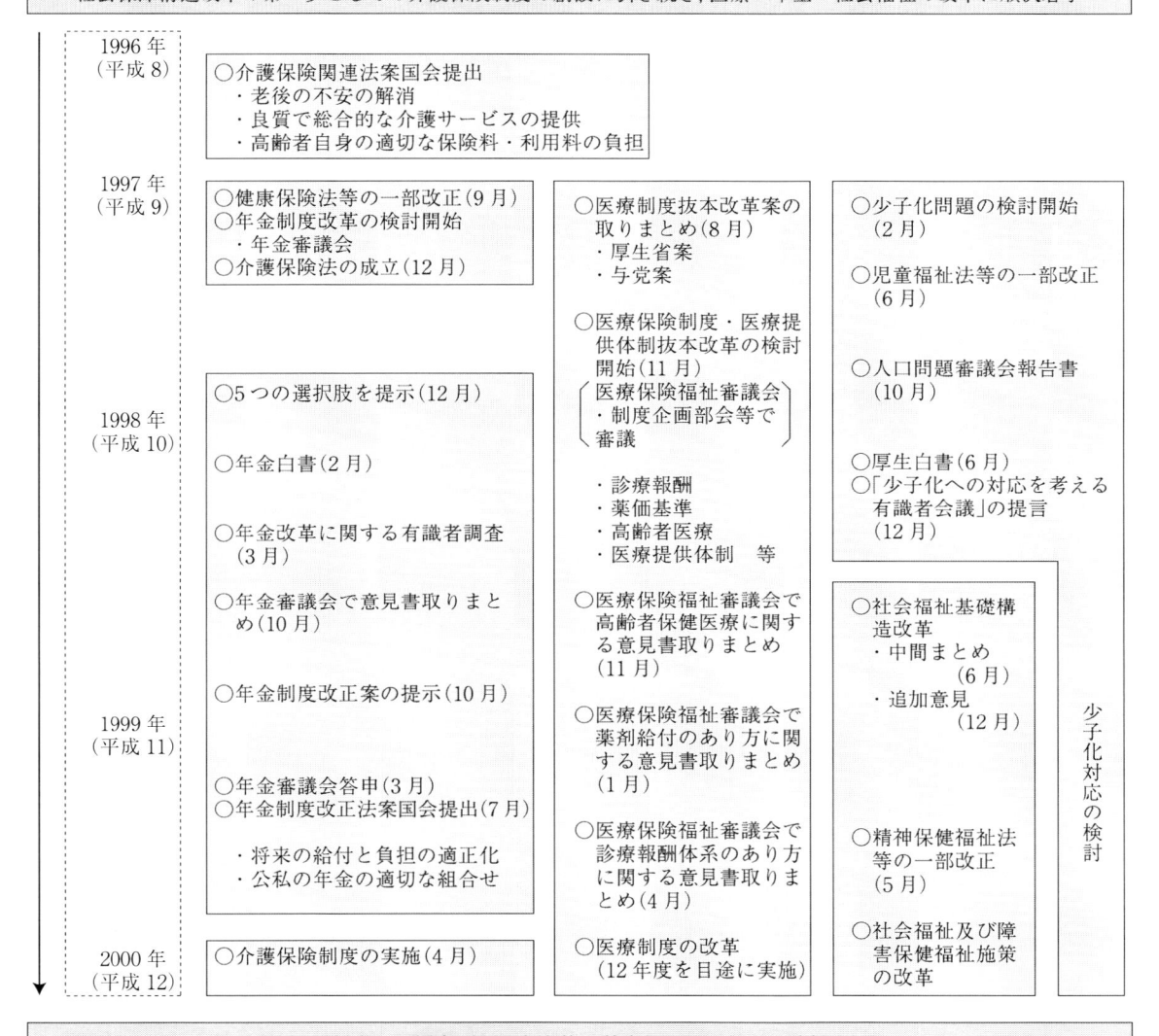

年	介護	年金	医療	社会福祉	少子化
1996年（平成8）	○介護保険関連法案国会提出 ・老後の不安の解消 ・良質で総合的な介護サービスの提供 ・高齢者自身の適切な保険料・利用料の負担				
1997年（平成9）		○健康保険法等の一部改正（9月） ○年金制度改革の検討開始 ・年金審議会 ○介護保険法の成立（12月）	○医療制度抜本改革案の取りまとめ（8月） ・厚生省案 ・与党案 ○医療保険制度・医療提供体制抜本改革の検討開始（11月） 〔医療保険福祉審議会 ・制度企画部会等で審議〕 ・診療報酬 ・薬価基準 ・高齢者医療 ・医療提供体制　等	○少子化問題の検討開始（2月） ○児童福祉法等の一部改正（6月） ○人口問題審議会報告書（10月） ○厚生白書（6月） ○「少子化への対応を考える有識者会議」の提言（12月）	
1998年（平成10）		○5つの選択肢を提示（12月） ○年金白書（2月） ○年金改革に関する有識者調査（3月） ○年金審議会で意見書取りまとめ（10月）	○医療保険福祉審議会で高齢者保健医療に関する意見書取りまとめ（11月）	○社会福祉基礎構造改革 ・中間まとめ（6月） ・追加意見（12月）	少子化対応の検討
1999年（平成11）		○年金制度改正案の提示（10月） ○年金審議会答申（3月） ○年金制度改正法案国会提出（7月） ・将来の給付と負担の適正化 ・公私の年金の適切な組合せ	○医療保険福祉審議会で薬剤給付のあり方に関する意見書取りまとめ（1月） ○医療保険福祉審議会で診療報酬体系のあり方に関する意見書取りまとめ（4月）	○精神保健福祉法等の一部改正（5月） ○社会福祉及び障害保健福祉施策の改革	
2000年（平成12）	○介護保険制度の実施（4月）		○医療制度の改革（12年度を目途に実施）		

制度の再編成／利用者本位の効率的なサービスの確保

出所）厚生労働省ホームページ「平成11年版　厚生白書の概要」（http://www1.mhlw.go.jp/wp/wp99_4/chapt-a4.html）

　そして，社会保障構造改革の第一歩として2000年に実施された介護保険制度は，2005年に制度導入後初めての最も大きな改正が行われ，2006年4月から施行された。その背景には，利用者の増大による介護給付費の上昇と保険財政の悪化問題があった。2005年改正の大きな柱は，① 予防重視型システムへの転換，② 施設給付の見直し，③ 新たなサービス体系の確立，④ サービスの質の確保・向上，⑤ 負担の在り方，制度運営の見直しなどである。また，障害者福祉においても2003年から支援費制度が施行されたが，ホームヘルプサービスなど在宅福祉サービス利用の急増によって財源確保の問題が大きくな

り，また地域や障害種別でのサービス格差問題も顕在化した。このような状況の中で，一時，介護保険制度との統合も目指されたが先送りとなり，2004年には社会保障審議会障害者部会において「今後の障害保健福祉施策について（改革のグランドデザイン案）」が示された。そして，「改革のグランドデザイン案」で示された改革の基本的視点（①障害保健福祉施策の総合化，②自立支援型システムへの転換，③制度の持続可能性の確保）を具体的に実施するため，2005年に障害者自立支援法が成立した。そして，出生率の回復を目指して子育て支援政策をさらに強化するため2003年には「次世代育成支援対策推進法」が成立し，2004年には「少子化社会対策大綱に基づく重点施策の具体的実施計画について（子ども・子育て応援プラン）」が策定された。さらに，社会保障制度の最後のセーフティネットである生活保護制度では2005年に被保護世帯の子どもの高等学校等就学費を生業扶助として給付するなどの改善が図られた一方で，老齢加算の段階的削減と廃止（2006年4月）と母子加算の削減・廃止（2009年4月。同年12月に復活）が行われた。

　今後も少子高齢化がさらに進展すると予測される中で，社会保障制度は私たちの生活になくてはならないものであり，その果たす役割はさらに大きくなるであろう。しかし，近年，ほぼ毎年のように社会保障立法の大幅な改正や改定が行われ，「制度の持続性」を確保するという目的での負担増と給付抑制が強化されている。現在，雇用不安や生活問題の深刻化はますます進行しており，社会保障制度全般の抜本的改革が今後もさらに求められるが，その根本には私たちの生活を支えられる制度を作り上げるための改革であることが重要な視点であるといえよう。

> **プロムナード**
>
> 　社会保障制度の歴史的展開を学ぶことには，どういう意味があると思いますか。それは，ただ単にそれぞれの制度が成立した年号やその改正内容を覚えるためではありません。社会保障制度の歴史的展開を学ぶこと。それは，なぜそれぞれの制度がその時代に登場し，社会経済状況の変化の中でどのように改正されていったのかを知るためです。わが国は少子高齢化がさらに進展すると予測されており，当然今後も社会保障制度改革は続きます。後期高齢者医療制度や障害者自立支援法などは，これから新しい仕組みへと作り替えられる予定です。新しい制度設計を考える際には将来の予測も必要です。しかし，現在の制度に至る政策展開をしっかりと理解することで，より深く現在の制度内容を学ぶことができ，それは今後の課題を考える際の道しるべとして必ず役立つと思います。

学びを深めるために

伊藤周平『権利・市場・社会保障―生存権の危機から再構築へ』青木書店，2007年
　本書は，社会保障の権利化，社会保障の市場化という分析視点からイギリスおよび日本の社会保障の発達過程を考察しており，とくに両国の社会保障制度史を理解しわが国の置かれている現状を学ぶことができる。

横山和彦・田多英範編著『日本社会保障の歴史』学文社，1991年
　本書は，日本の社会保障が日本資本主義の動きとどのような関連をもちながら形成され，展開してきたのかを歴史的，実証的にあきらかにしており，わが国の1990年代までの社会保障制度史，制度体系を学ぶことができる。

社会保障制度に関する最近の新聞記事で，とくに気になった内容についてその制度展開を調べ，現在の内容・課題についてまとめましょう。また，他の国々の同様の制度についても調べてみましょう。

福祉の仕事に関する案内書

右田紀久恵・高澤武司・古川孝順編『社会福祉の歴史―政策と運動の展開（新版）』有斐閣選書，2001年

厚生統計協会『国民の福祉の動向　2009』2009年

第 5 章

社会保障の財源と費用

第5章 社会保障の財源と費用

1 社会保障の財源

(1) 財源の構成

社会保障に関わる費用の財源は，大きく分けて社会保険料と公費によって構成されている。2007年度には約100兆円が社会保障のために集められ，そのうち社会保険料が約57兆円と6割近くを占めていた。これは同年度に国が租税として徴収した約50兆円を上回るほどの規模である。そして，公費が約31兆円であり，残りの約12兆円は各制度のもつ資産からの収入などであった（図表5－1）。

そのほかに財源の要素として，サービス給付を受けたときに支払う自己負担が思い浮かぶかもしれない。しかしこれは，サービスの費用としてかかった全額が制度から給付されないために生じているものである。したがって，社会保障の各制度を運営するためにあらかじめ集めておく負担とは異なり，財源には含まれない。

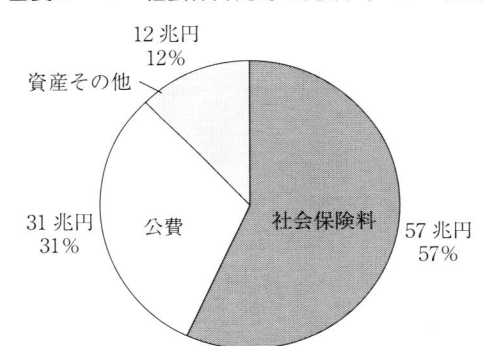

図表5－1　社会保障財源の内訳（2007年度）

- 資産その他　12兆円　12%
- 公費　31兆円　31%
- 社会保険料　57兆円　57%

出所）国立人口問題・社会保障研究所「平成19年度社会保障給付費」2009年より作成

(2) 社会保険料

保険料は，公的年金，公的医療保険，雇用保険，労働者災害補償保険，介護保険においてそれぞれ設定されている。保険者が複数いる年金，医療，介護の各制度では，保険者ごとに保険料の設定が異なっている。

被用者の保険料は定率の保険料率に基づいて給与とボーナスから天引きされる。すべてを被用者が負担するわけではなく，保険料は原則として労使折半であることから，会社すなわち雇用主が納めるべき額の半分を負担する。さらに，公的医療保険のうち，組合管掌健康保険においては，雇用主が福利厚生の一環として，加入している従業員よりも多く保険料を負担することができる。

ただし労働者災害補償保険と雇用保険のうち雇用保険二事業に対する分は，例外として雇用主だけが保険料を負担する。これは，前者が労災にあった被用

保険者

保険の経営主体として，保険料を徴収し，保険事故が発生した場合に保険給付を支給し，事業の管理運営を行う者。社会保険では，国，地方公共団体あるいはそれらに代わって保険事業を営むことを認められた公法人が保険者となる。

者に対する雇用主の補償責任を果たすことを目的としているためであり，後者が雇用主への給付の財源となるためである。どちらも労働者が拠出した保険料を使うと給付の趣旨に合わないことを理解しておけば，労使折半が適用されない理由も納得しやすいだろう。

次に視点を変えて，被用者の給与所得に対して設定されている保険料率がどれくらいなのかを考えてみたい。

2010年4月の段階で，厚生年金保険 15.704％，全国健康保険協会管掌健康保険の全国平均 9.34％，介護保険（第2号被保険者）1.50％を合計すると 26.544％であった。これを労使折半で負担する。そして雇用保険の保険料率は雇用主が 0.95％，被用者が 0.6％である。したがって，給与とボーナスが被用者の口座に振り込まれるときには，すでに被用者に対する保険料率 13.872％分を引いた額になっている。いくら負担しているか給与明細で確認すればわかるものの，実際に払った実感をもちにくいのではないかという指摘はできるが，保険者にとっては確実に徴収できる点で最も合理的な方法といえる。そして，雇用主に対する保険料率は 14.222％と労働者災害補償保険料（業種などにより異なる）の合計となる。

一方，自営業者等をカバーする地域保険では，原則として定額の保険料が設定されている。これは，被保険者の所得の捕捉が困難と考えられているためである。国民年金，国民健康保険，後期高齢者医療制度，介護保険が該当する。ただし，国民健康保険と後期高齢者医療制度の保険料を決定する際の要素として所得割があり，これによって程度の差はあるが，所得の高低が保険料に反映されている。また，地域保険の被保険者には所得のばらつきが大きく，低所得の人たちに対する加入の障害を少しでも軽減するため，保険料を減額あるいは免除する措置が用意されている。

生活保護受給者も保険料を納めることがあるが，制度により対応は異なる。国民年金では保険料免除の手続きをして，加入はしていることになる。介護保険では，65歳以上の場合，生活保護に介護保険料加算がつくため，そこから保険料を払って加入する。かたや国民健康保険および後期高齢者医療制度では適用除外となり加入しない。ちなみに，加入しなければ給付もないわけだが，医療費については，かかった費用の全額が生活保護から給付される。

(3) 公　費

社会保障を構成する制度において，国および地方自治体にもその費用を負担するように定められており，それらはまとめて公費とされている。2007年度の総額は約31兆円だったが，そのうち国が約22兆円を，都道府県と市町村が約9兆円を負担した。

1950年代は，地方自治体の負担割合が少し高めだったが（1951年は公費の

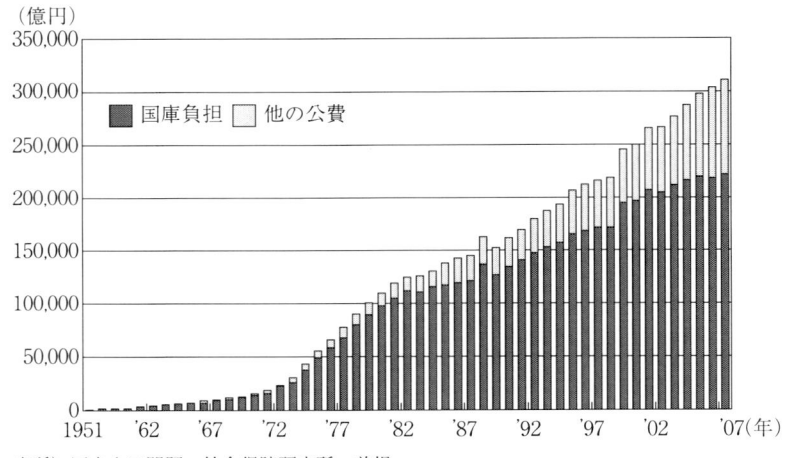

図表 5 − 2　社会保障財源の公費内訳の推移

（億円）

凡例：国庫負担／他の公費

出所）国立人口問題・社会保障研究所，前掲

うち35％，1954年は同21％，1957年は同25％），1960年代に入ってから10％台前半で推移してきた。その後，地方自治体の負担は1985年から増え始め，負担の比率でみると，国：地方自治体はおおよそ7：3となっている（図表5 − 2）。

なお，ここでいう地方自治体の負担には，地方自治体が独自に行っている事業に対する負担は含まれない。たとえば，介護保険サービスに対する横出しの給付などが該当する。また，市町村は保険者として運営している国民健康保険で赤字が出た場合に，一般会計からお金を出して穴埋めをしているが，これもこの統計に現れてはこない。

1）　社会保障関係費の推移

公費のうち国が負担する約22兆円は，制度においては国庫負担であり，政府の一般歳出の中では社会保障関係費に相当する。2007年度の一般歳出82兆円の27％を占め，最大の支出項目であった。さらに，国債を償還するための国債費，すなわち借金の返済に使う約19兆円と地方自治体に支出する地方財政費の約15兆円を除いて政府が使える約48兆円に限定すると，社会保障関係費はその47％にのぼった。

とくに，社会保障関係費の伸びは1970年代においていちじるしい。これは高度経済成長期に実施された給付改善の多くが，国庫負担を増やすことによって実現したためである。石油危機によって高度経済成長は終わったが，その後もしばらく続いた給付の拡充と，景気対策として増えた公共事業によって国の財政赤字は膨らみ，その方向転換が図られるのは1980年代に入ってからであった。

大きな役割を果たしたのが1981年に設置された第二次臨時行政調査会（第

2臨調）である。財界から土光敏夫（経団連名誉会長）を会長に迎え，1982年に発足した中曽根政権の下で「増税なき財政再建」をスローガンに掲げて第5次までの答申を出し，それらは実際の政策に大いに影響を及ぼした。社会保障においても，国庫負担を減らすべく変更がなされた。代表的なものとしては，老人保健制度および基礎年金の創設，そして生活保護の適正化の推進が挙げられる。しかし，社会保険の給付額自体が増えるとともに人口の高齢化が進む中で，社会保障関係費は増え続けていった。

　そして2000年代に入り，小泉政権（2001年4月～2006年9月）の下で財政再建のための歳出見直しの一環として，社会保障関係費の削減が進められた。ここでとられた手法は，経済財政諮問会議がまとめた「経済財政運営と構造改革に関する基本方針」（「骨太の方針」）を閣議決定して予算編成に反映させ，数値目標を打ち出すものであり，それを実現するための工程表も策定された。社会保障関係費について「骨太の方針2006」には「過去5年間の改革（国の一般会計予算ベースで▲1.1兆円（国・地方合わせて▲1.6兆円に相当）の伸びの抑制）を踏まえ，今後5年間においても改革努力を継続することとする」と記述された。2001年からの5年間で，少子化対策に予算が上乗せされたり基礎年金への国庫負担引き上げが決定されたりと，社会保障関係費を増やす改正がなされていたが，同じ時期に1.1兆円の社会保障関係費が削減されていたのである（図表5－3）。そしてこの「骨太の方針2006」によって示された社会保障関係費を5年間で1.1兆円抑制する目標は，1年で2,200億円を削減するという目標に転化し，これ以降，どの制度の費用から削減するかで議論がなされるようになった。

図表5－3　小泉政権以降の予算編成における社会保障関係費の削減項目

2002年	・診療報酬引き下げ▲2.7%
2003年	・介護報酬引き下げ▲2.3% ・年金物価スライド▲0.9～1.0%（実際は▲0.9%） ・雇用保険制度の抜本的見直し（給付の重点化・合理化）
2004年	・薬価引き下げ▲1.0%　→　国庫負担削減 約717億円 ・年金物価スライド▲0.2～0.3%（実際は▲0.3%）
2005年	・介護保険制度改革による施設の食費・ホテルコストの自己負担化による国庫負担削減 約▲1,000億円 ・国民健康保険制度における都道府県負担の導入による国庫負担の削減 約▲5,449億円
2006年	・医療制度改革による国庫負担削減 約▲900億円 ・診療報酬改定▲3.2%　→　国庫負担削減 約▲2,390億円
2007年	・雇用保険の国庫負担の縮減 約▲1,800億円 ・生活保護の見直し 約▲400億円
2008年	・診療報酬・薬価等改定 約▲660億円 ・後発医薬品の使用促進 約▲220億円 ・被用者保険による政管健保支援 約▲1,000億円 ・その他の制度・施策の見直し 約▲320億円

出所）財務省ホームページ　各年度の政府予算案「予算のポイント」より抜粋

ところが削減の余地は年を追うごとに小さくなり，逆に給付抑制の弊害が目立つようになっていった。診療報酬の引き下げは病院を疲弊させ，療養病床にいた患者の受け皿が不足して介護難民を発生させた。また，生活保護の加算廃止に対しては行政訴訟が全国で起こされ，適正化に対しては保護を受けられず餓死した人が出たことで厳しい批判が向けられた。高齢者に保険料負担を求めた後期高齢者医療制度も実施されるや否や大きな混乱を招いた。

そして，ついに「骨太の方針 2009」では社会保障関係費 2,200 億円の削減方針を撤回し，自然増分を認めることとなった。さらに，自民党から民主党に政権が交代した後は，一転して増加している。

2) 税の徴収による効果

給付を支える一翼を担う国庫負担であるが，どのような種類の税金から構成されているのだろうか。

2010 年度の予算によると主な税収では，所得税が約 12.6 兆円，法人税が約 6.0 兆円，消費税が約 9.6 兆円と見込まれていた。

所得税は，個人の収入に対する課税である。ここでは所得の高い人により高い税率を課して徴収し，税金を取ることによって所得の差を縮めようとする累進課税が採用されている。2007 年以降の税率は 6 段階である。1974 年当時の 19 段階に比べて，その累進性は緩やかになっている。

一方，所得の低い人の負担がより重くなる課税効果を逆進性という。この逆進性を備えている税に消費税がある。

消費税は，所得にではなく，その所得および資産を使った消費に対して課税する。消費は所得の高さに単純に比例して多くなるわけではないため，所得に対して払った消費税の割合をみると，所得の低い人の方がその割合は高くなる。このような逆進性は，統計でも確認できる。所得の高低にしたがって人数で 5 等分したグループごとの平均値でみると，2007 年に所得の高い第 5 分位のグループは所得に対して 1.9％の消費税を払ったのに対し，所得の低い第 1 分位のグループは 2.9％となっていた。

消費税は国民から広く徴収し，景気の良し悪しに関わらず常に一定の消費があるため，そこから確実に税収を見込むことができる。例えば，主要税目からの税収の推移をみると，消費税収は税率が 5％に引き上げられた 1997 年以降，ほぼ 10 兆円前後と安定しているのに対し，所得税と法人税は 2000 年代後半に減少している。これは 2008 年 9 月のリーマンショックによって景気が落ち込んだせいである。なかでも法人税収が激減したために，結果として消費税収が法人税収を上回ることとなった（図表 5 - 4）。税収の構成比の推移を見ると，1997 年に比べて 2010 年では消費課税の存在感が大きくなっている（図表 5 - 5）。

これからの社会保障の財源として，消費税への期待は大きい。そこで問題になるのが逆進性である。現在はそれほど強くはないといえるが，今後，消費税率を引き上げた場合，その度合いも強まることになる。すでに付加価値税（消費税）の税率が15～25％であるヨーロッパ諸国では，食料品などに対して軽減した税率を設定して逆進性を緩和させようとしており，日本でも消費税率の引き上げ議論の際に論点となっている。

財源に関しては，とにかく確保できれば良いというものではない。どのような性質の財源を使い，給付内容との関連をどのようにつけるのかも考慮に入れて検討する必要がある。

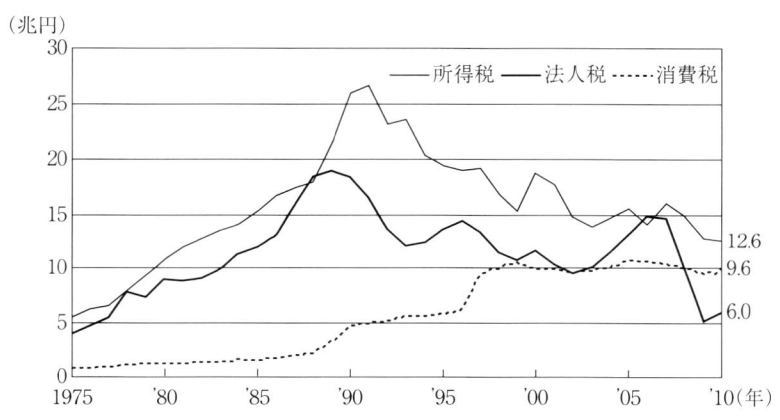

図表5－4　主要税目の税収（一般会計分）の推移

注）　2008年度以前は決算額，2009年度は補正後予算額，2010年度は予算額
　　　消費税のグラフにおける1988年以前の分は物品税等のデータである。
出所）財務省ホームページより作成

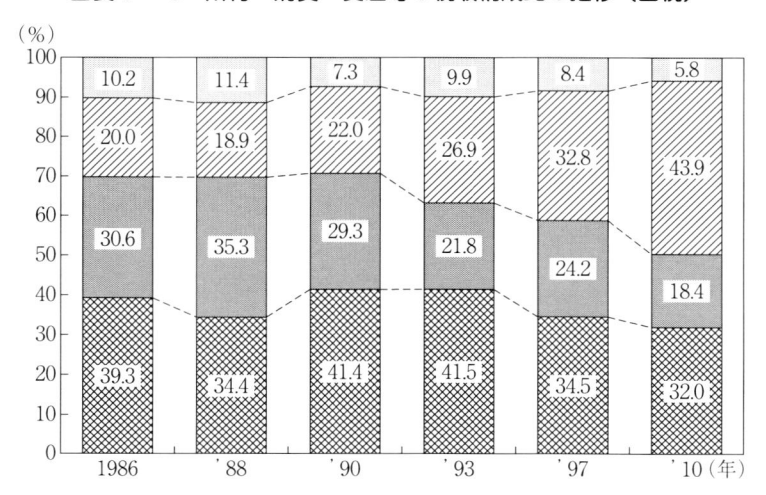

図表5－5　所得・消費・資産等の税収構成比の推移（国税）

（％）	1986	'88	'90	'93	'97	'10（年）
資産課税	10.2	11.4	7.3	9.9	8.4	5.8
消費課税	20.0	18.9	22.0	26.9	32.8	43.9
法人所得課税	30.6	35.3	29.3	21.8	24.2	18.4
個人所得課税	39.3	34.4	41.4	41.5	34.5	32.0

注）　1．1997年度までは決算額，2010年度は予算額による。
　　　2．所得課税には資産性所得に対する課税を含む。
出所）財務省ホームページより

2 社会保障給付費

　2007年度の社会保障給付費は，約91兆円であった。同年度の国の一般歳出が前述のように約82兆円であったことを考えると，その規模の大きさがわかるだろう。

　部門別にみると，年金が約48兆円，医療が約29兆円，そして福祉（その他を含む）が約14兆円であった（図表5－6）。比率をとると，それぞれ52.8％，31.7％，15.5％である。この比率に関して，1994年に高齢社会ビジョン懇談会が出した報告書「21世紀福祉ビジョン」では，給付割合を当時の「年金：医療：福祉＝5：4：1」から「5：3：2」に変更するように提言していた。その後，高齢者介護に対しては介護保険制度ができ，子育て支援に対してはエンゼルプランを制定して福祉の給付費が増えた結果，提言の比率には至っていないが，それに近づいてきている。

　社会保障給付費の推移をみると，1973年に福祉元年とうたった改正を経て，とくに年金の給付額が急上昇し，1980年にそれまでもっとも多かった医療の給付費を追い越した。また，1999年から2000年にかけて福祉その他の給付費が大幅に増加している（図表5－7）。

　90兆円を上回る給付費を一人あたりの金額にすると，約72万円となる。しかし，もちろん全国民が均等に72万円ほどの給付を受け取っているわけではなく，給付費の約70％は高齢者に関連した給付に使われている。核家族化と高齢化が進行する中で給付制度を整備してきた成果が現れているといえよう。

　一方で少子化の進行が大きな懸案事項となっており，子どもへの給付費が全体に占める割合をもっと高める必要性が指摘されている。たしかに，給付費の対象別の内訳をみると，2007年度の「児童・家族関係給付費」は全体の約4％であった。これには，児童手当，児童扶養手当，児童福祉サービス，育児休業給付，出産関係費が含まれる。2010年度に子ども手当の支給が始まったが，このように子どもに対する給付が増えていけば，上記の比率において福祉の割合がさらに上がることにもつながるだろう。

　ただし，子ども手当は十分な財源を確保できず，本来予定していた額の半分の給付からスタートした。今後も財源確保の問題が給付への制約として響いてくると予想されるが，だからといってたとえば，高齢者への給付費の一部を子どもへの給付に付け替えることはむずかしい。給付が受給者の生活に直結しているため，ジェンガゲームの積み木を一本取ることとは違い，ひとつの変更が確実に受給者の生活に影響するのである。給付費を増やすことも減らすこともむずかしい状況となっている。

図表 5－6　部門別社会保障給付費

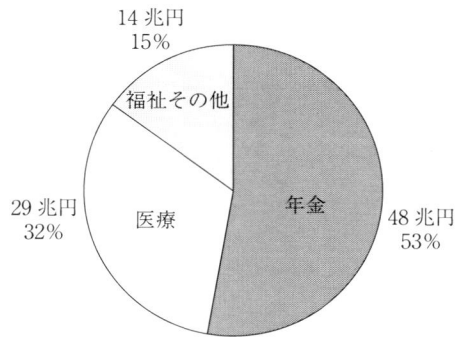

- 年金　48 兆円　53%
- 医療　29 兆円　32%
- 福祉その他　14 兆円　15%

出所）国立人口問題・社会保障研究所，前掲

図表 5－7　社会保障給付費の部門別推移

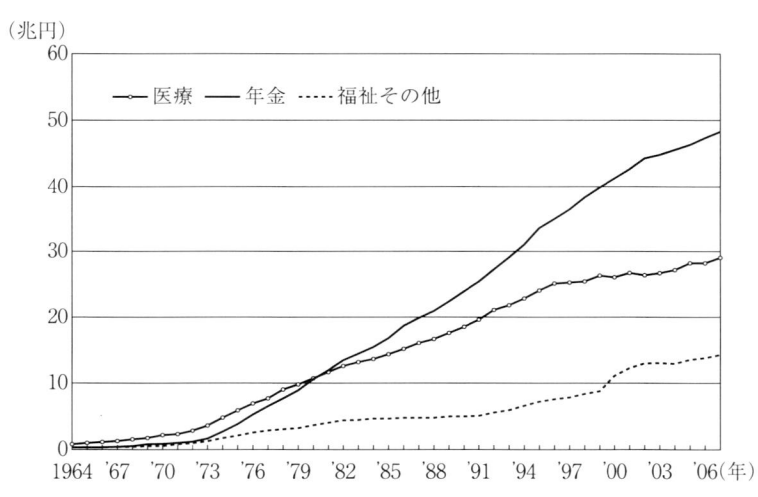

出所）国立人口問題・社会保障研究所，前掲

3　国民負担率

(1) 国民負担率とは

　本章の第1節で確認したように，日本は社会保障の給付を行うために約100兆円を国民および企業から集めている。この額が多いのか少ないのか，一概に判断することはむずかしい。どこまでが適正な額という明確な基準がないためである。

　そこで目安として国民負担率という数字がたびたび取り上げられてきた。これは，以下の式で求められる。

　　国民負担率（％）＝（租税＋社会保険料）÷ 国民所得 × 100

国民所得とは，国民と企業がその年に稼いだ金額の合計を指す。したがって，この式は，国民と企業が国と地方自治体に対して払った税金と社会保険料が，収入のどれくらいを占めているのかを表している。

さらに負担の側に財政赤字を追加して計算すると，潜在的国民負担率という指標になる。この財政赤字は国と地方の財政収支の赤字を合わせたものである。

潜在的国民負担率（％）＝（租税＋社会保険料＋財政赤字）÷国民所得×100

なぜ，財政赤字も負担の方に入るのだろうか。それは国および地方自治体が財政赤字を返済する際に，課税して集めたお金を使うためである。返済はまだ先の話であっても，いずれその費用は負担することが決まっている。ただし現時点で目に見える負担ではない。このような理由から，財政赤字も加えて計算した国民負担率に「潜在的」が付いている。

財政赤字が多いと潜在的国民負担率は国民負担率よりも当然の結果として高くなる。日本は財政健全化が長年のスローガンとなってきたことからも容易に推測できるが，潜在的国民負担率の方が高い。

(2) 国民負担率を使った議論

国民負担率が取り上げられたのは1980年代前半に出された第2臨調の報告書にまでさかのぼることができる。日本型福祉社会へ舵を切った，その中で出てきたものである。

1982年に出された「行政改革に関する第三次答申（基本答申）」には「租税負担と社会保障負担とを合わせた全体としての国民の負担率（対国民所得比）は，現状（35％程度）よりは上昇することとならざるを得ないが，徹底的な制度改革の推進により現在のヨーロッパ諸国の水準（50％前後）よりはかなり低位にとどめることが必要である」と記載されていた。それまでは，各制度の給付内容を拡充させる方向で意欲的に改正が行われていたが，ここで負担の総額に目を向けた問題意識を提示したといえる。それ以降，国民負担率を50％以下に抑えることが目指されるようになり，同時に，数字の独り歩きが始まっていった。

近年では，小泉政権時にまとめられた「骨太の方針2003」において「基礎的財政収支を黒字化するなど財政を健全化していくため，…（中略）…政府全体の歳出を国・地方が歩調を合わせつつ抑制することにより，たとえば潜在的国民負担率でみて，その目途を50％程度としつつ，政府の規模の上昇を抑制する」と書かれていた。小泉政権が発足した2001年までの時点で財政赤字が政府債務残高536兆円と地方債の残高128兆円を合わせて664兆円と巨額であり，財政再建を重要課題としていた政権にとって，国民負担率に将来の返済費

日本型福祉社会

オイルショック以降の「福祉見直し論」の影響で提起された自立・自助・相互扶助・連帯などを中心とした考え方。具体的には，1979年に「新経済社会7カ年計画」で，「個人の自助努力と家庭や近隣・地域社会等の連帯を基礎としつつ，効率の良い政府が適正な負担を元に福祉の充実」を保障する新しい福祉社会をめざしている。これは，それまでの公的責任を支柱とした福祉国家政策を継続するのではなく，相互支援・相互扶助の伝統を重視するものである。

用も込めることが重要だったのである。2002年の国民負担率と2003年の潜在的国民負担率はそれぞれ36.8％と46.8％であり，基準が変わったからとはいえ，いよいよ50％を超えそうな予感をさせる数字が出たことにより，給付の見直しへの強力なプレッシャーになったと考えられる（図表5－8）。

内閣府が刊行している『経済財政白書』の2005年版（平成17年版）では国民負担についてのアンケート調査結果を掲載している。そこでは，潜在的国民負担率が当時約45％であることと将来50％台後半になる見込みであることについての認知の有無を尋ね，約80％が知らないと答えていた。そして，「高齢化のピーク時でも潜在的国民負担率を50％程度に抑制するとの政府の目標の妥当性」に対する賛否を尋ねた質問に対して，「50％程度は大きすぎる」と答えた割合が73.3％であったことをもって，「政府が目途とする負担率50％よりも小さな政府を望んでいるということになる」と判断している。50％程度という数字への直感的な反応が結果に表れているといえるが，上述のような解釈からは，これを政府目標の後ろ支えにしたいという意図が垣間見える。

図表5－8　国民負担率の推移および2003年以降の潜在的国民負担率

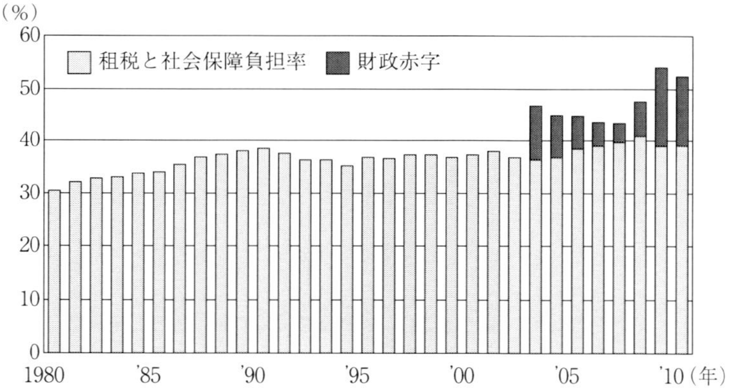

出所）財務省ホームページ『国民負担率（対国民所得費）の推移』より作成

小さな政府
市場の活性化と自由化が経済成長と社会的安定をもたらすと考え，規制緩和等，政府の役割は小さく，経済活動への介入をしないことが効率的であるという新自由主義の経済学の考え方。1970年代までの完全雇用や社会保障の充実などを「大きな政府」と批判し，1980年代にアメリカのレーガン政権・イギリスのサッチャー政権・日本の中曽根政権が推進した行政改革以降広がった。

しかしながら，「潜在的」がついてもつかなくても，国民負担率を使った議論は結局のところ，どこまでなら負担をするのか，その上限を設定したいときに用いられる指標であるといえる。それまでの給付削減が行き詰まった2009年には景気の落ち込みの影響もあって潜在的国民負担率が54.0％と50％を超え，2010年にも52.3％と2年連続で50％を超えた。財界を代表する日本経済団体連合会は2010年4月に発表した「豊かで活力ある国民生活を目指して～経団連　成長戦略2010～」において，消費税の引き上げを求めた上で「国民負担率が現行の40％弱から50％台へと上昇することもやむを得ない」と記していた。それまでの「50％」の壁は，突破されたようである。

（3）数字のもつ意味

　国民負担率がもつ意味は，本節の冒頭で確認した通り，国民と企業が得た収入からどのくらい税と社会保険料を負担しているか，その割合だけである。その数字が何らかの合格あるいは不合格を指すことはない。国民負担率が高い国もあれば低い国もある。たとえば，2007年においてスウェーデンの国民負担率は64.8％と日本の39.5％よりも1.5倍以上高いが，アメリカは34.9％と両国よりも低い（図表5－9）。

　注意したいのは，この数字で高い順番に並んでいることがすなわち，優劣を表していることにはならない点である。スウェーデンは福祉の先進国だから日本は追い付くよう努力すべきだという解釈は危険であり，また，アメリカのように日本よりも低い国民負担率の国があるのだから，これ以上負担を増やすべきではないという解釈も同様に危険である。

　国民負担率の数字は，その国がどのような社会保障の形を作りたいかという試行錯誤の結果にすぎない。各国各様の解決したい社会問題があり，事情に合わせた対応策をとってきた結果の数字として解釈するのが望ましい。

　これまで日本における国民負担率は，数字を抑えたいという表現で使われていた。しかもその根拠は，「当時のヨーロッパの水準に比べて」であり，科学的なものではなかった。しかし，日本は高齢化率において世界のトップランナーに躍り出た。先行者はいない。世界でまだ経験した国のない超高齢社会となり，そこで社会保障制度をいかにカスタマイズして運営していくのか，大きな挑戦の前にいる。そのときに国民負担率の数字にとらわれることなく，どのような給付と負担の組み合わせを採用するかが，まず検討されるべきである。

高齢化率
→ 23ページ

高齢社会
高齢化社会に比べて高齢社会では，75歳以上のいわゆる後期高齢者の人口も多くなり，保健・医療・福祉サービスを必要とする虚弱者や要介護者の人口も必然的に増加する。

図表5－9　国民負担率の内訳の国際比較（2007年）

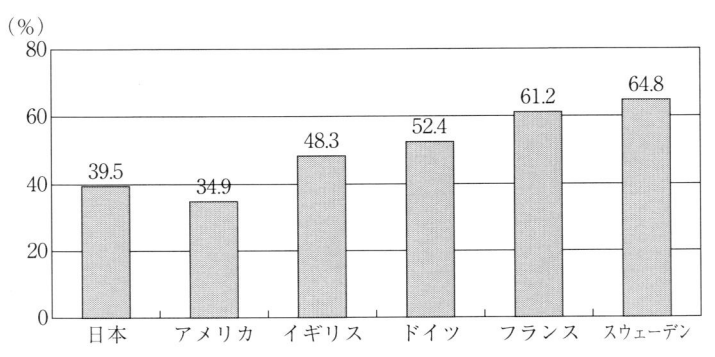

	日本	アメリカ	イギリス	ドイツ	フランス	スウェーデン
(%)	39.5	34.9	48.3	52.4	61.2	64.8

注）日本は平成19年度（2007年度）実績，諸外国は，OECD "Revenue Statistics 1965-2008" および同 "National Accounts 1996-2007" 等による。
出所）財務省ホームページより作成

> **プロムナード**
>
> 　社会保障は経済活動の重荷になるどころか，安定した経済活動および国民生活を得るために重要な仕組みです。しかし，社会および経済状況が変わる中で，いかに制度を支えるかが大きな争点となっています。ここで制度運営に大きな影を落としているのが，巨額の財政赤字です。
> 　小泉政権時に給付を抑制するための制度変更がなされ，必要な人への給付が不十分になるケースも発生しました。その後，影響を緩和させる措置が取られるなどしましたが，社会保障の財源を確保できないとどのような結果になるかを良く示しています。
> 　財政赤字は将来世代に負担を先送りすることと同じです。ただ，先延ばしされてきた支払いをいつするのか，その支払期日ははっきりしていません。しかし，財政上の制約により給付に枷（かせ）がはめられるようになっている状況を見ると，先送りしたツケを少しずつこのような形で払っているのかもしれないと考えさせられます。
> 　私たちは，低成長経済の下で国民が長生きする国の一員として，これからどのように支え合いの仕組みを運営するのか，判断と選択を重ねていかなくてはなりません。
> 　答えは簡単に出ませんが，だからこそ歴史的な経緯と今ある制度の現状を理解することが非常に重要です。

学びを深めるために

宮島洋・西村周三・京極高宣編『社会保障と経済2　財政と所得保障』東京大学出版会，2010年

　本書は，「Ⅰ　社会保障の経済分析」「Ⅱ　社会保障と財政・税制」「Ⅲ　所得保障と国民生活」の3部，12章から構成されており，本章で取り上げた論点について第一線の研究者たちがより掘り下げた議論を展開しています。詳しく勉強したい方に一読をお勧めします。

社会保険には公費負担が入っていますが，特に国庫負担と保険料のバランスについて次の点を考えてみましょう。個々の制度を念頭に置いて考えると，より考察が深まります。
- 保険料の割合を上げることの利点と欠点
- 国庫負担があることの利点と欠点

福祉の仕事に関する案内書

大沢真理『いまこそ考えたい　生活保障のしくみ』（岩波ブックレット），2010年
金子　勝『2050年のわたしから　本当にリアルな日本の未来』講談社，2005年

第6章

社会保険と社会扶助の関係

社会保障は、社会保険と社会扶助に大別される（図表6－1）。以下、それぞれの概念、範囲を概括する。

図表6－1　社会保障法制度体系

社会保険	年金保険	国民年金法 厚生年金保険法 各種共済組合法
	医療保険	国民健康保険法 健康保険法 各種共済組合法 高齢者の医療の確保に関する法律
	介護保険	介護保険法
	労災保険	労働者災害補償保険法
	雇用保険	雇用保険法
社会扶助	公的扶助	生活保護法
	社会福祉	社会福祉法 児童福祉法 母子及び寡婦福祉法 障害者自立支援法 老人福祉法
	社会手当	平成22年度における子ども手当の支給に関する法律 児童扶養手当法 特別児童扶養手当等の支給に関する法律

1　社会保険の概念と範囲

（1）社会保険の概念

　保険とは、傷病、災害等、共通の予知可能な事故の危険にさらされている多数の者がひとつの集団を形成し、事故に備えて一定額の金銭（保険料）を拠出しあって準備金を形成し、当該事故に遭遇した者に一定額の金銭（保険金）を給付することにより、損害を補填、または生活危機の回避を行う制度をいう。すなわち、あらかじめ集団で準備金を拠出しあうことで、個々人の危険を分散する仕組みである。

　また保険は、通常、①収支相当（保険の運用上、保険料総額と支出保険金総額が見合っていること）、②給付・反対給付均等（保険料額が、保険事故の発生率と保険金額に比例すること）、③保険技術的公平（保険料額が危険の度合いに応じて定められること）の原理に基づいている。

　社会保険とは、労働者あるいは国民を対象とする保険制度であり、上記保険原理と社会的扶養原理を統合した制度である。よって、生命保険、自動車保険、地震保険等、生命保険会社や損害保険会社が提供する民間保険とは、保険原理の部分で共通しつつも、以下のような相違点がある。

　第1に、社会保険は、国、地方自治体あるいは公的団体が保険者になるが、民間保険は、民間企業等が保険者となる。

> **社会保険の起源**
> 世界で最初に社会保険制度を導入したのは、1880年代のドイツである。当時の首相ビスマルクは、隆盛しつつあった社会主義運動を鎮圧する一方、労働者の福祉増進を目的として社会保険制度を導入した。

第2に，社会保険では，法律による強制加入であるのに対し，民間保険は任意加入である。社会保険を任意加入とすると，逆選択が生じることになる。また，強制にすることで被保険者集団を最大にすることができ，結果として個々の被保険者の保険料負担の軽減と給付水準の向上を可能とする。よって，所定の事由が発生すれば，意思にかかわらず労働者あるいは国民すべてに強制して適用し，生活危機の分散を図っている。

　第3に，社会保険では，保険料拠出額と保険金給付額が必ずしも比例しない。この点で，上記保険原理①と相違する部分もあるということである。なぜなら保険料拠出額の高低にかかわらず，保険金給付額は生活危機を回避するに足りる一定の水準以上に設定しなければならないからである。

　第4に，社会保険における保険料は，上記保険原理②・③を採らず，保険料負担能力，すなわち所得額に応じて金額が算出される。強制加入であるからには，当然低所得者も対象となる。それゆえ，低所得者でも日常生活を送るうえで無理のない保険料に設定する必要があるからである。さらに，生活保護を受給していたり所得がない場合には，保険料負担を免除される。

　第5に，社会保険の財源は，その制度的運用を継続するため，被保険者が拠出する保険料のほか，国庫負担や地方負担，あるいは雇用者負担が加わる。国民健康保険や国民年金は公費負担の割合が大きい。健康保険，厚生年金，雇用保険等では，保険料の労使折半が規定されており，事業主には相応の保険料負担が義務づけられている。

　第6に，社会保険においては，その給付形態として，保険金給付（金銭給付）を原則としつつ，医療保険における医療サービスの提供等，現物給付も含まれる。

　第7に，上記「保険原理と社会的扶養原理の統合」という点である。たとえば，健康保険における被扶養者の保険料負担免除や障害厚生年金等の受給要件緩和が該当する。

逆選択
　負担が少ない者だけが加入する等，ある特定の層のみが被保険者になる現象をいう。事故が発生する確率が低い時期に保険に加入せず，その確率が高くなってから，あるいは事故が発生してから保険に加入することも含む。具体的には，交通事故を起こしてから自動車保険に加入する等を指す。よって民間保険でも，契約時において保険対象事故の存否について調査することが通例である。

金銭給付・現物給付
　金銭給付とは，現金の形態で支給されるものをいい，現物給付は，物品やサービスの形態で支給されるものをいう。しかし金銭給付は，物品やサービスの購入費になることが多く，現物給付もその購入費の支給をもって代えることが可能であることから，互換的な面も少なくない。

(2) 社会保険の範囲

　社会保険は，年金保険，医療保険（高齢者医療を含む），介護保険，労災保険，雇用保険の5つに分けられる。以下，それぞれの概要を示していく。

1) 年金保険

　年金保険は，働いて収入を得ることが可能な時期に保険料を拠出し，高齢による退職もしくは事故・疾病による障害，生計中心者の死亡等によって収入が得られなくなった場合に，保険金（年金）を受給するものである。

　わが国では，1961年の国民年金法の施行以降，基本的に20歳以上60歳未満のすべての国民が何らかの年金保険に強制加入する「皆年金」制度を採用している。

現在の年金保険制度は，基礎年金である国民年金とその上に積み上げられる厚生年金保険制度等との二階建て方式となっている。

　国民年金は，憲法第25条第2項の理念に基づき，老齢，障害または死亡によって生活の安定が損なわれることを国民の共同連帯によって防止し，もって健全な国民生活の維持・向上に寄与することを目的とする。国民年金事業は政府が管掌するが，実際の保険事務の大半は共済組合および市町村が行う。被保険者は，3種類に分かれ，第1号被保険者は日本国内に住所を有する20歳以上60歳未満の者，第2号被保険者は，厚生年金保険や国家公務員共済組合法等，被用者年金保険の被保険者，組合員または加入者，第3号被保険者は第2号被保険者の被扶養配偶者で20歳以上60歳未満の者をいう。給付の種類は，第1号から第3号被保険者を対象とする老齢基礎年金，障害基礎年金，遺族基礎年金，および第1号被保険者のための付加年金，寡婦年金，死亡一時金がある。

　二階部分に相当する被用者年金保険の代表的なものに，厚生年金保険がある。これは，労働者および遺族の生活の安定と向上に寄与することを目的としており，国民年金と同様，政府が管掌する。被保険者は，常時5人以上の従業者を使用する事業所（適用事業所）に使用される70歳未満の者すべてである。保険給付の主なものとして，老齢厚生年金，障害厚生年金，障害手当金，遺族厚生年金がある（第10章参照）。

2）医療保険

　医療保険は，疾病等に要する医療費が支払えないことによる心身状態のさらなる悪化および労働機会への復帰遅延等による生活危機を回避するため，あらかじめ保険料を拠出し，治療費の一部を給付することを目的とする。

　わが国では1958年の国民健康保険法の全面改正により，1961年以降，すべての国民が何らかの医療保険制度に強制加入する「皆保険」制度が採用されている。

　医療保険は，被用者保険と地域保険に大別される。

　被用者保険には，サラリーマン等の民間企業の被用者およびその扶養家族を対象とする健康保険，公務員や私立学校職員およびその扶養家族を対象とする各種共済等がある。健康保険でその概要をみると，常時5人以上の従業員を使用する事業所およびそれ以外の国，地方公共団体，または法人の事業所で常時従業員を使用する事業所を適用事業所とし，その従業員を被保険者とする。保険者は，全国健康保険協会および健康保険組合である。全国健康保険協会は健康保険組合の組合員でない被保険者の，健康保険組合は組合員である被保険者の保険を管掌する。保険給付は，療養の給付，入院時食事療養費等の支給，傷病手当金の支給，埋葬料の支給，出産育児一時金の支給，出産手当金の支給，家族療養費等の支給，家族埋葬料の支給，家族出産育児一時金の支給，高額療

養費等の支給があるが，保険者が健康保険組合である場合，規約で他の給付を行うことが可能である。

一方の地域保険には，自営業，農林水産業，パート労働者，無職者，失業者およびその扶養家族を対象とする国民健康保険がある。被保険者は，上記被用者保険の加入者，生活保護受給世帯に属する者，その他特別な理由ある者以外の者で，市町村の区域内に住所を有する者である。また保険者は，市町村および国民健康保険組合である。保険給付には，療養の給付，入院時食事療養費，入院時生活療養費，保険外併用療養費，療養費，訪問看護療養費，特別療養費，移送費，高額療養費，高額介護合算療養費があり，さらに，出産育児一時金，葬祭費の支給もしくは葬祭の給付，傷病手当の支給が，条令または国民健康保険組合の規約のもとで行われる。

このように，職種・職場による保険者の細分化は，わが国の医療保険の特徴といえる（第11章参照）。

なお，高齢者を対象とする医療費については，1973年の無料化政策以降，急激に増大した。本政策は高齢者の健康を保障する画期的な政策ではあったが，高齢者の加入割合が高かった国民健康保険の財政を圧迫し，その運営継続を困難にした。こうした状況に対し，1983年の老人保健法において，診療行動の適正化を目的とした一部負担を導入するとともに，高齢者医療費を各医療保険者が公平に負担する仕組みへと変更した。その後も，一部負担金額の引き上げ，高齢者医療対象年齢の70歳から75歳への引き上げ等が実施されたが，高齢者医療費は毎年増大し，各医療保険者の負担がますます重くなった。

そこで，高齢者医療費を国，地方自治体，現役世代，およびすべての高齢者で支えることを目的とし，2006年に高齢者の医療の確保に関する法律が制定された（2008年度実施）。この制度の被保険者は，後期高齢者医療広域連合の区域内に住所を有する75歳以上の高齢者および65歳以上75歳未満の一定の障害をもち認定を受けた者である。保険料徴収は市町村が，財政運営は都道府県に設置される後期高齢者医療広域連合である。診療に伴う高齢者の自己負担は1割であるが，現役なみの所得を有する者については，原則として3割負担とした。

老人医療費無料化
1973年から，老人福祉法に基づく国庫補助事業として開始された老人医療費支給制度。これにより，医療費の負担なしに適時適切な受給が促進されたが，医療費の高騰，過剰診療等の問題が指摘されるようになり，1983年の老人保健法施行によって廃止された。

3） 介護保険

介護保険は，高齢化率の急速な上昇，長寿化に伴う要介護高齢者の増加および要介護期間の延長，家族規模の縮小，高齢者のみ世帯の増加に伴う家庭内介護の限界等を背景とし，要介護状態になった者あるいはその状態になる可能性のある者に対し，1997年制定，2000年に施行された介護保険法に基づき，介護サービスや介護予防サービスを提供するものである。

被保険者は第1号被保険者（65歳以上の者）と第2号被保険者（40歳以上65歳未満）に区分され，第2号被保険者は，介護保険法に定める特定疾病に

よって介護状態になった者が受給対象となる。

介護サービスは，保険者である市町村に申し込み，要介護認定を受け，要支援1，2あるいは要介護1～5の状態として認められれば利用できる。介護サービスには，訪問介護事業，通所介護事業，短期入所生活介護事業等の居宅サービス，介護老人福祉施設，介護老人保健施設等の施設サービス，夜間対応型訪問介護事業，認知症対応型共同生活介護事業等の地域密着型サービス等がある。ただし要支援の場合は，介護保険施設への入所は保険が適用されない。

利用者は，介護サービスを利用した場合，要介護度に応じて規定される支給限度額内であれば，そのサービスに要した費用の1割を毎月，自己負担する（第8章第3節参照）。

4） 労災保険

労災保険は，1947年に制定された労働者災害補償保険法を根拠とし，労働者の業務災害や通勤災害に対して必要な保険給付を行い，もって労働者の社会復帰の促進，労働者およびその家族の生活支援を図るものである。適用事業は，労働者を使用するすべての事業であり，補償対象は適用事業で使用される労働者である。対象である労働者は，常勤，パート，アルバイト等，雇用形態を問わない。

労働災害補償の権利は，労働者が負った負傷，疾病，傷害，死亡が，業務上もしくは業務上の事由によると認定された場合に発生する。また，通勤時の負傷等についても通勤災害として補償の対象となる。給付として，療養補償給付，休業補償給付，障害補償給付，遺族補償給付，葬祭料，傷病補償年金，介護補償給付等がある（第8章第4節参照）。

5） 雇用保険

雇用保険は，1974年に制定された雇用保険法を根拠とし，労働者が失業や雇用困難となる事態が生じた場合に，生活に必要な金銭給付を行うほか，再就職のために受けた教育・訓練に要した費用を給付し，もって労働者の生活と雇用の安定を図るものである。

適用事業は，労災保険と同様，労働者を使用するすべての事業である。雇用保険は政府が管掌するが，現場実務は公共職業安定所が行う。被保険者は適用事業に雇用される労働者である。ただし，65歳に達した日以降に雇用された者，短時間労働者，雇用保険法が適用されない日雇労働者等は，適用除外となる。失業に伴う給付には，求職者給付，就職促進給付，教育訓練給付，雇用継続給付がある。また雇用の安定を図る事業として雇用安定事業および能力開発事業がある（第9章第1節参照）。

地域密着型サービス
2005年6月の介護保険法改正により，住み慣れた地域での生活継続を目的として新設された。夜間対応型や認知症対応型など，あるニーズに特化して対応するサービス，および地域密着型介護老人福祉施設（29人以下）など，小規模サービスが多く含まれる。サービス事業者の指定および監督は市町村が行う。

雇用安定事業・能力開発事業
雇用安定事業とは，被保険者および被保険者であった者に対し，失業の予防，雇用状態の是正，雇用機会の増大等を目的とするものであり，事業主に対する雇用調整助成金の支給等の事業がある。能力開発事業とは，技術の進歩，産業構造の変化等に対し，労働者の労働能力の開発・向上を目的とし，事業主が行う職業訓練への助成や休業者職場復帰訓練への奨励金支給等がある。

2 社会扶助の概念と範囲

(1) 社会扶助の概念

社会扶助とは，国や地方自治体がその責任のもとで行う給付であり，形態は，社会保険と同様，金銭給付と現物給付がある。

社会扶助の特徴として，以下の点があげられる。

第1に，財源は公費（主に税）である。

第2に，納税のみをもって給付を受ける根拠とはならない点である。社会保険では，通常，保険料拠出の見返りとして支給されるが，社会扶助では納税（拠出）のみならず，心身状況，資産，所得等の支給対象要件に該当すると行政庁が認めなければ支給されない。換言すれば，社会保険の場合は拠出の対価という点において権利性が強く，一方，行政裁量によって支給の可否が決定される社会扶助は，公的扶助を除き権利性は低い。

第3に，受給額あるいは受給サービスの内容・量は，納税額とは無関係である。

第4に，社会保険が事故が起きる前に備蓄する制度であるのに対し，社会扶助は，概ね事故に遭遇した者を対象とする。

(2) 社会扶助の範囲

社会扶助は，公的扶助，社会福祉，社会手当の3つに分けられる。以下，それぞれの概要を述べていく。

1) 公的扶助

わが国の公的扶助は，生活保護法における生活保護が該当する。生活保護は，日本国憲法第25条第1項に規定する生存権規定に基づき，国が生活に困窮するすべての国民に対し，その困窮の程度に応じ，必要な保護を行い，その最低限度の生活を保障し，またその自立を助長するものである。最低限度の生活を保障するという意味においては，国民生活の最終的なセーフティネットとしての役割を担う。無差別平等，最低生活保障，保護の補足性という原理に基づき，また申請保護，基準および程度，必要即応，世帯単位の4つの原則にそくして保護が支給される。金銭給付を主とするが，必要に応じて，医療の給付や薬務の提供等，現物給付も行われる。

保護は，生活扶助，教育扶助，住宅扶助，医療扶助，介護扶助，出産扶助，生業扶助，葬祭扶助の8種類があり，単給もしくは併給される（第9章第3節参照）。

2) 社会福祉

社会福祉は，心身機能の未成熟，障害，低下によって日常生活上に支障が生じている者に対し，対人援助を核とするサービスを提供することにより，利用

> **保護の補足性**
> 生活保護は，自らが有する資産や労働能力等の活用を要件として実施されること，あるいは親族扶養や他法による給付が保護に優先することを意味内容とする原理。

者自らが自律的な生活を送れるよう支援するものである。対象によって，経済的支援，児童福祉，母子および寡婦福祉，障害者福祉，高齢者福祉がある（第9章第2節参照）。

経済的支援では，社会福祉法における授産施設経営事業，無利子・低利子融資事業，簡易住宅貸付事業，無料・低額診療事業，隣保事業等がある。

児童福祉は，18歳未満のすべての児童を対象とするサービスであり，児童福祉法を根拠とする。児童福祉施設経営事業（助産施設，乳児院，保育所，児童養護施設，障害児入所施設，児童自立支援施設等），里親制度，児童自立生活援助事業，放課後児童健全育成事業，子育て短期支援事業，乳児家庭全戸訪問事業，地域子育て支援拠点事業，一時預かり事業等がある。また，児童福祉法は，これら施設や事業の従事者による児童虐待の防止，こじきや淫行をさせる行為の禁止等も規定している。

母子および寡婦福祉は，母子及び寡婦福祉法に基づき，母子家庭および寡婦（かつて母子家庭において児童を扶養していた者）を対象とするサービスであり，母子福祉資金の貸付け，居宅における日常生活支援（父子家庭も対象）等がある。

> **障害者自立支援法の改正**
> 2010年の第176回通常国会において，2013年の抜本的改正までの暫定措置として，障害者自立支援法改正が行われた。主な改正点は，「障害者」への発達障害者の追加，応益負担から応能負担への改正，基幹相談支援センターおよび自立支援協議会の設置，地域移行および地域定着のための相談支援の実施等である。なお，関連して児童福祉法においても，「障害児」への発達障害児の追加，入所障害児施設，通所障害児施設それぞれの統合化等の改正がなされた。

障害者福祉には，まず障害者自立支援法に基づく障害福祉サービスがあり，介護給付費の支給（居宅介護，重度訪問介護，行動援護，生活介護，児童デイサービス，短期入所等），訓練等給付費の支給（自律訓練，就労移行支援，就労継続支援，共同生活援助），自立支援医療費・療養介護医療費の支給，補装具費の支給（補聴器，車いす，杖等），地域生活支援事業（障害福祉サービス事業，相談支援事業，移動支援事業等）等がある。またその他にも，身体障害者福祉法に基づく身体障害者手帳の交付，身体障害者生活訓練等事業，手話通訳事業，介助犬訓練事業，精神保健及び精神障害者福祉に関する法律に基づく精神障害者保健福祉手帳の交付，精神障害者社会適応訓練事業等がある。

高齢者福祉では，老人福祉法による日常生活用具の給付・貸与，養護老人ホームへの入所，老人福祉センターでの教養の向上・レクリエーション活動等のサービスがある。なお，介護サービスに関しては，介護保険法に規定されている。

3） 社会手当

社会手当は，受給権者の拠出を要件とせず，規定される生活事故が発生したことを条件として定型的に給付される所得保障である。その点，補足性の原理に基づき，厳格な資産調査のうえ，各ケースに応じ，最低生活に必要な部分のみを支給する公的扶助とは異なる。ただし，支給要件として所得制限あるいは年齢制限が課せられる場合が多い。社会手当には，子ども手当，児童扶養手当，特別児童扶養手当等の他，従来の老齢福祉年金，障害福祉年金等の福祉年金がある。

子ども手当は，従来の児童手当に替わり，次代の社会を担う子どもの健やかな育ちを支援することを目的として，平成22年度における子ども手当の支給に関する法律に基づき支給される現金給付である。この場合の子どもとは，15歳に達する年度までにある者，すなわち中学校修了までにある者である。支給は，当該子どもを監護し，かつ生計を同じくしている父母すべてに支給される。支給手当額は，月額子ども1人あたり1万3,000円である。ただし，2011年度以降の子ども手当については，年齢によって支給額が変更される予定である。なお児童養護施設に入所している親のいない子どもについては，当該施設に対し，子ども手当相当額を特別支援として補助する。

　児童扶養手当は，児童扶養手当法に基づき，離婚等により，父または母と生計を同じくしていない児童の家庭生活の安定と自立の促進に寄与し，もって児童の福祉の増進を図ることを目的として支給される現金給付である。この場合の児童とは，18歳に達する年度までにある者または20歳未満の政令で定める障害がある者であり，これらの者で父母の離婚，父または母の死亡あるいは行方不明等に該当する場合，児童を監護する父または母に児童扶養手当が支給される。ただし，日本国内に住所を有しないとき，死亡につき公的年金が支給される場合，当該児童が里親に委託されている場合，所得が一定額を超える場合等については，支給されない。法定手当額は，1人の場合月額4万1,000円，2人の場合月額4万6,000円，3人目以降1人あたり3,000円加算となっている（全国消費者物価指数により，毎年改定）。

　特別児童扶養手当は，特別児童扶養手当等の支給に関する法律に基づき，障害児に対して支給される現金給付である。この場合の障害児とは，20歳未満であって，本法に規定する障害等級1級・2級いずれかに該当する者をいう。支給手当額は，障害児1人につき，1級の場合は5万円，2級の場合は3万3,300円となっている。また，障害児のうち，居宅生活において常時介護が必要な重度障害児には，月額1万4,170円の障害児福祉手当が支給される。さらに20歳以上の重度障害者については，月額2万6,050円の特別障害者手当が支給される。

> **児童手当**
> 　1971年の児童手当法を根拠とし，一定の所得以下の世帯に属する児童の健全育成および資質の向上を目的として支給された。法定支給対象は3歳未満の児童であったが，その後，特例給付という形で小学校6年終了までに拡張された。子ども手当への改正により，所得制限の撤廃，支給期間の延長，支給額の増額がなされた。

> **児童**
> 　児童福祉法では18歳未満，子ども手当の支給対象である「子ども」は，15歳に達する年度までにある者，特別児童扶養手当の支給対象は20歳未満，母子および寡婦福祉法にいう「児童」は20歳未満，労働基準法にいう「児童」は15歳未満と，それぞれ法の目的や内容に沿って，定義が異なっている。

3　社会保険と社会扶助の関係性

（1）両者の共通点

　社会保険と社会扶助の共通点として，以下の点がある。
　第1に，不測の事態によって生じる生活上のさまざまな困難に対応するための施策であるという点である。生活上の困難とは，障害，老齢，失業，離婚等による経済的困窮，医療を必要とする疾病，要介護状態，育児・要援護等を指す。

第2に，国民の生活の安定，健康維持・増進，福祉の向上のために給付されるということである。

第3に，それが公的責任の下で実施・運営または経営されている点にある。公的責任とは，第一義的に国，都道府県・市町村等の地方公共団体を意味する。

第4に，その継続的運営のため，国民に一定の負担を求めていることである。社会保険は，日常生活に支障のない範囲の額を社会保険料として徴収する。社会扶助は，国民が納める税がその主たる財源となる。

第5に，給付は，金銭給付あるいは現物給付という形態によって支給される。年金保険，労働者災害保険，雇用保険，社会手当等は金銭給付によって，医療保険，介護保険，社会福祉等は現物給付によって支給される。

(2) それぞれの利点

社会保険では，以下のような利点がある。

第1に，被保険者は，社会保険料拠出と給付受給との間に，双務・対価関係があることから，所定の保険事故の発生に対し，明確な給付請求権を取得する。社会福祉の場合は，租税を主たる財源とすることから行政による受給対象者の選定というプロセスを介し，その意味では給付に関する権利性が弱い。

第2に，保険技術によって運営されるため，受給する際の屈辱感（スティグマ）をもちにくい点がある。公的扶助では，補足性の原理に基づき生活に立ち入った資産調査や扶養義務者の確認がなされるため，屈辱感をもちやすい。しかし，社会保険では，給付の前提となる保険料拠出があれば，資産調査等が不要となり，屈辱感をもつことが少ない。

第3に，保険料の徴収については，税の徴収よりも国民の合意が得られやすく，よって一定の給付水準を担保できる。

一方，社会扶助の利点として，以下のような点がある。

第1に，法に規定された要件に該当すれば，租税負担額の高低，あるいは負担の有無にかかわらず受給することができる。

第2に，社会保険にはなじまない，比較的発生頻度が少ない生活事故についても，支援策を講じることが可能である。

第3に，社会保険での給付額もしくはサービス量は一律定型的になる場合が多いが，社会扶助，とりわけ社会福祉の領域では，個別ニーズに応じたきめ細かなサービス内容にすることが可能である。

(3) 社会保障制度の制度設計

社会保障制度設計において，社会保険方式を採るか，社会扶助方式を採るか，あるいはその混合型を採るかは，各国の文化，国民意識，社会保障制度の歴史的経緯によって相違する。たとえば，医療保障についてドイツやフランスは社

会保険で,イギリスは社会扶助で対応する。所得保障は,多くの場合社会保険で対応するが,北欧諸国は社会扶助で対応している(第12章参照)。

近年では,いずれの国も高齢化が進行し,高齢者医療,老齢年金,介護サービス等,その対応が喫緊の課題となっている。また若年労働力の減少をもたらす少子化への対策も並行して充実させていかなければならない。一方で,長引く経済的不況による税収入の減少,累積する赤字国債等から,大幅な予算増額は見込めない状況がある。持続可能で,かつ,次世代の過剰負担回避を目指す新たな社会保障制度の構築が求められている。

プロムナード

2010年4月,第174回通常国会において,「医療保険制度の安定的運営を図るための国民健康保険法等の一部を改正する法律」が可決され,同年7月から施行されました。本法は,① 財政が悪化する全国健康保険協会の再建を支援するために,保険給付の国庫補助率を13%から16.4%に引き上げ,② 特例措置として,後期高齢者支援金の負担方法につき,加入者数に応じて組合の負担額を決める従来の「加入者割」を,以降3年間,組合の総報酬に応じて負担する「総報酬割」に一部切り替えるとしました。② により,全国健康保険協会の負担が減る一方,健康保険組合は2010年度に330億円,2011年度に500億円が負担増になると見込まれています。

全国健康保険協会の存続は必要ですが,本来,国が補完すべき同協会の負担を健康保険組合が肩代わりすることになること,健康保険組合全体の赤字額が2010年現在で過去最高(6,600億円)に膨らんでいること等の問題を内包しています。後期高齢者医療制度の刷新も含め,新たな医療保障制度体系が早急に求められるでしょう。

学びを深めるために

堀勝洋『社会保障・社会福祉の原理・法・政策』ミネルヴァ書房,2009年
　社会保障,とりわけ社会保険の原理,法律関係について詳細な検討が行われており,また,介護,育児支援,年金についての今後の具体的立法提起がなされている。

西村健一郎『社会保障法入門　増訂版』有斐閣,2010年
　医療保険,年金保険,介護保険,労災保険,雇用保険,社会手当,社会福祉サービスに分け,わかりやすく概説されている。また,権利救済,憲法との関係についても述べられており,社会保障全般を網羅できる。

鵜沼憲晴『社会福祉における共通的基本事項　軌跡と課題 その軌跡と課題』港の人,2009年
　社会福祉における共通的基本事項(社会福祉法第1条)のうち,社会福祉を目的とする事業,社会福祉事業,福祉サービスの理念,福祉サービスの質について,史的変遷を踏まえ今後の立法課題を提起している。

社会保険,社会扶助の各制度を,所得保障,医療保障,福祉サービスといった目的別に分けて整理してみましょう。

福祉の仕事に関する案内書

杉本貴代栄・須藤八千代『ソーシャルワーカーの仕事と生活 福祉の現場で働くということ』学陽書房,2009年

辻川泰史『福祉の仕事を人生に活かす! 仕事から「志事」への転換を』中央法規,2009年

第7章 公的保険制度と民間保険制度の関係

1 公的施策と民間保険の現状

(1) 公的保険と民間保険の共通性

わが国における保険の種類については，公的な政策によって実施される公的保険と民間企業等によって運営される民間保険の2つに区分される。公的な保険の例としては，健康保険や国民健康保険や介護保険が挙げられ，民間保険の例としては，生命保険や損害保険や医療保険が挙げられる。保険という共通性については，第1に，いずれも保険事業であり，保険の適用される範囲や給付内容や財政の運用面で事業内容が明確な点がある。第2に，収支相当の原則によって，保険料の設定が行われている点である。

収支相当の原則
契約者が支払う保険料の総額と保険金の総額が同じになること。

(2) 公的保険と民間保険の違い

公的保険については，すべての国民が強制適用され，被保険者となる。この背景には，1961年，わが国で成立した国民皆保険・皆年金体制がある。一方，民間保険については，本人による任意加入であり，加入するかどうかは自由であり，保険商品についても，自由に選択が可能となっているが，利用の際は，自分の健康状態を保険会社に告知する義務が加入希望者に発生する。

給付水準については，公的保険では，基本を最低保障とし，従前の所得保障（以前の所得の保障）が含まれるのに対し，民間保険は，高い水準の設定が可能となる。さらに，市場についても，公的保険は，政府による独占であるため，公的資金の投入が行われているのに対し，民間保険は，加入者からの保険料のみで運営され，各企業間の競争も生じている。最後に，財政運営では，公的保険は，制度の継続性が保障されている点から，積立方式だけではなく，賦課方式も採用することも可能であり，それは，年金保険が中心となっている。一方，民間保険については，完全な積立方式である（図表7-1参照）。

任意加入
社会保険制度において，一定の要件を満たした人について，さらに，法定の手続きを経た場合に初めて保険者とする方法。

積立方式
老齢年金の財源を被保険者期間（現役期間）の間に保険料を積み立てることによって必要な財源を確保する方式。

賦課方式
現役世代の保険料負担で高齢者世代の生活を支えるという世代間扶養に基づいて運営されている方式。

図表7-1 公的保険と民間保険の比較

	公的保険	民間保険
加入	強制	任意
加入できる人	全員	原則として健康な人 <病気やけがの場合も，条件付きで可能>
病気・ケガの告知義務	不要	原則必要
保険料	所得に応じて異なる	年齢や性別に応じて異なる

出所) セカンドライフ設計委員会著『自由国民版 いざという時にあなたを守る 医療保険と介護保険』自由国民社，2010年，p.73に一部加筆

(3) 公的保険と民間保険が結んできた従来の関係

　公的保険（社会保険）と民間保険の給付方法の違いとしては，民間保険の多くが定額保障であり，公的保険は，行われた行為の種類の量に応じた実績（出来高）給付をする点にある。ここで，医療保障を例として説明すると，公的医療保険は，現物給付を原則とするものであり，被保険者は，医療機関において療養の給付を受け，その費用は，医療機関が診療報酬として支払機関に請求するものである。その際，保険者は，かかった費用の3割を窓口で自己負担し，公的医療保険の加入があれば，保険で7割がカバーされるのである。さらに，健康保険については，医療費の自己負担額が一定額を超えると，超えた分が後で払い戻される高額療養費制度も設けられている。一方，民間保険については，被保険者がどのような入院や通院をするかは，原則として問わずに，定額の保険給付が行われる仕組みになっているのである。

　公的医療保険が，国民皆保険・皆年金制度を建前とするならば，民間保険については，自己負担分または入通院に伴って発生する諸費用（初期費用，差額ベッド費用，移動費用など）を補填する補完的関係であると考えられる。つまり，国による社会保障の水準を理解し，それ以上の保障が必要ならば，民間保険の活用を国民が考えるようになるのである。

> **定額保障**
> 必要となる保障については，日額や1回あたりに，定まった金額が定められ，民間保険の多くがこれを採用している。

> **実績給付**
> 受けた行為の内容や種類に応じて，給付金額が決定される出来高払いの方式であり，公的保険の多くがこれを採用している。

(4) 第3分野の保険の登場

　第3分野という言葉は，規制緩和が論じられ始めた1990年代半ばから使われるようになった。ちなみに，第1分野は，人の生死に関し，一定の金額を支払う生命保険を意味するものであり，第2分野は，偶然の事故による，実損を補填する損害保険を意味するものである。よって，第3分野とは，生命保険と損害保険のどちらにも属さない区分の曖昧な保険を意味するのである。代表的なものには，医療保険・がん保険・所得補償保険などが該当する。これらについては，「3．民間医療保険」の節で詳しく述べる。

　元来，第3分野の保険の販売は，外資系の保険会社や日系の中小規模の保険会社のみに許可されていた。しかし，2001年7月の規制緩和により，日系の大手生命保険会社や大手損害保険会社にも販売が許可されたのである。結果として，同じ名前の商品が，生命保険会社でも損害保険会社でも販売されているが，保障期間は，長期に渡るものが多く，リスク分析の困難さや保険料の設定がむずかしいという課題もあるが，販売に力を入れる会社も登場している。

> **第3分野の保険**
> 生命保険（第1分野）と損害保険（第2分野）のどちらにも属さない新たな種類の保険であり，1990年代半ばから，わが国では登場している。

> **リスク分析**
> 将来的に発生すると考えられる危機や危険を事前に予測し，その内容や解決策を分析すること。

(5) 社会保険制度改革の動向

　ここでは，社会保険制度改革の動向として，介護保険と医療保険の動向について，2000年以降を中心に述べる。

1）介護保険

介護保険については，2000年4月の制度施行時から予定されていた制度見直しに関する議論が行われ，新予防給付を含めた介護予防システムの確立と地域密着型サービスの創設等のサービス体系の見直し，施設サービスにおける居住費・食費の自己負担化などが取りまとめられた。この制度見直しについては，2006年4月までに開始され，その目的については，いずれも，急速に膨張した介護給付に関する費用に歯止めをかけるためである。

① 介護予防システムの確立

介護予防システムとは，要介護認定のうち，要支援1および要介護1の利用者については，要介護状態の予防や悪化の防止に資するサービスを重点的に供給するシステムを意味するものである。これによって，軽度の要介護者の約8割が介護給付から新予防給付に移行しているのである。この介護予防の考え自体は，将来的に要介護状態の悪化，その増加により経費が財源を圧迫するために，一人ひとりへの保険給付が減少するであろうことを想定してのものであるため，現状では，保険給付の対象者の一部を介護給付の一歩手前に引き戻すものでしかないのである。このことは，新予防給付の成立によって，従来の介護給付が中重度の要介護者に対象を限定することになり，結果的には，公的介護保険の給付の範囲を狭くしたことになるのである。

② 居住費および食費における利用者の自己負担

居住費および食費における自己負担とは，施設サービスにおいて，住むことや食べることに関わる費用を介護保険給付の対象外とし，利用者の負担とするものである。この変更内容は，2005年10月から実施され，施設サービスにかかる介護報酬の改定にも関連づけられるのである。この動きの目的については，年金給付との重複や在宅サービス利用者との負担の公平なども挙げられるが，年金額の縮小や自己負担のあり方の調整が不十分な面も多く，公的介護保険における施設サービス費用の縮小を重視したものと考えられる。

2）医療保険

医療保険制度については，その改正については論議されているが，ここでは，2005年以降における医療制度の動向について説明する。

① 高齢者医療のあり方

2000年の介護保険の導入は，高齢者に関する社会保険費用を分散させることになった。現行の医療保険制度における医療費は，各医療保険者からの拠出金で賄われている部分が強く，世代間による扶助の性格が強くなっている。しかしながら，高齢者の増加に伴う超高齢社会の中では，世代間扶助を前提とする制度設計には，破綻の可能性も生じている。その中で，2008年4月からは，後期高齢者である75歳以上を対象とした後期高齢者医療制度も開始されたが，年齢や給付内容に批判も多く，その動向が不透明になっている。

② 混合診療の解禁

　混合診療の解禁とは，保険診療と保険外診療の混在を認めるものであり，公的医療保険のカバーできる範囲に関わる内容である。現行の医療制度については，混合診療が認められない場合がある。保険財源の問題は，医療供給量の問題に直結するので，今後，どこまでを保険でカバーすることを認めるのかということに関する議論をもっと行う必要が生じている。

> **混合診療**
> 保険の対象となる内容と保険の対象とならない内容が混在してもかまわないという考え方で行われる診療。

（6）今後の公的保険と民間保険の関係性

　先述したように，公的保険（介護保険や医療保険）の制度改革については，制度の守備範囲を縮小する方向性が示されている。つまり，公的保険のみでは，介護や医療のリスクに対応できなくなることになり，金銭的な保障によって，保険の守備範囲を上乗せするだけでは済まない事態が生じているのである。公的保険については，制度の持続可能性という思想を含み，ナショナルミニマムを模索しているが，生活全体を考えると，協働できる民間保険の存在も求められるのである。今後，公的保険が縮小される方向の中で，民間保険は，従来の補完関係から抜け出すことが求められるのであり，公的保険と民間保険が協働できる新しいセーフティネットの構築が今後の政策目標とされるべきである。

2　民間年金保険

（1）民間年金保険の概要

　民間年金保険とは，民間金融機関が運営する保険であり，個人年金保険（定額型）と変額年金保険（投資型）に区分される。

1）個人年金保険（定額型）

　個人年金保険（定額型）年金は，契約時に年金原資が確定しているので，老後のための貯蓄としての性質が強い商品であり，給付期間については，4つに分類される。

- ・終身…受け取り開始年齢に達してから，被保険者が死亡するまで受取人に年金を支払うもの。
- ・確定…被保険者の生死に関係なく，5～20年など定められた期間は受取人に年金を支払うもの。貯蓄の取り崩しに形態的には最も近い。
- ・有期…5～20年などの定められた期間の内，被保険者が生存している間のみ年金を支払うもの。
- ・夫婦…夫婦のいずれかが死亡した際，残った方に引き続いて年金給付が行われるもの。

　ここからは，1つの事例を挙げながら，説明していくことにする。

> **年金原資**
> 被保険者が受け取れる年金の金額やその内容を指す。

> ＜事例＞
> 利用者Aさん（70歳，男性）
> 70歳になったので，個人年金を受け取る予定である。
> その際，確定年金および有期年金は，いずれも10年とする。

　この事例においては，いくつかの給付パターンが考えられる。

・Aさんが85歳で死亡した場合，終身年金であれば，死亡する85歳までの15年間に年金が支給され，10年確定年金および10年有期年金ならば，80歳までの10年間に年金が受給される。

・Aさんが72歳で死亡した場合，終身年金や10年有期年金ならば，その時点で支給が終了する。10年確定年金については，残りの8年間については，遺族に対して年金が受給される。

　先述したように，有期年金や終身年金については，早い段階で本人が死亡した場合は，受給総額が減額になる可能性があるが，そのリスクへの対応として，保険料は高くなるが，一定の保証期間が設定できるようになっている。もし，5年間という保証期間がついた有期年金や終身年金であれば，72歳で死亡した場合も，残りの3年間は，遺族に年金が支払われる。76歳で死亡した場合，5年の保証期間つき終身年金と5年間の保証期間つき10年間有期年金については，6年間しか支給されない。10年確定年金であれば，死亡した後の4年間に関し，遺族に年金が支払われる。

　有期年金については，保険会社の立場からすると，短い支給期間で終了できる可能性があるので，確定年金よりも安く保険料を設定できるのである。つまり，保険料が同じであれば，有期年金の方が安いのである。

2） 変額年金保険（投資型）

　変額年金保険（投資型）とは，払い込んだ保険料を投資信託で運用し，その運用成果による積立金を年金として受け取る商品である。これについては，運用成果によって受け取れる年金額に差が発生し，年金総額が払込保険料を下回ることも考えられる。契約自体については，保険会社が用意した選択肢の中から，契約者が自ら選択する方式となる。利率変動型年金については，最低保証はあるが，為替動向による元本割れも懸念される。しかし最近では，元本割れはないというものが主流となっている。さらに，利率変動型年金というタイプもあり，それは，一定期間ごとに予定利率が見直され，それには最低保証がつけられているものも多く，契約時には，年金額が確定されないものである。

（2）民間年金保険を活用するうえでの注意点

　個人年金保険については，積立方式が採用され，現在では，保険料を支払う間に，利息のような形で増えていく貯金のような増加年金のタイプも登場している。個人年金の場合，財源は，自分が支払った保険料のみであり，長生きす

図表７－２　民間年金保険のタイプ

タイプの分類	傾向
個人年金保険＜固定型＞	積立方式を採用し、貯蓄目的で使われることが多い。
変額年金保険＜投資型＞	支払った保険料を投資運用してその成果を年金として受け取る方式で、投資目的で使われることが多い。

出所）石丸喜博編著『すぐに役立つ入門図解「保険」のしくみと上手な選び方―生命保険・個人年金・損害保険・医療保険』三修社，2010年，p.44を一部改変

れば、保険料の負担の限界も考えられるのであり、給付期間にも種類があることを事前に理解しておく必要がある。一方、変額年金保険（投資型）については、株価が世界的に上昇傾向であった2005年から出現したが、2008年に入ると、最低保証をすることが保険会社の重荷となった結果、販売中止の会社も生じ、今後の動向には、注目が必要である。この保険は、自分で保険料を払い続けられるような資産家を対象とするものであり、資産運用や投資に近い形式となっているのが現状である。

今後、民間年金保険については、各保険の内容の違いをしっかりと確認し、自分が負担可能な保険料を設定し、預金や資産運用のような保険を活用する目的を明確にしたうえで、われわれは、保険の選択を行う必要がある（図表７－２参照）。

3　民間医療保険

(1) 民間医療保険の概要

医療に関する民間保険には、医療保険・がん保険・介護保険・所得補償保険、損害保険などが含まれる。

1) 医療保険

医療保険とは、病気やけがの種類にかかわらず、保険金が支払われる医療保障を確保するための保険である。医療保障を得る方法については、単独で加入する医療保険の他にも、死亡保険などの主契約に特約（オプション）としてつけられる医療特約や入院特約や先端技術の医療を受けた場合に適応される先進医療特約というものがある。最近では、保険の契約者の余命が6ヵ月以内と診断された場合に死亡保険金の全額あるいは一部を請求できるリビングニーズ特約も作られている。特約自体は、主契約がなければ存在せず、主契約である死亡保険などが解約や満期になった際は、特約も失われるのである。つまり、医療保障を優先させるならば、単独で加入できる医療保険に加入することが有効である。現在、単独で加入できる医療保険ついては、終身型（シンプル）と充実保障型とオーダーメイド型と実損てん補型の4つのタイプがある（図表７－3参照）。

医療保険を選ぶ際は、以下の4つのポイントが大切である。

> **特約（オプション）**
> 保険の主契約にさらなる保障内容を加えて、より保障の範囲を広げるものである。ただし、支払う保険料は、高くなる。

図表7－3　医療保険の主なタイプ

タイプ名	保障内容
終身型	入院給付金と手術給付金のみの内容。 保険料が割安。
充実保障型	入院給付金と手術給付金の他に，死亡保険金や通院給付金，がんや女性特有の病気も上乗せされる。 保険料が高め。
オーダーメイド型	主契約の入院給付金などに，保障を特約で自由につけられる。 特約により，保険料が高くなる。
実損てん補型	健康保険の自己負担分や高度先進医療などの健康保険が適用されない雑費に対しかかった実費をカバーする。

出所）井戸美枝『医療保険のことが何でもわかる本』日本実業出版社，2008年，p158を一部修正

第1のポイントは，保険期間の確認

　医療保険は，その保険期間によって，終身型と更新型（定期型）に分類される。終身型のメリットは，一生涯の保険を確保できる点と保険期間中の保険料が同じ点であり，デメリットは，同年齢で更新型に加入するよりも保険料が割高になる点と見直しがしにくい点である。更新型のメリットは，若い頃の保険料が割安である点と医療制度の改正に合わせて見直しがしやすい点であり，デメリットは，保険期間満了ごとに保険料が上がる点と80歳で保障が切れるものが多いという点である。

第2のポイントは，入院給付金の確認

　入院給付金とは，一定の日数以上，入院した時に支払われるものである。商品によって，日帰り入院・1泊2日型・5日型などがある。5日型よりも日帰り入院の方が高くなるのである。最近では，入院期間が短くなる傾向にあり，日数の短いものに人気が集まっている。

第3のポイントは，支払い限度日数の確認

　1回の入院で支払われる日数は，商品によって異なり，60日〜180日型が主流である。なお，一度退院してから，180日以内に同じ病気やけがで入院した場合は，1入院とみなされ，保険料については，60日型よりも180日型の方が高くなるのである。しかし，2005年の厚生労働省の患者調査によると，退院患者の平均日数は，39.2日であり，70歳以上の人でも53.9日しかなく，入院日数が医療技術の進歩等によって短くなっている点を忘れてはならない。もし，長期療養が必要な場合，短い限度日数で保障日数を考えることも可能である。

第4のポイントは，保険料の支払い期限の確認

　終身型の医療保険については，一生涯払い続ける終身払いと一定の期間だけ支払う短期払いがある。保険料自体は，終身払いの方が安くなるが，自分がどの程度や期間まで負担できるかを見極めておく必要がある。

　以下に，現在，もっとも多く選択されている終身型の医療保険の商品の例を紹介しよう。

> ・アリコ 「新すこしあんしん医療保険」
> 契約年齢…18 〜 75 歳
> 保険期間…終身
> 入院日数…1 万円コース
> 月払保険料（30 歳時）…男性 3,870 円，女性 3,870 円（1 万円コースの場合）
> 商品のポイント…病気・けがや生活習慣病で入院の場合は，日額 1 万円（病気・ケガは，1 回入院 60 日・通算 1095 日まで保障，日帰り入院から保障）。手術の場合は，1 回 10 万円。保障は，一生涯で更新による保険料のアップはないとされている。

2） がん保険

　がん保険とは，がんによる入院や手術に絞って保障する保険であり，少ない保険料で大きな保障を目指すものである。がん保険の特徴は，入院支払日数に制限がなく，基本的な医療保険にがん保険をプラスしておけば，費用も少なくて済むことである。また，がんと診断された場合，診断給付金という一時金が支払われ，商品によっては，高度先進医療給付金や在宅緩和ケアなどの特約も設けられている。がんは，他の病気に比べると，再発や転移で入退院を繰り返しがちになり，1 人あたりの支払限度数にも限界があり，医療保険のみでカバーできない場合も生じてくる。公的医療保険については，保険外診療については，全額自己負担となっているが，厚生労働省が定める先進医療を受ける場合は，保険診療と保険外診療が併用される保険外併用療養費が適用され，その内容の 7 割ががん治療となっている。

　以下に，がん保険の商品の例を示し，その内容を紹介しておくことにする。

> ・アメリカンファミリー生命 「がん保険」
> 診断給付金…100 万円（上皮内新生物は，10 万円）
> 入院給付金（1 日）…1 万円
> 手術給付金（1 日）…20 万円
> 通院給付金（1 日）…1 万円
> 特定治療通院給付金（1 日）…1 万円（悪性新生物のみ）
> 高度先進医療給付金…15 〜 320 万円
> 死亡保険金…10 万円
> がんで死亡したとき…10 万円コース
> 月払保険料（40 歳時）…男性 3,984 円　女性 3,984 円
> 商品のポイント…終身保障で，保険料も一定であり，途中で保険料がアップするようなことがない。

3） 所得補償保険

　所得補償保険とは，病気やケガによって就業不能となった場合に，被保険者が喪失する所得に対し保険金を受け取れる商品で，職業に従事している人が対象となる。ただし，病気やケガで死亡した後，あるいは病気やケガが治癒した後は，いかなる場合も就業不能には含まれない。補償期間については，従来は，1 〜 2 年の保障が基本であったが，最近は，長期就業不能所得補償保険も開発され，60 歳まで補償可能という商品も登場している。さらに，特約をセットすれば，日常生活において賠償責任を負った場合の損害等についても補償の対

> **就業不能**
> 　病気またはけがのため医師の治療を必要とし，その直接の結果として，保険証券記載の業務に全く従事できない状態である。

象とすることができる。契約の際には，健康状態等に関する告知書を提出する必要があり，その内容に関する審査を受けなければならない。

以下に，所得補償保険の商品の例を示し，その内容を紹介する。

> ・日立キャピタル損保　「長期障害所得補償保険」
> 保険期間…5年
> 補償期間…60歳
> 保険金…20万円
> 職種…一般事務
> 保険料…4,220円（現在，30歳の場合）
> 商品のポイント…年齢や職業や設定する保険金額によって細かく給付内容が区分されているので，保険に関する規定の確認を忘れないこと。

所得補償保険で注意する点は，更新の上限が60歳であるので，中高年層にはメリットがなく，若年層が対象の中心となるのである。さらに，通院等の認定も厳しく，軽い通院では，保険の対象とならないことも考えられるのである。そして，1～5年ごとの更新になるので，病気やけがが気になる世代に近づくと，保険料が上がっていくが，確定申告をしている人については，その申告額に基づいて補償され，現実としては，かけ離れた補償しかないこともある。よって，事前に，保険自体に関する規定をしっかりと確認しておく必要がある。

4） 損害保険

損害保険とは，損害保険会社が取り扱う保険の総称であり，損保（そんぽ）ともよばれる。風水害などの自然災害や自動車の衝突事故などの偶然の事故により生じた損害を補償するのが目的であり，保険会社が予想する損害率に応じて保険料が定められる。なお，年齢や健康状態で保険料が変わることはないがそのかわり本人の職業によって保険料が変わってくる。

損害保険の種類については，以下のように説明できる。

① 普通傷害保険

この保険は，家庭内や職場という場所や国内外を問わず，日常生活のさまざまな事故をカバーするものである。事故で通院した場合に通院保険金，入院した場合に入院保険金，万一，死亡したり高度障害が残ったりした場合は，死亡高度傷害保険が支払われる。この保険については，保険会社にもよるが，事故の日から180日以内の通院や入院に対して，1日あたりの保険料として支払われるのが一般的である。最近では，保障内容に賠償責任を含むものが見られ，日常生活で他人にけがをさせたり，他人のものを壊したりする加害者になった場合も対応が可能になっている。さらに，家族傷害保険というものに加入すれば，生計同一の家族まで対象範囲を広げられるが，保険料は高くなる。

② 交通傷害保険

この保険は，主に自動車事故による傷害に対応するものであるが，道を歩いていての事故や乗り物に乗車中の事故や駅構内での事故もその対象となる。支払事由も限定されていることもあり，普通傷害保険よりも保険料は安くなる。

損害率
事故や災害の種類によって，どのような損害や損失が発生するのかに関し，保険会社がその比率を数値化したもの。

これについても，普通傷害保険と同様に，ファミリー交通傷害保険のような形で家族を加えることも可能である。

③国内および海外旅行傷害保険

この保険は，旅行中（家を出て戻るまで）に生じた傷害事故や賠償責任事故や携行品被害に対応するものである。国内の場合は，細菌性の中毒などの普通傷害保険に含まれない内容も対象となるのである。海外については，地震によるけがや風邪などの病気も対象となることがある。この保険は，仕事の出張の場合でも適用となり，海外旅行の場合，旅行工程中であれば，日本国内でも適用される。

④レジャー・スポーツ保険

この保険は，特定のレジャーやスポーツ中に発生した事故によってけがをしたり，他人を傷つけたり，他人のものを壊したりする場合に備える保険である。商品としては，ゴルファー保険，テニス保険，スキー・スケート保険などが挙げられる。

⑤傷害総合保険

この保険は，普通傷害保険の範囲を拡大したものである。会社によって，その範囲は異なり，けがだけでなく病気も保険の対象とし，また，スポーツやレジャーの事故も保障対象とするという場合もある。

(2) 医療保険を利用するうえでのポイント

ここで，注意したいのは，医療保険の目的は，入院や手術にあるので，死亡保障については，最小限に抑えられている点である。結果として，加入者が，何らかの病気にならなければ，掛け捨てになるのである。さらに，終身型の場合，無収入になった場合，保険料を払い続けられるかという問題もある。よって，加入者自身が，老後を年金や預貯金で生きるか，生存給付型保険（医療保険や個人年金保険）で生きるかという自分のライフプランを作っておかなければならないのである。そのうえで，自分に必要な入院日額を考慮し，どのような保障内容を求めるのかを決定した後，商品である保険の検討に入る必要がある。

4 民間介護保険

(1) 民間介護保険の定義

民間介護保険とは，所定の要介護状態になったときに，現金で保険金（年金や一時金）が支払われる制度である。公的介護保険と異なり，保障の対象や保障額は，契約で決定するので，事前によく保険会社から説明を聞く必要がある。

(2) 民間介護保険の種類

民間介護保険の種類については，以下の3つに区分される。

① 終身保険などの主契約に介護特約をつける
② 主契約として介護保険を含む
③ 終身保険などの保険料の払込満了時点で介護保険に移行する

保険給付の方法については，保険金として現金で受け取ることになる。給付内容については，①（介護）一時金，②（介護）年金，③一時金と年金の併用である。この保険金は，介護の目的だけに使う必要はなく，保険期間も終身と有期が設けられている。

以下に，介護保険の商品の例を2つ示し，その内容を紹介する。

・ソニー生命　「5年ごと利差配当付・終身介護保障保険」
　保険期間…終身
　基本介護年金額…60万円
　（介護年金を貰わずに死亡すると300万円，介護年金を貰った場合は，300万円からその金額を差し引いて支給）
　保険料…15800円（現在，70歳の場合）
　商品ポイント…この商品は，介護保険を主契約とした場合であり，所定の要介護状態になったときに収入が確保でき，生涯を通して得られることがポイントである。
・かんぽ生命　「新・シルバー保険」
　保障期間…一生涯
　加入できる年齢…65歳まで
　保障金額…加入年齢や保険料によって異なる。
　商品のポイント…この商品は，被保険者が死亡した場合には，死亡保証金が支払われる。また，被保険者の生存中に一定期間が満了したことによる生存保証金（一時金），保険者が特定要介護状態となった場合，その状態が一定期間継続すれば，介護保険金が支払われるのがポイントである。

---

(3) 民間介護保険を選ぶうえでのポイント

民間介護保険は，公的介護保険では補えない1割の自己負担を補完する保険料が貰える保険と考えるべきである。しかし，加入中の保険との兼ね合いも検討する必要があり，個人における保険全体の見直しをすることも必要である。

参考文献
井戸美枝『医療保険のことが何でもわかる本』日本実業出版社，2008年
厚生労働省『厚生労働白書（平成21年版）』2009年
セカンドライフ設計委員会『自由国民版　いざという時にあなたを守る　医療保険と介護保険』自由国民社，2010年
西村周三・井野節子編著『社会保障を日本一わかりやすく考える』PHP研究所，2009年
山﨑康彦・高木安雄・尾形裕也・増田雅暢『福祉キーワードシリーズ社会保障』中央法規，2004年

プロムナード

　わが国においては，従来，福祉や医療については，措置制度の下で，国を中心とした政策主体と供給機関による運営が行われてきた。その結果，公的な施策による保険が，国民の生活を保障する中心となり，民間による施策については，それを補完する役割としての認識が強かったのである。つまり，国を中心とした保障内容で，老後の生活を過ごすことが可能な時代だったのである。しかし，1990年代後半から2000年代初期を中心とした社会福祉基礎構造改革によって，公的な部門だけでなく，私的な部門の参入を許可する規制緩和が示され，同時に，措置制度から契約制度の転換も行われ，利用者から選択されるサービスが求められている。その状況の下で，第3分野とよばれる新たな保険の分野が登場し，公的保険でカバーされない内容を備えた商品も開発されてきている。その一方で，少子高齢化の進行や医療費の増大によって，公的な保険に対する政府の予算が間に合わず，公的保険の守備範囲が縮小している。
　つまり，わが国においては，公的な政策に頼るだけではなく，個人で老後の生活資金を準備する時代を迎えたのであり，その生活資金を獲得する手段として，民間保険が必要とされるのである。今後，民間保険が担った公的保険に対する役割を見直し，積極的に協働できる新しい関係の構築が急務である。

学びを深めるために

石丸喜博編著『すぐに役立つ入門図解「保険」のしくみと上手な選び方―生命保険・個人年金・損害保険・医療保険』三修社，2010年
　　生命保険・個人年金・損害保険・医療保険を中心に，図や表を効果的に使い，各保険がもつ特徴を簡潔に示し，保険全体をわれわれがどのように活用すべきかをわかりやすくまとめた書である。

- 民間保険の種類とその給付内容の違いについて調べてみよう。
- 国民の生活の中で，公的保険と民間保険がそれぞれ果たすべき役割やお互いがもつべき関係性について考えてみよう。

福祉の仕事に関する案内書

駒村康平・丸山桂・齋藤香里『図解入門ビジネス最新社会保障基本と仕組みがよ～くわかる本』秀和システム，2007年
山田正和『介護ビジネス業界の動向とカラクリがよくわかる本』秀和システム，2007年

第 8 章

社会保障制度の体系 1
―年金，医療，介護，労災

第8章 社会保障制度の体系1 ―年金，医療，介護，労災

1 年金保険制度の概要

本章では，社会保険制度である年金保険制度，医療保険制度，介護保険制度，労災保険制度の概要を述べる。なお，年金保険制度の詳細，医療保険制度の詳細は，それぞれ第10章と第11章で述べているので参照してほしい。

まず，年金保険制度の概要について述べてみたい。年金保険制度は，老齢・退職や，障害，生計の担い手の死亡により所得を失った者に，一定の所得を保障し，生活の安定を図ることを目的として創設されている。年金には，公的年金と，私的年金がある。公的年金である国民年金には，基礎年金として，老齢基礎年金，障害基礎年金，遺族基礎年金の三種類があり，その他，自営業者等のみの独自給付として，付加年金，寡婦年金，死亡一時金などがある。以下に，その対象，給付内容，財源等の詳細を記す。

日本の公的年金制度は，全国民（20歳以上60歳未満の者）が加入し，基礎的給付を行う国民年金（基礎年金）と，それに上乗せして報酬比例の年金を支給する被用者の厚生年金保険及び共済年金からなる。民間被用者は厚生年金保険に，公務員等は共済組合に加入する。

また，自営業者などに対する基礎年金の上乗せ年金としては，国民年金基金制度，確定拠出年金制度（個人型）があり，厚生年金保険の上乗せ年金としては，厚生年金基金制度，確定給付企業年金制度，および確定拠出年金制度（企業型）がある。

このように，わが国の年金制度は，3階建ての体系となっていて，その1階部分は，全国民が加入する国民年金（基礎年金）であり，2階部分は厚生年金や共済年金で，被用者が加入する。さらに，厚生年金の上乗せとなる3階部分として，厚生年金基金や適格退職基金，確定拠出年金といった企業年金がある。自営業者などは，1階部分の国民年金に加入し，その上乗せとして国民年金基金に加入することもできる（図表8－1参照）。

わが国の公的年金制度の特徴は，①自営業者や学生等の無業者を含め，国民すべてが国民年金に加入し，基礎年金給付を受けるという国民皆年金の仕組み，②加入者が保険料を拠出し，それに応じて年金給付を受けるという社会保険方式をとっている，③現役世代の保険料負担で高齢世代の年金給付を支えるという世代間扶養の考え方で運営されている，等である。

日本の年金制度の起源は，明治時代の初期に創設された軍人や官吏を対象とした恩給制度にあった。民間被用者を対象とする年金制度は，1939年（昭和14年，施行は翌15年）の船員保険法に始まり，1941（昭和16）年には男子工場労働者（ブルーカラー）を対象として，労働者年金保険法が制定され（施行は翌昭和17年），1944（昭和19）年の改正時には，女性とホワイトカラーにも対象を拡大し，名称も厚生年金保険法と改称された。1953（昭和28）年には，私

付加年金

自営業者等の第1号被保険者のみを対象とする独自給付。老齢基礎年金に上乗せされる任意加入の給付で，付加保険料（月額400円）を納付した第1号被保険者が，老齢基礎年金の受給権を取得したときに支給される。年金額は，200円×保険料納付月数である。

厚生年金基金

厚生年金基金は，厚生労働大臣の許可を受けて設立される特別の法人であり，老齢厚生年金の一部（物価スライド制と賃金スライドを除いた部分）を代行し，さらに独自の上乗せ給付を行う。給付に必要な掛金は事業主から徴収され，事業主と加入者が負担する。厚生年金基金を設立している事業主は政府に対して代行給付に見合う厚生年金保険の保険料の給付を免除され，代行相当分を含め基金が支給する給付に要する掛金を基金に給付する。

1. 年金保険制度の概要

図表 8-1　年金保険制度の体系

（数値は注釈の無い限り3月末）

- 確定拠出年金（個人型）　加入者数 9.0万人　2007（平成19）年12月31日
- 国民年金基金（加入員数69万人）
- 厚生年金基金　加入者数 525万人　2007（平成19）年7月1日
- 確定給付企業年金　加入者数 498万人　2008（平成20）年1月1日
- 適格退職年金　加入員数 508万人
- 確定拠出年金（企業型）　加入者数 264万人　2007（平成19）年12月31日
- 職域加算部分
- （代行部分）
- 厚生年金保険　加入員数 3,379万人（旧三共済、旧農林共済を含む）
- 共済年金（加入員数 457万人）
- 国民年金（基礎年金）

区分	第3号被保険者	第1号被保険者	第2号被保険者等	
対象	第2号被保険者の被扶養配偶者	自営業者等	民間サラリーマン	公務員等
人数	1,079万人	2,123万人	3,836万人	

合計 7,038万人

出所）厚生労働省編『厚生労働白書（平成21年版）』2008年

立学校教職員共済組合法（現・私立学校教職員共済法）が，1958（昭和33）年には国家公務員共済組合法，1962（昭和37）年には地方公務員共済組合法が制定され，同年，恩給制度は廃止された。また，1959（昭和34）年に国民年金法が制定され，1961（昭和36）年には，国民皆年金が実現している。

なお，年金制度は度々改正されているが，1985（昭和60）年以降の改正を表にまとめると，以下の図表8-2のようになる。

国民年金の対象は，第1号被保険者（20歳から60歳未満の自営業者，自由業者等），第2号被保険者（就職後から70歳未満の厚生年金，共済年金の加入者），第3号被保険者（20歳から60歳未満の厚生年金，共済年金の加入配偶者）に分けられている。

図表 8-2　年金制度改正の経緯

年	内容
1985年	基礎年金の導入，給付と負担の適正化，女性の年金権の確立，等
1989年	学生への国民年金加入の義務づけ，国民年金基金制度の創設
1994年	厚生年金（定額部分）支給開始年齢の引き上げ，可処分所得スライド方式導入
1996年	JR，JT，NTTの共済年金を厚生年金保険に統合
2000年	厚生年金（報酬比例部分）支給開始年齢の引き上げ，総報酬制の導入，等
2001年	農林漁業団体職員の共済年金を厚生年金保険に統合，確定給付企業年金法，確定拠出年金法の制定
2004年	最終保険料水準固定・給付水準自動調整方式の採用，基礎年金の国庫負担割合の引き上げ，離婚時の年金分割，等

出所）厚生労働省年金局『年金のあらまし』2002年

図表8-3 老齢基礎年金の繰り上げ支給，繰下げ支給の支給率

繰り上げ支給			繰り下げ支給		
請求時の年齢	旧制度	新制度	請求時の年齢	旧制度	新制度
60歳	58%	70%	66歳	112%	108.4%
61歳	65%	76%	67歳	126%	116.8%
62歳	72%	82%	68歳	143%	125.2%
63歳	80%	88%	69歳	164%	133.6%
64歳	89%	96%	70歳	188%	142.0%

出所）本沢一善『社会保障と年金制度』ミネルヴァ書房，2008年，p.26

> **合算対象期間**
> 老齢基礎年金の資格期間には算入するが，年金額の計算の基礎には含まない期間のこと。具体的には，海外在住期間，被用者年金の加入期間のうち20歳前および60歳以後の期間，1986年3月までの被用者の配偶者であった期間，1991年3月まで学生であった期間等，当時の制度で国民年金任意加入の対象ではなかった期間，在日外国人であって国民年金に加入できなかった1982年1月より前の期間等。

　第1号被保険者の保険料は，月額14,420円（2008年現在）で，老齢基礎年金の場合，保険料納付期間，保険料免除期間，合算対象期間を合計した受給資格期間が25年以上ある者が65歳になった時に，一律，年額79万2,100円（月額6万6,008円）が支給される。この年金額は，20歳から60歳に達するまでの40年間（480ヵ月）の保険料納付を条件に支給され，未納期間や免除期間があれば，その期間に応じて減額される。なお，繰り上げ支給，繰り下げ支給の概要は図表8-3の通りである。

　障害基礎年金は，障害等級の1級または2級の障害に該当する場合に支給され，2級障害には年額79万2,100円が，1級障害には2級障害の1.25倍の額が支給される。また，1人目と2人目の子ども（18歳到達年度の年度末）がいれば，1人につき22万7,900円が支給され，3人目以降は1人につき7万5,900円が支給される。

　また，遺族基礎年金は，死亡した者の妻で子と生計を同一にしている場合，死亡した者の子（18歳未満の子，または20歳未満で障害のある子）に対し，妻には年額79万2,100円，第1子と第2子には1人につき22万7,900円，第3子以降は1人につき7万5,900円を加算した額が支給される。

　また，自営業者の独自給付である寡婦年金として，夫が死亡した場合に，60歳から65歳まで，夫に支給されるはずであった老齢基礎年金の4分の3の額が支給される。さらに，死亡一時金として，第1号被保険者としての保険料を3年以上納付した者が，老齢基礎年金，障害基礎年金のいずれも受給しないで死亡し，その遺族が遺族基礎年金を受給できない場合に，保険納付期間に応じて12万円から32万円の額が支給される。

　国民年金の給付費のうち基礎年金給付費は，保険料と国庫負担によって賄われている。保険料は，全保険者が頭割りで負担し，第1号被保険者は基礎年金保険料分を含めて保険料を負担し，第2号被保険者と第3号被保険者の基礎年金保険料部分は，各被用者年金の保険者が被保険者に応じて拠出金として一括負担する。国庫負担は，2004（平成16）年の改正により，改正前の基礎年金給付費の3分の1から，2009（平成21）年には2分の1に引き上げられた。

　公的年金の財源は，少子高齢化により厳しい局面を迎えており，加えて，国民年金の保険料を納付しない未納者が近年，若年層を中心に増加していること

等が，大きな問題となっている。

2 医療保険制度の概要

次に，わが国の医療保険制度の概要について述べてみたい。医療保険制度は，国民の健康や福祉の向上のために，病気やケガをした時に，医療費を10割負担することなく，少ない負担で医療サービスが受けられるようにするためにある社会保険制度である。

医療保険制度にも，民間の医療保険制度と公的医療保険制度があるが，日本の医療保険制度の特徴は，公的医療保険制度が充実していて，社会保険制度による国民皆保険であることにある。

日本の公的医療保険制度は，大きく，職域保険（各種共済組合，組合管掌健康保険，政府管掌健康保険＜現 全国健康保険協会管掌健康保険＞，船員保険）と，地域保険である国民健康保険の2つに分けられ，歴史的には，職域保険の方が先に発展した。

わが国の公的医療保険制度の歴史は古く，最初に健康保険法が制定されたのは1922（大正11）年のことである。その後，1938（昭和13）年には国民健康保険法が制定され，1961（昭和36）年には国民皆保険体制が実現した。

わが国の医療保険制度の体系を，種別，対象によって分類すると以下の図表8－4のようになる。なお，健康保険，共済組合，船員保険は，被用者保険である。

以下に，健康保険，共済組合，国民健康保険，後期高齢者医療制度の対象と給付内容等の詳細を記す。

（1）健康保険

健康保険の保険者は，全国健康保険協会と健康保険組合の2つであり，対象は，主に企業に正規雇用されている者である（図表8－4参照）。非正規雇用者でも，一定の要件を満たせば，日雇特例被保険者として被保険者になることが

図表8－4　医療保険制度の体系

種　　別	対　　象
健康保険	中小企業（全国健康保険協会管掌健康保険） 大企業（組合管掌健康保険）従業員700人以上
共済組合	公務員，私立学校職員
船員保険	船員
国民健康保険組合	弁護士，医師，薬剤師，食品販売業，土木建築業，理容美容業，等
国民健康保険	自営業，農林水産業，無職の者，等
老人保健	後期高齢者（75歳以上の高齢者）

出所）本沢一善，前掲書，参照

できる。

被保険者は、常時5人以上の従業員を雇用する事業所等の強制被保険者と、任意包括被保険者、任意継続被保険者に分けられる。また、これらの被保険者と生計を共にしている年収130万円以内の配偶者、子、父母、祖父母、孫、きょうだいと、それ以外の三親等以内の親族も給付の対象になっている。

保険給付の内容は、療養の給付、入院時食事療養費、入院時生活療養費、保険外併用療養費、療養費・家族療養費、訪問看護・家族訪問看護療養費、移送費・家族移送費、傷病手当、埋葬料・家族埋葬料、出産育児一時金・家族出産育児一時金、出産手当金、高額療養費、高額介護合算療養費、である。

保険料は、被保険者の標準報酬および標準賞与額に保険料率を乗じた額として算定される。本人負担は、1割負担、2割負担の時代を経て、2003年以降は3割負担となっている。なお、70歳以上75歳未満の者は2割負担（現役なみの所得を有する者は3割負担）、義務教育就学前の児童も2割負担である。

これらの財源は、被保険者の保険料と国庫負担金・国庫補助金によって賄われている。

(2) 共済組合制度

共済組合制度の対象者は、国家公務員（国家公務員共済組合）と、地方公務員（地方公務員共済組合）、と私立学校職員（私立学校教職員共済）である。

保険給付の内容は、健康保険法による給付の代行（短期給付）、年金を給付する事業（長期給付）等である。医療保険に該当する短期給付は、健康保険とほぼ同じ内容であるが、法定給付以外に、休業手当金、弔慰金・家族弔慰金、災害見舞手当等が設けられている。

保険料は、各組合ごとに毎年の収支が均衡するように決められていて、各組合間で異なり均一ではない。財源としての保険料は、事業主と組合員が折半して負担する。

(3) 国民健康保険制度

国民健康保険制度は、農林水産業、自営業、無職の者等、雇用されていない者を対象としていて、個人単位で加入し、保険者は、市町村および国民健康保険組合である。

保険給付の内容としては、療養の給付、入院時食事療養費、入院時生活療養費、保険外併用療養費、療養費、訪問看護療養費、特別療養費、移送費、高額療養費、高額介護合算療養費と、出産育児一時金、葬祭費、傷病手当金等がある。

保険料は、被保険者の属する世帯の世帯主から徴収され、一般被保険者の保険料は、負担能力と受益によって決まり、所得割総額、資産割総額、被保険者

強制被保険者
健康保険が強制的に適用される事業所（強制適用事業所）に勤務している者。

任意包括被保険者
強制適用に当てはまらない事業所が対象で、従業員の2分の1以上の同意を得た上で厚生労働大臣の認可を受け、加入した者。

出産育児一時金・出産手当金
被保険者・被扶養者が分娩した時、1児あたり35万円が出産育児一時金として支給される。また、被保険者が妊娠や出産のために休業する場合、その所得保障を確保するために出産手当金が支給される。支給額は、分娩日前42日と分娩後56日の期間に休業した1日につき標準報酬額日額の3分の2。

高額療養費
被保険者の医療費がいちじるしく高額になった場合、当事者の請求によって超過額が払い戻される。

均等割総額，世帯別平均割総額の組み合わせによって決定される。

　財源は，保険料，国庫負担・国庫補助，都道府県補助金，市町村の一般会計からの繰入金等である。

(4) 後期高齢者医療制度（長寿医療制度）

　2008（平成20）年より，75歳以上の後期高齢者と65歳以上の寝たきり等の高齢者は，それまで加入していた各保険から脱退し，新たに後期高齢者医療制度に加入することになった。

　本人負担は1割（現役なみの所得を有する者は3割）で，保険料徴収は，各市町村が行う。財源は，公費が約5割，健康保険などの各医療保険からが約4割と，保険料が1割である。

> **後期高齢者医療制度**
> 2008（平成20）年よりスタートした制度で，2006（平成18）年に，老人保健法に代わり制定された「高齢者の医療の確保に関する法律」に基づく制度。対象は，75歳以上の後期高齢者。後期高齢者の心身の特性等にふさわしい医療ができるよう，新たな診療報酬体系の構築が行われた。保険料は，年金からの天引きか，本人の申し出による普通徴収で行う。財源は，公費5割，現役世代からの支援4割，保険料1割で，現役世代からの支援は，国保，被用者保険の加入者数に応じた支援である。

3 介護保険制度の概要

(1) 介護保険制度制定の目的と背景

　介護保険制度は，社会で介護を支えることを目的として，1997（平成9）年に成立し，2000（平成12）年4月から実施されたわが国で5番目の社会保険制度である。介護保険制度制定の議論が1990年代半ばに行われたのには，以下のような社会的背景があった。

　まず第1に，欧米諸国の倍のスピードで進む急激な高齢化に伴い，要介護高齢者の数が増大していることがあげられる。2007（平成19）年現在，日本の高齢化率は21.5％と世界最高水準にあり，2015（平成27）年には26.0％，2025（平成37）年には，30.5％，2050（平成62）年には，40％に達すると推計されている。それに伴い，要介護高齢者の数は増加の一途をたどり，2000（平成12）年には218万人であった要介護高齢者数は，2009（平成21）年には約470万人になり，2025（平成37）年には約520万人に達すると推計されている。

　また，介護保険制度施行前に介護をしていた者の約8割は女性であったが，1986（昭和61）年に制定された男女雇用機会均等法施行以降，女性の社会進出が進み女性だけで介護を担うのは困難になり，高度経済成長期以降，核家族化・家族の小規模化が進んで「家族の介護機能が脆弱化」したこと等も，制度制定の背景にあげられる。さらに，「介護の長期化」による介護の重度化に伴う家族の介護負担の増大も，その背景にある。近年では，高齢者が高齢者を介護する「老々介護」や，「遠距離介護」も大きな社会問題となっており，介護負担の増大が「高齢者虐待」や無理心中等を引き起こす要因にもなっている。

　このような背景の下に，介護保険制度は，「要介護者の自立支援」，「利用者本位」，「社会保険方式の採用」を制度成立の理念と目的として制定された。

第8章 社会保障制度の体系1 ―年金，医療，介護，労災

> **地域支援事業**
> 介護予防を目的として行われる事業であり，対象は，要介護認定されていない高齢者（一次予防事業対象者と二次予防事業対象者）である。実施主体は市町村であるが，市町村が設営することになっている「地域包括支援センター」や，行政機関（含・保健所），地域医師会，歯科医師会，社会福祉協議会，NPO，住民団体等の協力の下に行われる。財源は，介護予防事業については保険料と公費で折半し，包括的支援事業・任意事業は，第1号被保険者の保険料と公費で賄うことになっている。

(2) 保険者，被保険者

介護保険制度の実施主体は，市町村であり，保険者は市町村である。被保険者は，40歳以上の者であり，65歳以上の者を第1号被保険者，40歳以上65歳未満の者を第2号被保険者としている。

65歳以上の高齢者は，生活保護者であっても，介護保険制度の対象になるが，65歳未満の者は医療保険加入者であるため，国民健康保険の対象外となる生活保護の被保護者（受給者）は，第2号被保険者からは除外される。また，外国人であっても，住民票を有し，かつ年齢要件が該当すれば，被保険者になる。なお，障害者支援施設や重症心身障害者施設等，法令で定める施設の入所者・入院患者については適用除外として対象にはならない。

(3) 保険給付の内容と保険給付利用の手続き

介護保険制度の保険給付は，要介護者に対する介護給付と予防給付の2つに分けられる。予防給付は，2005（平成17）年の改正時に新しく設けられた。具体的な給付の内容は，以下の図表8－5の通りである。

図表8－5の保険給付の内容の他に，市町村が実施する事業として，市町村特別給付，地域支援事業，介護予防事業，包括的支援事業（総合相談事業，権利擁護事業，包括的・継続ケアマネジメント支援事業，介護予防ケアマネジメ

図表8－5　介護保険制度における保険給付の体系

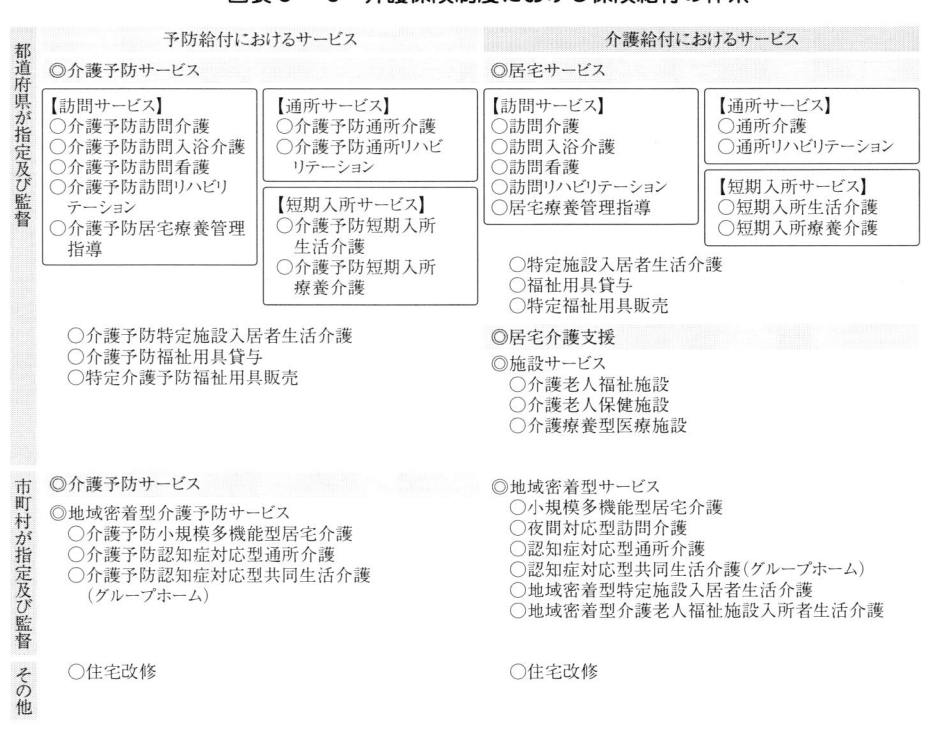

	予防給付におけるサービス	介護給付におけるサービス
都道府県が指定及び監督	◎介護予防サービス 【訪問サービス】 ○介護予防訪問介護 ○介護予防訪問入浴介護 ○介護予防訪問看護 ○介護予防訪問リハビリテーション ○介護予防居宅療養管理指導 【通所サービス】 ○介護予防通所介護 ○介護予防通所リハビリテーション 【短期入所サービス】 ○介護予防短期入所生活介護 ○介護予防短期入所療養介護 ○介護予防特定施設入居者生活介護 ○介護予防福祉用具貸与 ○特定介護予防福祉用具販売	◎居宅サービス 【訪問サービス】 ○訪問介護 ○訪問入浴介護 ○訪問看護 ○訪問リハビリテーション ○居宅療養管理指導 【通所サービス】 ○通所介護 ○通所リハビリテーション 【短期入所サービス】 ○短期入所生活介護 ○短期入所療養介護 ○特定施設入居者生活介護 ○福祉用具貸与 ○特定福祉用具販売 ◎居宅介護支援 ◎施設サービス ○介護老人福祉施設 ○介護老人保健施設 ○介護療養型医療施設
市町村が指定及び監督	◎介護予防サービス ◎地域密着型介護予防サービス ○介護予防小規模多機能型居宅介護 ○介護予防認知症対応型通所介護 ○介護予防認知症対応型共同生活介護（グループホーム）	◎地域密着型サービス ○小規模多機能型居宅介護 ○夜間対応型訪問介護 ○認知症対応型通所介護 ○認知症対応型共同生活介護（グループホーム） ○地域密着型特定施設入居者生活介護 ○地域密着型介護老人福祉施設入所者生活介護
その他	○住宅改修	○住宅改修

出所）厚生統計協会編『図説でわかる介護保険2008』厚生統計協会，2008年

ント事業），任意事業がある。

　被保険者が保険給付を利用するためには，要介護認定が必要になる。現在，要介護度は，要介護5から要介護1の5段階と，要支援1・2に分けられており，要介護1から5の要介護者が介護給付を，軽度の要介護1と要支援者が予防給付を利用することができる。

　要介護認定の申請は，本人が行うが，市町村窓口に申請書を提出する者は，家族や成年後見人などでもよい。また，指定居宅介護支援事業者や介護保険施設のうち介護保険法施行規則で定める者が代行することもできる。

　要介護認定は，一次判定と二次判定に分かれている。一次判定では，申請後，市町村職員が認定調査員として申請者を訪問し，ADLなどの心身の状態を調査する認定調査を行い，コンピュータ判定を行う。第二次判定は，一次判定の結果と主治医の意見書を基に，各市町村に設置された保健・福祉・医療の専門職で構成される介護認定審査会で判定する。

　要介護認定を受けた被保険者は，ケアマネージャーと相談のうえ，自ら保険給付である介護サービスを選択し，契約したうえで，介護サービス計画書（ケアプラン）に基づき介護サービスを利用する。なお，要介護度ごとに1ヵ月に利用できる保険給付の額は定められており，限度額が決まっている。

（4）保険料，利用者負担，財源

　介護保険制度は市町村が実施主体であるから，市町村によって介護保険料は異なる。また，第1号被保険者の保険料の方が，第2号被保険者の保険料よりも高い。

　保険料の徴収は，第1号被保険者で年額18万円以上の公的年金を受給している者は，年金から天引きされる形で行われる（特別徴収）。年金額が18万円未満の被保険者からは，市町村が直接徴収する（普通徴収）。第2号被保険者の保険料は，給与から天引きされる形で徴収される。

　利用者負担は基本的に1割である。ただし，施設サービスにおける食費と居住費は，2006（平成18）年に改正介護保険制度が施行されてから後，保険給付の対象外となった。

　介護保険制度の財源は，第1号被保険者からの保険料が平均19％，第2号被保険者からの保険料が約31％，残りの約50％が公費によって賄われている。公費の内訳は，居宅給付費については国が25％，都道府県が12.5％，市町村が12.5％であり，施設等給付については，国が20％，都道府県が17.5％，市町村が12.5％となっている。

（5）介護保険制度改正の概要と今後の課題

　介護保険法は，5年に一度改正されることになっており，2005（平成17）年

二次予防事業対象者
　要支援・要介護状態に陥るおそれのある虚弱高齢者のこと。二次予防事業対象者の選定は，老人保健事業による基本健康診査の受診による基本チェックリストに基づいて行われる。この他の選定方法として，病院などの関係諸機関からの連絡，要介護認定非該当者，訪問活動による実態把握，本人・家族からの連絡等がある。介護予防ケアプランの内容としては，運動機能向上，栄養指導，口腔機能向上，閉じこもり予防・支援，認知症予防・支援，うつ予防・支援等がある。

成年後見人
　認知症や精神的障害等により判断能力が不十分なために介護保険や不動産売買等の契約の締結等の法律行為を行う意志決定が困難な人びととの代理人。従来の禁治産・準禁治産制度が，1999（平成11）年に改正された「成年後見制度」に基づく。後見の類型は，判断能力低下の重い度合いから順に後見・保佐・補助がある。

地域包括支援センター
　介護保険法の改正（2005年）にともなって新たに地域の介護支援を行う中枢的機関として設立された。業務を担うのは社会福祉士，保健師，主任ケアマネージャー等であるが，各専門職が連携して介護予防マネジメント（主に保健師が担当），各種相談支援（主に社会福祉士が担当），包括的・継続的ケアマネジメント（主に主任ケアマネージャーが担当）等の業務を行う。地域包括支援センターの設置者は各市町村となっているが，市町村より委託を受けてこの事業を展開する場合，あらかじめ市町村に届け出ることによって，市町村社会福祉協議会や医療法人，社会福祉法人等に委託される場合も多い。

表8-6 介護予防事業の概要

一次予防事業対象者	二次予防事業対象者
【対象者】 高齢者全般 【事業内容】 ○ 介護予防普及啓発事業 　・講演会等開催 　・パンフレット作成　等 ○ 地域介護予防支援事業 　・ボランティア育成 　・自主グループ活動支援　等	【対象者】 要支援・要介護状態となるおそれのある高齢者 【事業内容】 ○ 通所型介護予防事業 　・運動器の機能向上プログラム 　・栄養改善プログラム 　・口腔機能の向上プログラム　等 ○ 訪問型介護予防事業 　・閉じこもり，うつ，認知症への対応 　・通所が困難な高齢者への対応　等

出所）厚生労働省作成

> **一次予防事業対象者**
> 要介護・要支援状態に陥るおそれのない健康な高齢者。

に改正介護保険法が成立し，2006（平成18）年より施行された。改正のポイントとして，まずあげられるのは「予防重視型」への転換である。

具体的には，従来，介護保険制度では利用できなかった介護予防のサービス（予防給付）が盛り込まれ，地域支援事業が創設された。なお，予防給付の対象外の高齢者に対する介護予防事業の概要は，以下の図表8-6の通りである。さらに，「新たなサービス体系」として地域密着型サービスが創設され，小規模多機能型施設も保険給付として利用できるようになり，在宅介護支援センターが地域包括支援センターに移行した。その他，介護サービスの事業者に対して情報公表を義務づけ，事業者指定の更新制（6年）を導入し，保険料の特別徴収の対象を遺族年金や障害年金へも拡大するなどの改正を行った。

今後，介護保険制度を持続可能なものとしていくためには，いくつかの課題がある。第1に，拡大する保険財政を安定させるために，被保険者を現在の40歳以上から20歳以上に引き下げることや，保険料の引き上げ等の方策を考える必要があること，第2に，介護報酬の見直し等によって介護職員を確保し介護職員の資質を向上させてケアの質の向上に努めること，第3に，増加し続ける認知症高齢者に対する対策をさらに強化すること等である。

> **小規模多機能型施設**
> 2005（平成17）年の介護保険法の改正に伴い新設された地域密着型サービスとして，介護保険制度で利用が可能になった介護支援施設と居宅機能，地域交流機能を持ち合わせた小規模でも多くの機能をもった施設。通所型，短期入所型，長期入所型などがミックスされている場合が多い。長年住み慣れた地域での高齢者の生活を支えるために創設されたサービス。

4　労災保険制度の概要

わが国の労働保険制度は，雇用保険制度（前・失業保険制度）と，労災保険制度の2つに分けられる。本節では，その中でも労災保険制度の概要について述べる。

労災保険制度は，労働者災害補償保険法に基づく制度で，1947（昭和22）年の労働基準法と同時に制定された。業務上の事由又は通勤による労働者の負担，疾病，障害，死亡等に対して迅速かつ公正な補償をすることを目的としている制度である。

4. 労災保険制度の概要

　保険者は，国（厚生労働省）であり，出先機関は県労働局，労働基準監督署で，対象となる加入者は，使用者（雇用されている労働者）である。労災保険は，労働者を使用するすべての事業に適用されるが，国家公務員，地方公務員および船員には適用されていなかった。ただし，船員に関しては，2010（平成22）年より船員保険制度のうち労災保険に相当する部分が労災保険制度に統合された。なお，農林水産業及び畜産業の事業で労働者5人以内のものに関しては，暫定任意適用事業となっている。また，正規雇用ではない臨時雇，日雇，アルバイト，パートタイム労働者にも労災保険制度は適用される。さらに，雇用されていた期間のいかんにかかわらず同制度は適用される。

　給付内容には，労働者の業務上の事由による負傷，疾病，障害，死亡等の場合に一定の給付が行われる「保険給付」と，労災病院の設置・運営等の「社会復帰促進等事業（前・労働福祉事業）」の2つがある。「保険給付」には，「業務災害給付」と「通勤災害給付」がある。「業務災害給付」の具体的内容としては，「療養補償給付」，「休業補償給付」，「傷病補償年金」，「障害補償給付」，「介護補償給付」，「遺族補償給付」，「葬祭料」等である。

　労災保険制度も過去に幾度かの改正を重ねている。以下に近年の改正について述べてみたい。まず，1995（平成7）年に「介護補償給付」と「介護給付」が新たに設けられた。2000（平成12）年には，過重労働による脳血管疾患や虚血性心疾患等による過労死の多発等の問題をうけ，脳血管疾患や虚血性心疾患等の予防に関する「二次健康診断等にかかる給付」が新設された。また，2005（平成17）年には，単身赴任先の住居・帰省先住居間移動について，および，二重就職者の複数事業への就業者の事業場間の移動に伴う「通勤災害にかかる通勤の範囲の拡大」が，通勤災害保護制度の対象となった。

　業務災害の認定は，被災労働者の申請に基づき，労働基準監督署が行うが，決定に不服がある場合は，不服申立てをすることができる。通勤災害の認定は，住居と就業場所との往復と単身赴任先住居と帰省先住居間の往復，二重就業者の事業所から他の事業所への移動に限られている。通勤の経路を買いもの等の私的な用事で逸脱した場合や，仕事帰りに飲みにでかけた場合等は，その経路は通勤経路には該当しない。

　近年，業務に起因する疾病のなかに，職場のストレスに起因したうつ病等の精神疾病も含まれるようになり，脳・心疾患と共に，職場のパワーハラスメント等による精神障害発病による労災請求が増えている。そこで，厚生労働省は，1999（平成11）年に，心理的負担による精神障害等の判断指針を出した。また，2001（平成13）年には，脳・心臓疾患の認定基準も明確にされている。2007（平成19）年現在で，脳・心疾患による労災を申請した者は931名で，決定件数は856件，うち支給決定件数は全体の45.8％である。そのうち死亡に関する申請は，318件あり，44.9％に支給が決定されている。また，精神障害等に関

社会復帰促進等事業
労災保険のかつての労働福祉事業。被災労働者の社会復帰の促進，被災労働者とその遺族の援護等の事業。

療養補償給付
業務災害または通勤災害による傷病について労働者健康福祉機構が設置・運営している労災病院または労災指定医療機関で療養を受ける場合に支給される給付。

休業補償給付
業務災害または通勤災害による傷病のために労働することができず，賃金を受けられない日が4日以上に及ぶ場合，休業4日目から，1日につき給付基礎日額の60％に相当する額が支給される給付。

傷病補償年金
業務災害または通勤災害による傷病が1年6ヵ月を経過した日，または同日以降において治っておらず，傷病による障害の程度が傷病等級（第1級から第3級）に該当する場合，第1級は給付日基礎額の313日分，第2級は給付日基礎額の277日分，第3級は給付日基礎額の245日分が支給される。

障害補償給付
業務災害または通勤災害による傷病が治った時に，障害等級第1級から第7級までに該当する障害が残った場合に支給される。障害等級第1級の場合は，給付基礎日額の313日分，障害等級第7級の場合は，給付基礎額の131日分が支給される。

する労災申請件数は，2007（平成19）年現在で，952件あり決定件数は812件，うち支給決定件数は全体の33.0％である。さらに，精神障害による労災を申請した者のうち死亡に至った件数は178件であり，うち支給決定件数は全体の45.5％である。

　労災保険の財源は，労働保険料として雇用保険の保険料と共に徴収される保険料である。保険料負担は，事業主が行うが，事業の種類によって労災の発生率が異なるために，労災保険料率も事業の種類ごとに異なる。基本的には，労働者に支払う賃金総額に労災保険率と雇用保険率を加えた率を乗じた額である。なお，保険料負担は，事業主のみで被保険者には課されない。

参考文献
　厚生労働省編『厚生労働白書（平成20年版）』ぎょうせい，2008年
　厚生統計協会編『国民の福祉の動向　2008』厚生統計協会，2008年
　厚生統計協会編『国民の衛生の動向　2008』厚生統計協会，2008年
　厚生労働省年金局『年金制度のあらまし』2002年
　厚生統計協会編『図説でわかる介護保険2008』厚生統計協会，2008年
　社会福祉士養成講座編集委員会編『新・社会福祉士養成講座12　社会保障』中央法規，2009年
　福祉臨床シリーズ編集委員会編『社会福祉士シリーズ　社会保障』弘文堂，2009年
　『社会福祉学習双書』編集委員会編『老人福祉論 高齢者に対する支援と介護保険制度』全国社会福祉協議会，2009年
　山崎康彦ほか『福祉キーワードシリーズ 社会保障』中央法規，2004年
　加藤智章・菊池馨実・倉田総・前田雅子『社会保障法』有斐閣，2009年
　本沢一善『社会保障と年金制度 第2版』ミネルヴァ書房，2008年
　小松秀和『日本の医療保険制度と費用負担』ミネルヴァ書房，2005年

プロムナード

（女性と年金）

　日本の年金保険制度は，家事労働や育児に専念する専業主婦や，育児のために一時的に正規雇用から非正規雇用に労働形態を切り替えた女性にとっては不利な部分が多いことを知っていますか？2階建て部分の厚生年金や共済年金を得ることができない等の問題が発生するからです。かつては，国民年金も女性にとっては不利な点が多い制度でした。

　1985（昭和60）年の年金制度改正時以前の国民年金制度では，被用者の妻の国民年金加入は任意であり，任意加入していない妻の場合，離婚等により無年金になることや，障害年金の保障がない等の問題点がありました。しかし，改正された新制度では，被用者の妻にも国民年金の加入を義務づけ，妻名義の基礎年金を支給することにしました。その際，第3号被保険者（被扶養配偶者）の保険料は，夫が加入する被用者年金制度が負担するため，第3号被保険者本人の保険料負担はいりません。

　さらに，2004（平成16）年の厚生年金制度改正時には，離婚時の厚生年金の分割が認められ，婚姻期間中の夫婦の保険料納付記録の合計の2分の1を限度として夫の厚生年金を妻が得ることができるようになりました。

　しかし，家事や育児等の家庭内労働が金銭的に評価され，年金にも反映されている状態にはありません。イギリスの国民保険では，すべての金銭給付について年金制度を中心に再編統合し，その中で育児支援を行うようにしています。ドイツでも，3歳未満の子どもを養育している期間は保険料を納付しなくてもよく，平均賃金未満の者が10歳未満の子どもを養育していた期間については，平均賃金の50％～100％の間で年金額を高くしているのです。スウェーデンでは，育児のために所得が下がったことで年金額が下がらないような配慮がなされています。

　日本でも「女性と年金検討会」（2002年）が開かれる等しており，今後，少なくとも育児を理由とした休業，退職，短時間労働の選択に伴う年金水準の低下の補填はなされていくものと思われます。

学びを深めるために

堀勝洋『社会保障・社会福祉の原理・法・政策』ミネルヴァ書房，2009年
　　社会保障制度について幅広い視点から論じて分析し，「プロムナード」で引用した女性の低年金問題や育児支援政策の課題等についてもふれ，今後あるべき社会保障政策論について論考している。

- 改正介護保健制度の概要について述べなさい。
- わが国の年金保険制度と医療保険制度の特徴を述べなさい。

福祉の仕事に関する案内書

二木立『介護保険制度の総合的研究』勁草書房，2008年

第 9 章

社会保障制度の体系2
－雇用，社会福祉，生活保護，家族手当

1 雇用保険制度の概要

　サラリーマンを含めた労働者，そして社長も含めた雇用主に対して，「働く」ということがこれほどまでに問われた時代はこれまでになかったように思われる。

　100年に一度といわれる経済危機の中にあって，報道される内容をみても，「就職氷河期」「内定の取消し」「派遣切り」「労働者のうつ病」など，誰もが働くという行為を通して生活を営み，また自己実現を図っていこうとするうえで，働くことの意味や価値が現在，問い直されている。

　しかし，働くことの意味や意義を考えるといった観点だけではなく，「働けなくなった場合」や「働き続ける環境をどう確保していくのか」という視点が「雇われている者」，「雇っている者」それぞれに突きつけられているのが，現在の労働環境といえるだろう。

(1) 雇用保険制度とは

　社会保障の枠組みの中では，雇用保険も社会保障制度のひとつとして位置づけられている。この雇用保険制度は，政府が管掌する強制保険制度であり，労働者を雇用する事業は，原則として強制的に適用される性格をもっている。

　雇用保険制度とは，
① 労働者が失業してその所得の源泉を喪失した場合，労働者について雇用の継続が困難となる事由が生じた場合，および労働者が自ら職業に関する教育訓練を受けた場合に，生活および雇用の安定と就職の促進のために失業等給付を支給し，
② 失業の予防，雇用状態の是正及び雇用機会の増大，労働者の能力の開発及び向上その他労働者の福祉の増進を図るための制度である。

　つまり，雇用保険制度とは，失業した場合の給付や育児休業手当，介護休業手当などの各種手当，助成金などを備えた国の制度である。私たちに一番身近なものとしては，失業してしまった際に給付される失業給付をはじめとした給付金制度であろう。

　しかし，雇用保険制度には，失業した場合だけではなく，労働者が職業教育訓練を受けた場合に，生活および雇用の安定と就職の促進のために失業等給付を支給することや，失業の予防，雇用状態の是正および雇用機会の増大，そして労働者の能力の開発および向上その他労働者の福祉の増進を図るための3つの事業を実施することなどが準備されている。また，その保険料は私たち労働者だけでなく，会社つまり社長といった雇用する側も負担しており，労働者・事業主，両者のための制度となっている。このため，雇用保険は国の社会保険制度の中のひとつであり，私たちは給与から強制的に徴収されるものと考えら

れる。つまり，事業主は従業員をひとりでも雇った場合には，雇用保険に加入することとなっており，働く者を保護する国の制度といえる。

(2) 雇用保険制度の誕生から現在まで

このような働くことを中心にした雇用保険制度の歴史を振り返ると，1947年に失業者の生活の安定を目的として，「失業保険法」（法律第146号）が制定され，その中で失業保険制度が創設された。その後，1974年に失業者の生活の安定，および雇用改善事業や能力開発事業，雇用福祉事業という3事業を柱とした「雇用保険法」（法律第116号）が制定された。それによって，これまでの失業保険法は廃止され，雇用保険制度が失業保険の役割も担う制度として誕生した。

そして1977年には，「雇用保険法等の一部を改正する法律」（法律第43号）によって，雇用改善事業に代わって雇用安定事業が規定されるようになる。また最近では，2007年に，「雇用保険法等の一部を改正する法律」（法律第30号）によって，雇用福祉事業が廃止され，これまであった3つの事業は2つの事業となった。

(3) 最近の雇用保険制度の改正　—昨今の経済事情を反映して

ここ数年の経済危機から派生した失業者問題を解決するため，労働者保護と雇用を促すための法改正が矢継ぎ早に出された。

昨年の2009年，雇用保険法等の一部を改正する法律（法律第5号）が出された。この改正の趣旨は，とりわけ非正規労働者（派遣社員など）に対するセーフティネット機能と，離職者に対する再就職支援機能の強化を図ったものである。以下に，法改正されたいくつかの強化項目について整理したい。

① 非正規労働者（派遣社員など）に対するセーフティネットの機能の強化という点では，労働契約が更新されなかったため離職した有期契約労働者について，被保険者期間を12ヵ月から6ヵ月（解雇等の離職者と同様の扱い）に短縮する受給資格要件の緩和や，給付日数を解雇などによる離職者なみに充実させた。

② 再就職が困難な場合の支援の強化としては，解雇や労働契約が更新されなかったことによる離職者について，年齢や地域を踏まえ，特に再就職が困難な場合に，給付日数を60日分延長することが規定された。

③ 安定した再就職へのインセンティブ強化では，早期に再就職した場合に支給される給付率を引き上げ，「再就職手当」の支給要件を緩和した。そして，障がい者などの就職困難者が安定した職業に就いた場合に支給される「常用就職支度手当」についてもこれまで30%だったところを40%まで給付率を引き上げ，かつ対象者の範囲をフリーター層にまで拡大した。

セーフティネット（safety net）
「安全網」と訳され，網の目のように救済策を張ることを意味しており，私たちの暮らしに対して安全や安心を提供するための仕組みのことである。

④ 育児休業給付の見直しも行い，2010年3月末まで40％から50％へ給付率を引き上げている暫定措置を当分の間延長し，休業中と復帰後に分けて支給している給付を統合，全額を休業期間中に支給するように定めた。

⑤ 雇用保険料率についても，失業等給付にかかる雇用保険料率（労使折半）を2009年度に限り1.2％から0.8％へ引き下げた。これなどは労働者だけではなく，雇用主側にとっても大きなメリットであったといえる。

さらに2010年にも，なかなか回復しない景気のために落ち込んだ雇用，増加し続ける失業者への対策のため，非正規労働者（派遣社員など）に対するセーフティネット機能の強化，雇用保険の財政基盤の強化などを盛込んだ法改正が行われた。

① 雇用保険の適用範囲を拡大し，雇用保険の適用基準である「6か月以上雇用見込み」を「31日以上雇用見込み」にまで緩和し，非正規労働者（派遣社員など）に対する救済措置を図った。

② 雇用保険に未加入とされた者に対する遡及適用期間の改善を行い，事業主が被保険者資格取得の届出を行わなかったため未加入とされていた者のうち，事業主から雇用保険料を控除されていたことが給与明細等の書類により確認された者については，2年を超えて遡及適用する扱いになった。

さらに，雇用保険2事業の財政基盤の強化を図り，事業主からの保険料負担についての2事業の財源不足を補うため，失業等給付の積立金から借り入れる仕組みを暫定的に決定するなどの措置などが行われた。

(4) 適用される事業所と被保険者

適用される事業所は，1週間の所定労働時間が20時間以上で，かつ，31日以上引き続いて雇用される見込みのある労働者を1人以上雇用する事業所については，法人，個人を問わず，原則「雇用保険適用事業所」となる。

労働者である被保険者とは，雇用保険適用事業所に雇用されている者をさす。なお，離職した場合の者は被保険者とはならない。また，外国人の場合については，適用事業に雇用される者の国籍を問わず原則被保険者となる。

(5) 財　源

雇用保険の失業等給付の財源は，労働者と雇用主とが負担する保険料に加えて，社会保険でもあることから，税金による国庫負担金も投入される。国庫が負担する割合は，日雇求職者および広域延長給付にかかる受給者に対する求職者給付の場合，3分の1，日雇求職者および高年齢求職者以外の者に対する求職者給付については4分の1，雇用継続給付（育児休業給付と介護休業給付）については8分の1とされている。

しかし，求職者給付のうちの高年齢求職者給付，就職促進給付，教育訓練給

付，雇用継続給付のうちの高年齢雇用継続給付についての国庫負担はない。

雇用保険制度の概要を図表にすると，次のように整理できる。

図表9-1　雇用保険制度の概要

```
雇用保険 ─┬─ 失業等給付 ─┬─ 求職者給付 ─┬─ 一般被保険者に対する求職者給付 ─┬─ 基本手当
         │              │              │                                  ├─ 技能修得手当 ─┬─ 受講手当
         │              │              │                                  │                └─ 通所手当
         │              │              │                                  ├─ 寄宿手当
         │              │              │                                  └─ 傷病手当
         │              │              ├─ 高年齢者継続被保険者に対する求職者給付 ── 高年齢求職者給付金
         │              │              ├─ 短期雇用特例被保険者に対する求職者給付 ── 特例一時金
         │              │              └─ 日雇労働被保険者に対する求職者給付 ── 日雇労働求職者給付金
         │              ├─ 就職促進給付 ─┬─ 就業促進手当 ─┬─ 就業手当
         │              │              │                ├─ 再就職手当
         │              │              │                └─ 常用就職支度手当
         │              │              ├─ 移転費
         │              │              └─ 広域求職活動費
         │              ├─ 教育訓練給付 ── 教育訓練給付金
         │              └─ 雇用継続給付 ─┬─ 高年齢雇用継続給付
         │                              ├─ 育児休業給付
         │                              └─ 介護休業給付
         └─ 雇用保険二事業 ─┬─ 雇用安定事業
                           └─ 能力開発事業
```

出所）『厚生労働白書（平成22年版）』2010年より

> **教育訓練給付金**
> 労働者や離職者が自ら費用を負担して，厚生労働大臣が指定する教育訓練講座を受講し修了した場合，本人がその教育訓練施設に支払った経費の一部を支給する雇用保険上の制度である。

2　社会福祉制度の概要

（1）社会保障における社会福祉制度の位置づけ

　法律的な視点もしくは制度的な展開の中で社会福祉制度は，社会保障の一分野として考えられてきた。つまり，社会保障は主に所得保障を念頭におき，それに医療保障が付随するものとしての考え方である。この所得保障には，民間保険と社会保険を含んだ保険という防貧的性格をもった拠出型のシステムと，諸手当や生活保護といった救貧的性格をもった無拠出型のシステムの大きく2つの構造をなしていた。

　一方，社会福祉は，金銭的な給付では解決できない問題，たとえば経済的に恵まれていたとしても認知症を患う場合や，子どもの引きこもりなど，対人援助を中心とした法制度の構築がなされてきた。

　社会福祉の位置づけについて，社会保障との関係から図式化すると，図表9-2のようになる。社会保障制度審議会の分類によれば，社会保険・公的扶助・社会福祉・公衆衛生および医療・老人保健の5本の柱から構成され，広い

図表９－２　わが国における社会保障の範囲

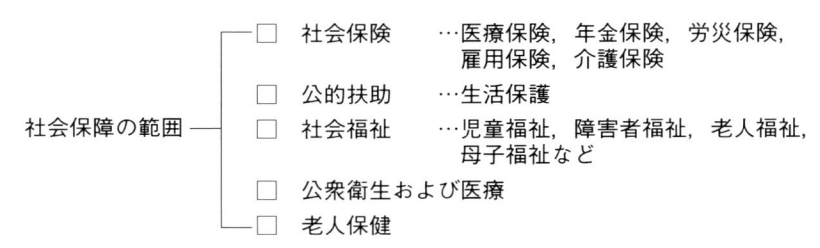

```
                   ┌─ □ 社会保険 … 医療保険，年金保険，労災保険，
                   │                 雇用保険，介護保険
                   ├─ □ 公的扶助 … 生活保護
社会保障の範囲 ──┼─ □ 社会福祉 … 児童福祉，障害者福祉，老人福祉，
                   │                 母子福祉など
                   ├─ □ 公衆衛生および医療
                   └─ □ 老人保健
```

意味においてはこれらに恩給と戦争犠牲者援護を加えたものとなっている。

本節では，個別具体的な社会福祉の法制度，たとえば「高齢者福祉制度」や「障害者福祉制度」などを個々に整理するのではなく，全体的な発展経緯と現在の課題について触れるものである。

(2) 社会福祉制度の歴史

日本の社会福祉制度は，終戦後の戦争被災者や引揚者などが急増する中で，生活困窮者対策を柱としながら占領軍の指導のもと誕生し，その後の経済復興とともに発展を遂げてきた経緯がある。

終戦後の1946年に（旧）生活保護法が，GHQの指導のもと生活困窮者対策として誕生。翌年の1947年に児童福祉法が制定。その後，1949年に身体障害者福祉法が完成した。この３つをもって通称，福祉三法とよばれている。

その後，これらの法律のほか，知的障害者福祉法（旧精神薄弱者福祉法），老人福祉法，母子及び寡婦福祉法が制定され，これらを合わせて従来は福祉六法とよばれた。

しかし近年では，「少子高齢社会」といわれるような人口構造の変化や，国民の生活スタイルの変化，家族関係や親子関係の変貌に伴い，これまでの国が責任の主体となり主に税金を財源とした「措置制度」の矛盾や制度疲労が顕著にみられるようになった。こうしたことから，2000年には戦後50年の間，社会福祉事業，社会福祉法人，福祉事務所などに関する基本的な枠組みを規定していた社会福祉事業法が「社会福祉法」に改称され，個人の自立支援，利用者による選択の尊重，サービスの効率化などを柱とした新しい社会福祉の方向性が明確になった。具体的には，権利意識が強くなっている国民のニーズに，より臨機応変に対応することを目的とした「契約制度」の導入が矢継ぎ早に出され，従来までの社会福祉法制度に加え，老人保健法や介護保険法，障害者自立支援法，高齢者虐待防止法といった，それぞれのサービスを必要とする対象者に向けた各法制度が整備されていった。

GHQ

連合国軍最高司令官総司令部（General Head quarters）の略称であり，太平洋戦争の終結に際してポツダム宣言の執行のために日本において占領政策を実施した連合国軍の機関のことを指す。

（3）社会福祉制度の課題

　社会福祉制度全般の歴史や，福祉的サービスを必要とする対象者別の法制度をみると，所得保障を目的とした社会保障制度と同様，財源による制約をかなりの程度受けることが，最近の経済事情との関係から顕著にあらわれてきている。当然のことながら，限られた財源の中での給付や人的サービスであるがゆえに，効率化という発想と同時にパイの配分についての優先順位問題となり，今まで必要なサービスを受けられていた者が，逆に十分なサービスを選択したり受けられなくなるという「対象の空洞化」「逆選択」の問題が一方で広まっている。

　また，日本の社会福祉制度を含めた社会保障制度の財源的な理論の柱は，個人による積立方式的なものではなく，現在の世代が今サービスを必要とする世代への賦課方式を採っていることから，世代間で助け合うといった世代間扶養の考え方に揺らぎが生じていることが課題となっている。

3 生活保護制度の概要

　「100年に一度」といわれる金融危機を発端とした大不況の嵐と，最近の急激な円高は，大量の失業者を生み，またワーキングプアとよばれる，仕事に就いていながらも，低賃金のために生活に困っている生活困窮者を激増させた。その結果，生活保護申請者・受給者が急増し，新聞やマスメディアでも大きく取り上げられている一方で，生活保護制度を悪用した「貧困ビジネス」といった言葉も新聞紙面をにぎわせるまでに至っている。

　現代社会において社会福祉という言葉は，ある限られた生活困窮者にとってのサービスを意味する選別主義的なものではなく，国民の一人ひとりのライフサイクルに応じて発生する生活上の問題を支援，もしくは予防するといった普遍主義的なものとして考えられるようになった。それは社会福祉が対象とする生活問題が，従来のような経済的困窮だけではなく，介護や障害，家族関係をめぐる問題といった国民の誰もが陥る可能性のある分野にまで裾野が広がったことをあらわしている。そしてこの大不況下においては，大企業であったとしても倒産やリストラといった問題が他人事ではなく，誰もが何らかの理由によって仕事ができなくなり，生活困窮に至ることを実証した。

> **貧困ビジネス**
> 造語であり，とくに経済的貧困層や社会的に疎外された人に対し，生活保護制度などの社会保障制度を悪用するなどして，短期間に極めて高い利益を追求するビジネスモデルを指す。

（1）生活保護の歴史

　1945年8月の終戦によって，国民すべてを総動員した戦争が終わりを告げ，戦時下という緊迫した状況は過ぎ去ったものの，国民生活は極度の困窮状態にあり，離職者や復員軍人，外地引揚者，軍人遺族，在外者留守家族，傷痍軍人，戦災者で町は溢れかえる状態であった。

アメリカによる占領軍は，すぐさま占領政策を開始したが，その目的が日本における非軍事化と民主化であったことから，社会的生活面における物質的再建と復興は二義的なものであった。つまり日本国自身の愚かな行動の結果に帰結した苦境であるから，占領軍は日本経済の再建やまた救済についても何ら責任をもたないという基本姿勢を採り，日本政府の自主的な再建に期待するものであった。

しかし，日本全土の主要都市のほとんどが焼け野原になっている状況から，アメリカはララ物資を空と海から運び入れ，生活困窮者の支援に乗り出した。

緊急的物資の配分だけではなく，包括的社会救済法の必要性から，(旧)生活保護法が国内議会の承認を経て可決成立，その後占領軍の承認を経て，1946年9月9日法律第17号として公布，10月1日から実施されることになったのが(旧)生活保護法である。

その4年後の1950年，欠格条項を残した無差別平等の原理を，貧困に陥った理由を問うことなく救済するという完全なる無差別平等原理を取り入れ，また権利性をもたせるために保護請求権と不服申立て条項を加えながら，現行の生活保護制度が完成することになった。

(2) 生活保護法の原理

そもそも生活保護法は，日本国憲法第25条「生存権」規定をより具体化したものであることから，国民の生存権保障を図るため，以下のような原理を明文化した。

第1条（この法律の目的）

「この法律は，日本国憲法第25条に規定する理念に基き，国が生活に困窮するすべての国民に対し，その困窮の程度に応じ，必要な保護を行い，その最低限度の生活を保障するとともに，その自立を助長することを目的とする。」

ここでは，国の責任において国民の生活を保障するという点と，その目的が，「最低生活の保障」という経済的援助と，「自立助長」という福祉的援助の2つであることが強調された。

第2条（無差別平等の原理）

「すべて国民は，この法律の定める要件を満たす限り，この法律による保護を，無差別平等に受けることができる。」

ここでは，旧生活保護法（1946年）が欠格条項を含む無差別平等であったものを，「生活困窮に陥った理由を問わずに保護する」という完全な無差別平等を明記した点が特徴である。

第3条（最低生活保障の原理）

「この法律により保障される最低限度の生活は，健康で文化的な生活水準を

完全な無差別平等

1946年に制定された生活保護法で規定された「無差別平等」には怠惰や素行不良な者についての欠格事項があったが，1950年に改正された現行の生活保護法でいわれる「無差別平等」は，貧困に陥った理由を問わないという発想である。

維持することができるものでなければならない。」

　この条文は，憲法第25条で保障されている生存権を具体化させている点にあることから，健康で文化的な最低限度の生活を保障する具体的な程度が「肉体を維持するに止まる」限度の保障ではないことが明記されており，その程度は厚生労働大臣によって決定され，1984年から現在にかけては，一般世帯の消費支出水準の変動に対応させることから，水準均衡方式によって，最低生活費が算定されている。

第4条（保護の補足性の原理）

　「保護は，生活に困窮する者が，その利用し得る資産，能力その他あらゆるものを，その最低限度の生活の維持のために活用することを要件として行われる。」

　「民法に定める扶養義務者の扶養及び他の法律に定める扶助は，すべてこの法律による保護に優先して行われるものとする。」

とあり，「他法他施策優先」という考え方に則った発想であることから，生活保護が「最後の砦」といわれる所以でもある。

（3）生活保護の種類

　生活保護には，現在8つの扶助の種類があり，世帯の種別や構成によって，8つの扶助のトッピングで最低生活費を算定することになる。なので，「あの人は生活保護を受けている」といった表現は正確ではなく，たとえば母子世帯の場合，「8つの扶助のうちの生活扶助と教育扶助，住宅扶助，医療扶助を受けている」というのが正解であろう。

　8つの扶助は，以下のような特徴をもっている。

① 生活扶助　…　生活困窮者が，衣食，その他日常生活の需要を満たすための扶助であり，飲食物費，光熱水費，移送費などが支給される。主として第一類と第二類に分け計算され，第一類が個人ごとの飲食や衣服・娯楽費等の費用，第二類が世帯として消費する光熱費等となっている。

② 教育扶助　…　生活に困窮する家庭の児童が，義務教育を受けるのに必要な扶助であり，教育費の需要の実態に応じ，原則として金銭をもって支給される。義務教育という点から，高校生には支給されない。

③ 住宅扶助　…　生活困窮者が，家賃，間代，地代等を支払う必要があるとき，およびその補修，その他住宅を維持する必要があるときに行われる扶助である。原則として金銭をもって支給される。

④ 医療扶助　…　生活困窮者が，けがや病気で医療を必要とするときに行われる扶助である。原則として現物支給（投薬，処置，手術，入院等の直接給付）により行われ，その治療内容は国民健康保険と同等とされている。なお，医療扶助は生活保護指定医療機関に委託して行われるが，場合によ

り指定外の医療機関でも給付が受けられる。予防接種などは対象とならない。
⑤ 介護扶助 … 要介護または要支援と認定された生活困窮者に対して行われる給付である。原則として，生活保護法指定介護機関における現物支給により行われる。介護保険とほぼ同等の給付が保障されている。
⑥ 出産扶助 … 生活困窮者が出産をするときに行われる給付である。原則として，金銭により給付される。
⑦ 生業扶助 … 生業に必要な資金，器具や資材を購入する費用，または技能を修得するための費用，就労のためのしたく費用等が必要なときに行われる扶助で，原則として金銭で給付される。2005（平成17）年度より高校就学費がこの扶助により支給されている。
⑧ 葬祭扶助 … 生活困窮者が葬祭を行う必要があるとき行われる給付で，原則として，金銭により給付される。

（4）生活保護の実施機関と手続きの流れ

　生活保護の実施機関は原則として，都道府県知事，市長および福祉事務所を管理する町村長であり，これらの事務は法定受託事務である。なお，福祉事務所を管理していない町村（ほとんどの町村）においては，その町村を包括する都道府県福祉事務所がその業務を行う。

　そのため，市役所の中には必ず福祉事務所が設置されているが，町村役場には福祉事務所がないのが実情である。

　具体的な業務の遂行については，都道府県知事，市町村長の下に福祉事務所長および社会福祉主事が置かれる。社会福祉法第16条では，生活保護を担当する現業員であるケースワーカーを，市部では被保護世帯80世帯に1人，町村部では65世帯に1人を配置することを標準数として定めている。

［保護の申請から決定までの流れ］

　生活保護制度を利用しようとする者は，住んでいるところを所管する福祉事務所の生活保護担当まで足を運ぶことになる。その際，生活保護制度の説明だけではなく，生活福祉資金や各種社会保障施策等（関係する法律や制度，利用できる機関など）の活用について支援を行う。

　この事前相談は，生活保護を受けさせないようにするためのものではなく，申請をスムーズに行い，また法第4条の補足性の原理にもあるように，生活保護制度以外に活用できる社会資源を見つけ出すための手順である。

　原則として，生活保護の申請から14日以内に保護の決定を行うが，その期間に要保護者の同意を得て，生活状況等を把握するための実地調査（家庭訪問など）や，預貯金，保険，不動産等の資産調査，扶養義務者による扶養（仕送りなどの援助）の可否の調査，年金等の社会保障給付の確定，就労収入等の調査，就労の可能性の調査などを行う。

生活福祉資金

　生活福祉資金とは，低所得者世帯などに対して，低利または無利子での資金の貸し付けと必要な援助指導を行うことにより，経済的自立や生活意欲の助長促進，在宅福祉や社会参加を図り，その世帯の安定した生活を確保することを目的とした制度であり，低所得者や傷害者，高齢者，失業者に対しての貸付資金である。

保護は法第10条の世帯単位の原則にあるように，世帯を単位として最低生活費と世帯の総収入とのバランスから，世帯の最低生活費が世帯の総収入を上回っているような場合には，その不足分を生活保護として支給することになる。生活保護の受給中は，収入の状況を被保護者が毎月福祉事務所のケースワーカーに申告する必要があり，また世帯の実態に応じて，ケースワーカーが年数回の訪問調査を行い自立に向けた支援を行う。

（5）近年の生活保護世帯数の推移

厚生労働省の福祉行政報告例によれば，生活保護を受けている世帯の数（被保護世帯数，1ヵ月平均）は，1980年度の746,997世帯から1992年度には585,972世帯にまで減少していたが，その後増加に転じ2004年度には998,887世帯と1980年度の約1.3倍にも増加している。2005年度には110万世帯（外国籍約3万世帯含む）を超えた。2010年1月には，被保護世帯数1,318,761，被保護実人員1,827,652人となっている。

保護率という視点からみると，現在の保護率（2008年度）は12.5‰（パーミル）となっており，1996度から微増傾向にあり最近では急激な増加傾向といえる。1993度以降でみると，7.1‰から1995度の7.0‰と減少傾向にあったものが，最近のところではバブル経済の破綻に起因した不況の中での保護率の上昇がうかがえる。2004年度から10‰（1％）をすでに突破している。

> **保護率**
> 通常人口1000人当たりに対する被保護人員数をいい，100人当たりの割合である％ではなく，‰（パーミル）という単位で表す。

最近（2008年度）の世帯人員別被保護世帯数でみた1人世帯は，全体の75.3％を占め，夫婦などの2人世帯を合わせると，総世帯の90％以上を少人数世帯が占めていることになる。世帯人員別世帯数の動向から少人数世帯の傾向をみると，4人以上の世帯数割合が大幅な減少をしている一方で，単身世帯では1960年当時の3倍，2人世帯では1.6倍という伸びをみせている。さらにこれは，現在一般世帯においても家族形態・機能の多様化・縮小化から，平均世帯人員が2.63人であるという現状と比較しても，保護を受けているひとり暮らしおよび夫婦世帯の異常な増加がうかがえる。

2008年度では，高齢者世帯が45.7％，傷病障害世帯が35.5％，母子が8.2％となっている。

4 家族手当制度の概要

一般的に家族手当といった場合，想像されるのはサラリーマンが給与として支給される際の手当として，扶養家族に対して支給される生活補助的なものがイメージされるかもしれない。「扶養手当」がその代表的なものである。

一方，家族手当と聞いて，一番に想像するのは，家族給付と称した家族に係るさまざまな現金給付を行って，少子化が進む先進諸国の中にあって唯一と

いっていいほど高い出生率の実績を誇るフランスである。

日本においてこの家族手当に相当するものは児童手当であり，児童扶養手当なども家族手当に含めることができると考えられている。

(1) 児童手当とは

そもそも児童手当とは，児童の健全な育成を経済的な面から支援することによって，児童のいる家庭の生活を安定させ，また児童自身の健全な成長を促す目的で，制度化されたものであった。

わが国の児童手当制度は，児童手当法（1971年法律第73号）により定められた。現在では，12歳以下の児童1人につき月額5,000円または10,000円が支給される制度となっている。少子化への総合的対策として政府が行う次世代育成支援の施策のひとつとしても数えられている。

(2) 支給対象となる児童

児童手当の対象となる子どもとは，0歳以上12歳に到達してから最初の年度末（3月31日）までの間にある児童をさす。つまり，小学校修了前の児童である。そして支給対象となる児童の国籍や居住地は問わない。

この児童手当は児童個人に対しての支給ではなく，児童を養育する者に対して支給される。通常，児童の保護者（ほとんどの場合は親権者である親）が手当を受けることになるが，両親ともが児童を養育していない場合などについては，代わって児童を養育している者に手当が支給される。

しかし，受給者の所得に応じた資格制限があり，手当を受けようとする保護者（通常父親）の税法上の所得が一定額以上であった場合，手当は支給されないことになっている。

(3) 子ども手当とは

子ども手当とは，2010年4月より施行された時限立法であり，対象を15歳の4月1日の前日までの子どもの保護者に対し，子ども手当を支給する制度である。

支給額は，初年度のみ毎月1万3,000円，次年度以降は毎月2万6,000円を支給する計画であったが，財政的な理由によって，当初計画されていた満額支給は夢と消えたが，予想では現在の水準である月額1万3,000円（またはこれ以上）の支給手当額となる見込みである。実務的には，各市町村によって異なるが，複数月分をまとめて支給しているケースが多い。この支給に関しては，従来の児童手当のように世帯主の所得制限を課すものではなく，また国籍による制限もなく，子どもの保護者が日本に住民登録または外国人登録をしていれば受給権が発生する仕組みである。

この子ども手当に関する法律は、満15歳という義務教育までの子どもを対象としたものであることから、高校生を抱える保護者にはその恩恵が得られない。このようなことから、高校無償化法とセットで実施されている。

ただ、これら手当は税金を原資としていることから、その捻出と財源のあり方が当然問題となっている。財源は初年度で2兆2,500億円、翌年からは倍の4兆5,000億円ほどが必要になるといわれていた。財源の不足に関しては、扶養控除と配偶者控除の廃止によって削減できた分を充当する計画であったが、子ども手当の必要経費にはおよばないものであった。また、財源の原資が税金といっても、子ども手当にかかる費用を国が負担するのか、地方自治体負担をさせるのかで意見が割れ、地方から不満の声が噴出している。

プロムナード

「働けど働けど、わが暮らし…」

働いているのに貧困層に属するワーキングプアが、2007年時点で推計641万人に上ることが厚生労働省の調べでわかりました。

現役世代（20～64歳）の男性労働者の約10％、女性労働者の約13％が該当し、深刻な雇用環境になっています。

国がワーキングプアの概数を明らかにするのは始めてでありまして、あらためて「そうなんだ…。こんなデータもこれまではなかったのか？」と思い知らされました。もともと、ワーキングプアの定義そのものが定まっていなかったためと思われますが、今回の調査では「貧困」の基準を、標準的な世帯所得の半分（1人世帯で約124万円）以下として概算を出したわけです。

この報告の元になった調査は、学生のアルバイトや主婦のパートなどは除いて、一日の主な活動を「仕事」とした人の世帯所得額を抽出し、年金や公的扶助の収入を加味したうえで、貧困層に属する人の割合を算出したものです。

また、特にこのワーキングプアの実態でみると、女性高齢者が最も高く23.94％。男性高齢者は15.84％でした。現役世代の場合も上記に載せたように、男性約10％に対し、女性が13.39％と上回っていました。

この数字が一体何を意味しているのかといえば、女性がやはり賃金的にも恵まれておらず、生活が苦しい状況がうかがえます。そのことが、延長線上である女性高齢者にまで行き着くということなんでしょうね。

「結婚し、子どもを育て、そして離婚しない」というこれまで普通とされていた考え方が崩れてしまっていることが影響し、今後ますますクローズアップされていくことになると思われます。

学びを深めるために

藤森克彦『単身急増社会の衝撃』日本経済新聞出版社、2010年

これだけ雇用が崩壊し、地域という概念も崩れ、若者は結婚せず、また結婚したとしても子どもをつくらない。そして50代から60代男性の概ね4人に1人が一人暮らしとなる。無縁な単身者が急増するなかで、2030年の日本の姿をシミュレーションし、新たな視点からの社会保障制度の構築を求める一冊。

もしあなたが精神的ストレスからうつ病になり、会社をリストラされ、収入が入ってこなかったら…。住宅ローンもあと20年近く残っている。そして子どもは知的障害をもっていて、昨今の経済事情から再就職先もまだ決まっていない…。

次の仕事を見つけ，収入を得て生活を安定させるまでの間，どのような社会保障制度があなたの助けになるのか，考えてみよう。

福祉の仕事に関する案内書

『社会保障の手引－施策の概要と基本資料』(平成 22 年 1 月改訂) 中央法規，2010 年
村上龍　『歌うクジラ（上・下）』講談社，2010 年

第10章

公的年金制度

1 公的年金制度の意義と体系

(1) 公的年金制度が果たしている役割

　高齢になると定年を迎え稼動収入が減少する。2007年の『国民生活基礎調査』（厚生労働大臣官房統計情報部）によると，高齢世帯の平均所得額は1世帯あたりで306.3万円となっており，このうち公的年金の占める割合は68.4％である。公的年金は，高齢者世帯の収入の約7割を占めており，現在，高齢期の生活の基盤を支えるものとして，非常に重要な役割を果たしている。

　公的年金制度は，「高齢」，「障害」，「死亡」による稼得能力の喪失または減退という，個人では避けることが困難なリスクに備え，みんながお金を出し合い（保険料の拠出），それを財源として，老後生活を世代が順送りで支え合うとともに，障害，死亡による稼得能力の喪失または減退に対しても給付がなされる。

　こうした社会的な支え合いという考え方に基づく社会保険方式をとるわが国の公的年金制度は，一定の年齢に達したすべての国民が保険料を負担する世代間扶養の仕組みによって，成り立っている。

(2) 公的年金制度の仕組みについて

　公的年金制度は，全国民共通の国民年金（基礎年金）とその上に積み上げられる被用者を対象とする所得比例年金である厚生年金保険と共済年金からなる。

　国民年金は，日本国内に住所のある20歳以上60歳未満のすべての人が強制加入（厚生年金や共済組合に加入している人も自動的に加入）となり，老齢・障害・死亡の保険事故に該当したときに，「老齢基礎年金」，「障害基礎年金」，「遺族基礎年金」を支給する。

　厚生年金保険は，民間企業（事業所が厚生年金の適用事業所）に勤務している70歳未満の人を対象としており，国民年金に加えて強制加入となる制度であり，保険事故に該当したときに，基礎年金に上乗せして，その人の報酬に比例した「老齢厚生年金」，「障害厚生年金」，「遺族厚生年金」を支給する。

　共済年金は，国家・地方公務員や私立学校教職員を対象に，国民年金に加えて強制加入となる制度（国家公務員等共済組合，地方公務員共済組合，私立学校教職員共済制度）であり，保険事故に該当したときに，基礎年金に上乗せして，その人の報酬に比例した「老齢共済年金」，「障害共済年金」，「遺族共済年金」を支給する。

　このように，民間企業の従業員は，国民年金と厚生年金保険という2つの年金制度に加入し，また，国家・地方公務員や私立学校教職員は，国民年金と各共済年金という2つの年金制度に加入している。日本の公的年金制度は，こうした2階建て年金（1階部分は国民年金，2階部分は厚生年金保険や共済年金）

の仕組みとなっている。

2　国民年金

(1) 国民年金の被保険者と保険者

　国民年金の被保険者については，自営業者に対してと会社員や公務員などの被用者に対してとは同じ取扱いではない。

　自営業者など（厚生年金保険や共済年金に加入していない20歳以上60歳未満の自営業，自由業，農業・漁業に従事する人，学生，フリーター，無職の人など）は，第1号被保険者となる。1年以上在留する予定の外国人もこの対象となる。

　被用者であり，厚生年金保険，共済年金に加入している加入者本人（ただし65歳以上で老齢年金の受給権のある人は除く）は，第2号被保険者となる。

　第2号被保険者に扶養される配偶者で20歳以上60歳未満の人（年間収入が130万円未満かつ配偶者の年間収入の2分の1未満の人，ただし公的年金受給者の場合は180万円未満の人）は，第3号被保険者となる。

　以上のように，国民年金の被保険者の種類は，その人の職業等により3種類に分かれている。

　なお，結婚や就職，転職により，被保険者の種類の変更が必要となった場合には，2週間以内に手続きが必要となる。

　国民年金には，任意加入制度があり，60歳までに老齢基礎年金の受給資格期間（25年）を満たしていない場合には，70歳までの期間は任意加入できる。また，40年の納付済期間がないため老齢基礎年金を満額受給できない場合であって，厚生年金・共済年金に加入していないときは，60歳以降でも65歳まで任意加入することは認められている。2008（平成20）年4月1日からこうした任意加入の場合の保険料納付方法は，口座振替を原則としている。なお，外国に居住する20歳以上65歳未満の日本人の場合も任意加入が認められている。

　国民年金の保険者は，国である。国民年金に関する財政責任・管理責任は国が担い，国民年金の運営に関する業務（年金の適用・保険料の徴収・記録管理・相談・裁定・給付）は，非公務員型の公法人である日本年金機構（2010年1月から）が担っている。

(2) 国民年金の保険料

1) 第1号被保険者の保険料

　国民年金の第1号被保険者の月々の保険料は，所得や年齢・性別に関係なく定額制であり，2010年度では15,100円となっている。

　国民年金の第1号被保険者の月々の保険料においては，2004年の年金改正

日本年金機構
　公的年金業務の適正な運営と国民の信頼の確保を図るため，社会保険庁が廃止され，国から委任・委託を受け，公的年金に関する一連の運営業務を担う組織として2010年1月1日に発足した非公務員型の公法人である。

により，保険料水準固定方式が導入され，これに伴い，翌年の2005年度より，保険料は2004年度の保険料13,300円から毎年度280円ずつ引上げられ，2019年度以降は16,900円（金額は2004年度価格）に固定される。ただし，実際の各年度の保険料は，これらの額を基準額として各年度の保険料改定率（賃金や物価の変動に応じて政令で定められる率）を乗じて得た額となる。

このほかに，国民年金の第1号被保険者に限っては，任意により月額400円の付加保険料を納めることにより，将来の受給の際に，老齢基礎年金に付加年金が上乗せされる。付加年金の年間受け取り額は，「200円×付加保険料を納めた月数」になる。

2）第1号被保険者の国民年金保険料の納付方法

第1号被保険者は，国民年金保険料を全額自己負担で支払わなくてはならない。国民年金保険料の納付方法は，口座振替・クレジットカード納付，金融機関・郵便局・コンビニの窓口，インターネットや携帯電話 により可能である。保険料の納付期限は翌月末までである。また，保険料納付を口座振替や，まとめて前納することにより，保険料が割引になる制度が設けられている。

3）第1号被保険者の保険料の免除・猶予

年金保険料を納めることが困難な状況に陥ったときのために，免除制度や納付猶予制度が設けられている。保険料が免除・猶予されている期間においても，障害や死亡といったことが生じた場合には，障害基礎年金，または遺族基礎年金（子のある場合）が支給される。

免除制度には，法定免除と申請免除がある。

① 法定免除：障害年金を受給している人（障害厚生年金・障害共済年金については1・2級受給者のみ）や生活保護の生活扶助を受給している人は「法定免除」（法律により免除される）となり，届け出ることで，保険料の納付が全額免除される。

② 申請免除：経済的な理由などで保険料を納めることが困難な人は，申請して認められると保険料の納付が免除される。申請免除には，保険料の全額が免除される全額免除と，保険料の一部を納付することによって残りの保険料の納付が免除される「4分の3免除」，「半額免除」，「4分の1免除」という一部免除がある[1]。これらの免除の承認は，申請者本人の他，配偶者・世帯主の前年度所得（申請の時期によっては前々年度所得）が一定の所得範囲内であることが条件となる。

その他に，学生納付特例制度や若年者納付猶予制度がある。学生納付特例制度とは，大学・短大・専修学校などに在籍している20歳以上の学生であり，本人の所得が一定額以下の人に対して，申請して認められると，在学中の年金保険料の納付が猶予される制度である。保険料免除制度（全額免除・一部免除）においては，世帯主の所得も含めて保険料免除の対象となるかを判定され

若年者納付猶予制度
学生を除く20代の人のうち，本人および配偶者の前年度所得が一定額以下の人に対して，申請して認められると保険料の納付が猶予される制度。2005年4月から2015年6月までの時限措置である。

るが，納付特例・納付猶予制度の場合は，本人と配偶者の所得のみで判定されるので，世帯主の所得が高く保険料免除の対象とならない20代の人でも，納付猶予の対象となる場合がある。

4）第2号・第3号被保険者の保険料

第2号・第3号被保険者の場合は，国民年金保険料を本人が直接納付する必要はない。第2号被保険者が加入している各被用者年金制度（厚生年金や共済年金）から，被保険者数に応じて「基礎年金拠出金」として国民年金の会計（基礎年金勘定）に一括拠出される仕組みになっており，これにより，第2号・第3号被保険者は国民年金の保険料を支払ったものとみなされる。厚生年金保険の「基礎年金拠出金」の金額は，次のような式で求められる。

$$（基礎年金の給付に要する費用）\times \frac{（厚生年金保険の被保険者総数）＋（厚生年金保険の被保険者の被扶養配偶者総数）}{（国民年金の被保険者総数）}$$

各共済組合の組合員とその被扶養配偶者にかかる基礎年金拠出金についても同様の方法で計算がなされる。

(3) 国民年金の給付について

1）老齢基礎年金

老齢基礎年金の支給には，a：資格期間，b：老齢基礎年金の支給開始年齢の2つの要件を満たしている必要がある。

　a：資格期間

老齢基礎年金を受給するには，「保険料納付済み期間」と「保険料の免除・猶予期間」と「合計対象期間」の合計（資格期間）が25年以上なければならない。「合計対象期間」とは，資格期間には算入するが，受給年金額の計算には含まれない「カラ期間」であり，たとえば，20歳以上60歳未満の間に任意加入の対象となる時期があり，その時に未加入であった期間などである。

なお，資格期間については，旧制度からの円滑な移行を図るため，経過措置として，生年月日や加入した制度によって，短縮措置が設けられている。

　b：老齢基礎年金の支給開始年齢

支給開始年齢は原則65歳である。ただし，60から64歳で「繰上げ支給」，66歳以降で「繰下げ支給」を選択することができる。

老齢基礎年金の受給のための資格期間を満たしていると，60歳から年金を受給することができる。ただし，「繰上げ支給」の場合，支給開始年齢を1ヵ月早めるごとに，65歳支給開始の年金額に対する0.5％の額が減額され，年金額のその減額は生涯続くので，本来の支給開始年齢である65歳以降になっても年金額は減額されたままとなる[2]。

また，支給開始年齢を66歳以降に遅らせることも可能である。これを年金の「繰下げ支給」という。支給開始を1ヵ月遅らせるごとに，65歳支給の年金額に対する0.7％の額が増額されるが，繰下げを行うためには，1年以上支給開始年齢を遅らせることが必要とされるので，実際には66歳以降でないと繰下げの手続はできない。なお，年金の増額の最大は，65歳支給開始の年金額に対する42％増までである[3]。

・老齢基礎年金の年金額

20歳から60歳になるまでの40年間の全期間保険料を納めた人は，65歳から満額の老齢基礎年金（780,900円×改定率）を受給できる。2010年度の老齢基礎年金の満額は，79万2,100円である。

なお，保険料を免除された期間の年金額は，老齢基礎年金の年金額の算定の際に，一定額が減額される。また，納付猶予制度を利用した場合には，その後に猶予期間の保険料を追納しなければ合算対象期間（カラ期間）となり，年金額に反映されない。

<老齢基礎年金額の計算式>

満額年金（780,900円×改定率）×（保険料納付月数＋保険料4分の1免除月数×8分の7〔6分の5〕＋保険料半額免除月数×4分の3〔3分の2〕＋保険料4分の3免除月数×8分の5〔2分の1〕＋全額免除月数×2分の1〔3分の1〕）÷480月
※〔　〕内は，2009年3月以前の免除期間の場合

2）障害基礎年金の給付について

・障害基礎年金の支給要件

障害年金を受給するためには，a：初診日要件，b：保険料納付要件，c：障害状態の要件を満たしていることが必要である。

　a：初診日要件

障害の認定の原因となった傷病について，初めて医師または歯科医の診察を受けた日（以後，初診日という）において，国民年金の被保険者であること。または，かつて国民年金に加入していた人で，初診日に，日本国内に住所を有する60歳以上65歳未満の人であること。

　b：保険料納付要件

傷病の初診日の前日において初診日の属する前々月までの保険料を納付すべき期間のうち，3分の1以上の滞納がないこと。ただし，3分の1以上の滞納があっても，2016年4月1日前に初診日がある場合には，65歳未満で初診日の属する月の前々月までの直近の1年間に滞納がなければよい。

c：障害状態の要件

障害認定日における障害の程度が障害等級1級（日常生活において，他人の介助を要する状態）・障害等級2級（他者の介助は必要としないが，日常生活に著しい不自由がある状態）であること。ただし，障害認定日において該当しなかった場合においても，その後，65歳前に障害等級1級または2級に該当する状態になった場合（事後重症という）には，本人の請求により障害基礎年金が支給される。

障害認定日
障害認定日とは，初診日から起算して1年6カ月を経過した日，または初診日から1年6カ月以内に治った場合には治った日（その病状が固定し，治療の効果が期待できない状態に至った日を含む）のことをいう。

・障害基礎年金の年金額

障害基礎年金額については，被保険者期間にかかわらず，障害等級1級の人に対して，「780,900円×（改定率）」(2010年度：792,100円)」×1.25の額（2010年度：990,100円）が支給され，障害等級2級の人に対しては，「780,900円×（改定率）」(2010年度：792,100円)」の額が支給される。

また，障害基礎年金の受給権を取得したとき，その人によって生計を維持されている子がいる場合には，加算対象の子の数に応じて一定額が加算される。第1子・第2子の場合には，1人につき年額「224,700円×（改定率）」(2010年度：22万7,900円)が加算，第3子以降の場合には1人につき年額「74,900円×（改定率）」(2010年度：7万5,900円)が加算される。この場合の子とは，18歳到達年度の末日を経過していない子，20歳未満で1級・2級の障害状態にある子をいう。

20歳前に傷病を負って障害者となった人の障害基礎年金に関しては，20歳から支給される。ただし，本人による保険料の納付がなされていないことから，支給において所得制限が設けられている。

なお，2005年4月以降，それまで国民年金制度の発展過程において生じた特別な理由から障害基礎年金を受給できなかった障害者に対して，「特別障害給付金」が支給されている。

3）遺族基礎年金の給付について

・遺族基礎年金の支給要件

遺族基礎年金は，下記のa，b，c，dのいずれかに該当する人が死亡したとき，その人によって生計を維持されていた「子のある妻」または「子」に支給される。子とは，18歳の年度末までの子，および20歳未満であって障害の程度が1・2級の子である。

a：国民年金の被保険者，b：被保険者であった人で日本国内に住所がある60歳以上65歳未満の人，c：老齢基礎年金の受給権者，d：老齢基礎年金の受給資格期間を満たしている人

aとbの場合には，死亡日前日において死亡日の属する月の前々月までの保

険料を納付すべき期間のうち，3分の1以上の滞納がないこと。ただし，3分の1以上の滞納があっても，2016年4月1日前の死亡に関しては，死亡月の前々月までの直近の1年間に滞納がなければよい。

子に対して支給される遺族基礎年金は，妻が遺族基礎年金の受給権を有するとき，または生計を同じくする父親または母親があるときは，その間は支給停止される。

子のない妻には遺族基礎年金の受給資格はない。ただし，遺族が遺族基礎年金を受給できない場合などには，死亡一時金が支給される。

・遺族基礎年金の年金額

遺族基礎年金額については，「780,900円×（改定率）」（2010年度：792,100円）をベースに，子の数に応じた加算がなされる。第1子・第2子には，1人につき年額「224,700円×（改定率）」（2010年度は22万7,900円）が加算され，第3子以降は1人につき年額「74,900円×（改定率）」（2010年度は7万5,900円）が加算される。

ただし，子が遺族基礎年金を受給する場合には，子の加算は，第2子以降について行われる。

・寡婦年金

第1号被保険者として，保険料納付済みの期間（保険料の免除期間を含む）が25年以上ある人が老齢年金等を受給せずに死亡した場合，婚姻期間が10年以上あり遺族となった妻に対しては，60歳から65歳まで寡婦年金が支給される。年金受給額は，死亡した夫が受給するはずであった老齢基礎年金の4分の3相当額である。

> **死亡一時金**
> 第1号被保険者として，保険料を3年以上納付した者が，年金を受給せずに死亡し，その遺族が遺族基礎年金を受給できない場合に支給される一時金のこと。死亡一時金の支給額は，保険料納付済期間に応じて定められている。付加年金の保険料を3年以上納付している者が死亡した際には加算額がある。

3　厚生年金保険

（1）厚生年金の被保険者

厚生年金保険では，本人の意志に関係なく，「厚生年金保険の適用事業所」に勤務する70歳未満の人であれば，国籍や性別，年金受給の有無にかかわらず，自動的に加入することになり，厚生年金保険の被保険者となる。パートなど短期間就労者についても，勤務日数および勤務時間が，当該事業所の常用労働者のおおむね4分の3以上になる人は，厚生年金の被保険者となる。

「厚生年金保険の適用事業所」に勤めている人でも，70歳になると，厚生年金保険の被保険者の資格を失う。ただし，老齢基礎年金を受けられる受給資格期間を満たしていない場合には，任意に厚生年金保険に加入することができる。こうした加入者を「高齢任意加入被保険者」という。

厚生年金への加入は，事業所単位となっており，厚生年金保険の加入手続きは事業主が行う。また，「厚生年金保険の適用事業所」以外の事業所に使用さ

> **厚生年金保険の適用事業所**
> 厚生年金保険の適用事業所とは，すべての株式会社や有限会社などの法人事業所や，従業員が常時5名以上いる個人事業所（農林漁業，旅館などのサービス業などの場合を除く）をいう。また，船員が乗り組む一定の条件を備えた汽船や漁船などの船舶も含まれる。このような事業所を強制適用事業所という。ただし，これ以外の事業所でも事業主が従業員の半数以上の同意を得て厚生労働大臣の認可を受ければ，厚生年金保険が適用される。こうした事業所は任意適用事業所といわれている。

れる人の場合は，70歳未満であれば事業主の同意を得て申請し，厚生労働大臣の認可を受ければ厚生年金保険に加入することができる。

厚生年金の保険者は国である。厚生年金に関する財政責任・管理責任は国が担い，厚生年金の運営に関する業務（年金の適用・保険料の徴収・記録管理・相談・裁定・給付）は，非公務員型の公法人である日本年金機構（2010年1月から）が担っている。

（2）厚生年金保険の保険料

厚生年金保険の保険料は，被保険者の毎月の給与（正確には標準報酬月額）と賞与に共通の保険料率を乗じて計算される。賞与等からの保険料は，実際に支払われた額（1,000円未満切捨）に保険料率を乗じた額であるが，保険料徴収の対象となる賞与等の額の上限は1回につき150万円である。この保険料を，厚生年金保険の被保険者と事業主がそれぞれ半額ずつ負担している。ただし，退職後の個人加入や厚生年金保険の高齢任意加入被保険者については，事業主が同意しない場合には，保険料の全額を個人が負担することになる。

厚生年金の保険料率（2010年9月分から2011年8月分まで）は，16.058％（坑内員および船員は16.696％）である。厚生年金の保険料率は，2004年の年金改正における保険料水準固定方式の導入により，2005年9月から毎年9月に0.354％ずつ引き上げられ，2017年9月以降は18.30％で固定される。

育児休業期間中の厚生年金保険料については配慮措置があり，育児休業を開始した日の属する月から育児休業が終了する日の翌日が属する月の前月までの事業主および本人負担分の保険料の負担分が免除される。年金受給の際には，育児休業期間中の保険料免除期間については，育児休業前と同額の保険料を納めたものとして給付額に計算される。また，勤務時間の短縮などにより標準報酬が低下した場合には，厚生年金保険の保険料負担は下がるが，受給年金額の計算の際には，この期間は低下前の標準報酬とみなす措置が講じられている。

厚生年金保険の保険料の納付については，被保険者の勤務先の事業主が給料やボーナスなどから天引きし，事業主が負担する保険料と合わせて年金事務所に納付している。

> **標準報酬月額**
> 標準報酬月額とは，保険料などを計算しやすいようにするために定められたものであり，実際に支給される給与の額を等級区分した標準報酬等級表にあてはめて決められる。現在，標準報酬等級表の等級は，30等級に区分されている。

（3）厚生年金の給付について

1）老齢厚生年金

老齢厚生年金の支給には，a：資格期間，b：支給開始年齢 の2つの要件を満たしている必要がある。

　a：資格期間

老齢厚生年金は，厚生年金の被保険者期間が1ヵ月以上ある人（経過措置として設けられている「特別支給の老齢厚生年金」に関しては被保険者期間が1

年以上）で，老齢基礎年金の資格期間を満たしている人に支給される。

　b：支給開始年齢

老齢厚生年金の支給開始年齢は，65歳を原則としている。厚生年金保険の加入者は，国民年金保険にも加入しているので，65歳以降は，国民年金から「老齢基礎年金」を受給でき，厚生年金保険から「老齢厚生年金」を受給することができる。

60歳から64歳までの期間は，経過措置として設けられている「特別支給の老齢厚生年金」が支給される。

図表10－1　老齢厚生年金の基本的な構成

60歳		65歳	
特別支給の老齢厚生年金「報酬比例部分」		老齢厚生年金「報酬比例部分」	
特別支給の老齢厚生年金「定額部分」		（経過的加算）	
		老齢基礎年金	

特別支給の老齢厚生年金　→
（段階的に支給開始年齢引き上げ）

・60歳から64歳まで支給の特別支給の老齢厚生年金

60歳から64歳まで受給できる老齢厚生年金を特別支給の老齢厚生年金という。ただし，これは経過措置として設けられている年金であり，段階的に支給開始年齢が引き上げられており，2030年には特別支給の老齢厚生年金は消滅する[4]。

特別支給の老齢厚生年金の額は，「報酬比例部分」と「定額部分」をあわせた額である。

特別支給の老齢厚生年金の「報酬比例部分」は，納めた保険料によって決まる部分であり，65歳以降は老齢厚生年金に移行する部分である。「定額部分」は，65歳以降老齢基礎年金に移行する部分である。

・老齢厚生年の年金額の計算式[5]

＜報酬比例部分の年金額＞

〔平均標準報酬月額　×　支給乗率（生年月日に応じた乗率：1000分の10〜1000分の7.50）
　　×　2003年3月までの被保険者期間の月数　＋　平均標準報酬額
　　×　支給乗率（生年月日に応じた乗率：1000分の7.692〜1000分の5.769）
　　×　2003年4月以降の被保険者期間の月数〕　×　スライド率（1.031 × 0.985）

※「平均標準報酬月額」とは，厚生年金に加入期間の「標準報酬月額」の合計額を被保険者期間の月数で割って算出した額（2003年3月までの月収入のみの平均額）に，最近の賃金水準に適した額にするための再評価率を乗じたもの。
※「平均標準報酬額」とは，標準報酬月額と標準賞与額の合計額を被保険者期間の月数で割って算出した額（2003年4月以降からの賞与額を含む年間の平均額）に，最近の賃金水

＜特別支給の老齢厚生年金の定額部分の年金額＞

単価（1,676円×生年月日に応じた乗率の1.875～1.000） × 被保険者期間の月数（生年月日に応じた上限が設定） × スライド率の0.985

　厚生年金保険に20年以上加入していた人が受給権を取得したとき，その人によって生計を維持されている配偶者や18歳到達年度の末日を経過していない子または20歳未満で1級・2級の障害状態にある子がある場合に加算される年金がある。これを加給年金という。ただし，配偶者が65歳になると打ち切られる。なお，配偶者が1966年4月1日以前の生まれの場合には，その後に「振替加算」が加算される。

＜加給年金額＞

配偶者：「224,700円×（改定率）」（2010年度は22万7,900円／年），
第1子・第2子：各「224,700円×（改定率）」（2010年度は22万7,900円／年），
第3子以降：各「74,900円×（改定率）」（2010年度は7万5,900円／年）

　「定額部分」については，支給開始年齢の引き上げが，2001年度から開始され，男性の場合には1941年4月2日以降生まれの人から，女性の場合には1946年4月2日以降生まれの人から段階的に引き上げられている（図表10－2を参照）。男性の場合には1949年4月2日生まれ以降の人から，女性の場合には1954年4月2日生まれ以降の人から，「定額部分」の支給はなくなる。

> **振替加算**
> 厚生年金保険加入者（サラリーマンなど）の配偶者が65歳から受ける老齢基礎年金に上乗せして支給される部分。老齢厚生年金や障害厚生年金の受給者において，加給年金額を受けている場合には，その配偶者が65歳になると，それまで支給されていた加給年金額が打ち切られるが，配偶者が老齢基礎年金を受けられる場合には，一定の基準により配偶者の老齢基礎年金に一定額が加算される。これを振替加算という。

図表10－2　特別支給の老齢厚生年金の支給開始年齢の引き上げ

＜定額部分の支給開始年齢＞

生年月日		支給開始年齢
男性	女性	
～S16.4.1	～S21.4.1	60歳
S16.4.2～S18.4.1	S21.4.2～S23.4.1	61歳
S18.4.2～S20.4.1	S23.4.2～S25.4.1	62歳
S20.4.2～S22.4.1	S25.4.2～S27.4.1	63歳
S22.4.2～S24.4.1	S27.4.2～S29.4.1	64歳
S24.4.2～	S29.4.2～	65歳

＜報酬比例部分の支給開始年齢＞

生年月日		支給開始年齢
男性	女性	
～S28.4.1	～S33.4.1	60歳
S28.4.2～S30.4.1	S33.4.2～S35.4.1	61歳
S30.4.2～S32.4.1	S35.4.2～S37.4.1	62歳
S32.4.2～S34.4.1	S37.4.2～S39.4.1	63歳
S34.4.2～S36.4.1	S39.4.2～S41.4.1	64歳
S36.4.2～	S41.4.2～	65歳

　2013年度からは「報酬比例部分」の支給開始年齢の引き上げも始まる。

・65歳から支給の老齢厚生年金

　老齢厚生年金の年金額は「報酬比例部分」の額となり，納めた保険料によって決められる。同時に，老齢基礎年金も受給できる。なお，特別支給の老齢厚生年金の「定額部分」を受給していた人に対しては，「経過的加算」が支給される。

・老齢厚生年金の繰下げ支給

　老齢厚生年金の支給を66歳以降に繰下げることができる。支給を繰下げた期間に応じた増額率は老齢基礎年金の繰下げと同率となっている。

・在職老齢年金

　60歳以上で，会社に在職して厚生年金に加入している人（被保険者）に対して，その収入に応じて老齢厚生年金の受給額の調整が行われて支給される年金を「在職老齢年金」という。

　調整とは老齢厚生年金が減額されるということである。現在の在職老齢年金には「60歳代前半の在職老齢年金」と「65歳以降の在職老齢年金」の2種類があり，それぞれに計算方式が異なる。平均報酬月額によっては，老齢厚生年金の一部や全部が停止となる場合がある。「60歳代前半の在職老齢年金」では，特別支給の老齢厚生年金の報酬比例部分と定額部分ともに調整対象となる。「65歳以降の在職老齢年金」では，老齢厚生年金（報酬比例部分）のみ調整対象となる。70歳以降の場合には，年金支給額に関しては，60歳代後半の在職者と同様な計算式が適用されるが，保険料の負担はない。

　なお，企業に勤務している60歳以上の在職者であっても，勤務日数や勤務時間が一般労働者の4分の3未満の労働契約（非常勤やパートなど）で厚生年金に未加入の場合には，老齢厚生年金の削減や停止はない。また，自らが個人事業主になった場合にも，老齢厚生年金の削減や停止はない。

　在職老齢年金額の計算式は以下の通りである。

経過的加算
65歳から受給する老齢基礎年金は，特別支給の老齢厚生年金の「定額部分」に相当するものであるが，「定額部分」の額より低額になるため，その差額が経過的加算として支給される。

＜60歳代前半＞

a：「総報酬月額相当額」と「年金月額」の合計額が28万円に達するまで：
　　・特別支給の老齢厚生年金が全額支給
b：「総報酬月額相当額」と「年金月額」の合計額が28万円を超え，「年金月額」が28万円以下であり，「総報酬月額相当額」が47万円以下の場合：
　　・在職老齢年金額（月額）＝「年金月額」－（「総報酬月額相当額」
　　　　　　　　　　　　　　　　＋「年金月額」－28万円）×（2分の1）
c：「年金月額」が28万円以下であり，「総報酬月額相当額」が47万円を越える場合：
　　・在職老齢年金額（月額）＝「年金月額」－（47万円＋年金月額－28万円）
　　　　　　　　　　　　　　　　×（2分の1）＋（「総報酬月額相当額」－47万円）
d：「年金月額」が28万円を越え，「総報酬月額相当額」が47万円以下の場合：
　　・在職老齢年金額（月額）＝「年金月額」－「総報酬月額相当額」×（2分の1）
e：「年金月額」が28万円を越え，「総報酬月額相当額」が47万円を越える場合：
　　・在職老齢年金額（月額）＝「年金月額」－47万円×（2分の1）
　　　　　　　　　　　　　　　－（「総報酬月額相当額」－47万円）

＜65歳以降＞

老齢基礎年金は全額支給される。
a：「総報酬月額相当額」と「老齢厚生年金（報酬比例部分）の年金月額」の合計額が47万円以下の場合：
・老齢厚生年金は全額支給
b：「総報酬月額相当額」と「老齢厚生年金（報酬比例部分）の年金月額」の合計額が47万円を越える場合：
・在職老齢年金額（月額）＝「老齢厚生年金＜報酬比例部分＞の年金月額」
　　　　　　　　　　　－（「老齢厚生年金＜報酬比例部分＞の年金月額」
　　　　　　　　　　　＋「総報酬月額相当額」－47万円）×（2分の1）

※「総報酬月額相当額」とは，「その月の標準報酬月額」＋「その月以前の1年間の標準賞与額÷12」という計算式により算出される額である。
※「年金月額」とは，「支給の老齢厚生年金（加給年金を除く）」÷12　という計算式により算出される額である。

2）障害厚生年金

　厚生年金保険に加入している間に罹患した病気やケガが原因で一定以上の障害が残った場合，障害厚生年金を受けることができる。

　障害厚生年金には，1級，2級，3級があり，障害の程度によって決められる。障害厚生年金を受けることができる障害の程度（障害等級1・2・3級）に該当していなくても，一時金として，障害手当金が受けられる場合もある。

　すなわち，厚生年金保険の被保険者が，病気やケガにより障害が残り，その障害状態が障害等級1・2級の場合には，障害基礎年金と障害厚生年金が支給され，障害等級3級の場合には，障害厚生年金のみが支給される。

	障害等級1級	障害等級2級	障害等級3級	その他
厚生年金保険	障害厚生年金1級	障害厚生年金2級	障害厚生年金3級	障害手当金
国民年金保険	障害基礎年金1級	障害基礎年金2級	なし	なし

・障害年金を受給するための要件

　障害年金を受給するためには，a.加入要件，b.納付要件，c.障害状態の要件を満たしていることが必要となる。

　a：初診日要件：初診日において，厚生年金の被保険者であること。

　b：保険料納付要件：傷病の初診日の前々月までに被保険者期間の3分の1以上の滞納がないこと（ただし，3分の1以上の滞納があっても，2016年4月1日前に初診日がある場合には，65歳未満で初診日の前々月までの直近の1年間に滞納がなければよい）。

　c：障害状態の要件：障害認定日における障害の程度が障害等級1級〜3級に該当すること[6]。

<障害厚生年金の受給額>

・障害状態1級の場合
　報酬比例部分の年金額×1.25＋配偶者加給年金額（227,900円：2010年度）＋子の加算額
・障害状態2級の場合
　報酬比例部分の年金額×1.0＋配偶者加給年金額（227,900円：2010年度）＋子の加算額
・障害状態3級
　報酬比例部分の年金額×1.0　（最低保障額：594,200円：2010年度）
・障害手当金（一時金）
　報酬比例部分の年金額×2.0　（最低保障額：1,168,000円：2010年度）
　　※子とは、未婚で「18歳到達年度の末日までの子」または「20歳未満で1・2級の障害状態にある子」をいう。

3）遺族厚生年金

　遺族厚生年金は、厚生年金保険の被保険者が亡くなった場合に、亡くなった人に生活を支えられていた遺族の生活を守るために給付される年金である。

　遺族厚生年金は、下記のa～dのいずれかに該当する場合に遺族に支給される。

　a：厚生年金保険の被保険者が亡くなった場合，b：被保険者資格喪失後、被保険者期間中の初診日から5年以内に死亡した場合，c：障害厚生年金の1級または2級の年金を受けている人が亡くなった場合，d：老齢厚生年金を受給している人、または受給資格期間を満たした人が死亡した場合。

　上記のaまたはbに該当する場合の保険料納付済期間等の要件は遺族基礎年金と同一である。

・遺族厚生年金を受給できる遺族

　遺族厚生年金を受け取ることができる遺族は、被保険者の死亡の当時、その人によって生計を維持されていた年収850万円未満の次の人である。①配偶者または子，②父母，③孫，⑤祖父母である。受けられる順番は番号順となる。上位の受給者がいる場合には、下位の人は受給できない。

　妻は年齢に関係なく遺族となるが、子や孫は18歳に到達した以後の最初の3月31日を過ぎていないか、20歳未満で1級または2級の障害の程度であること、夫，父母，祖父母は55歳以上であることが受給条件となっている（ただし、支給は60歳から）。子のいない30歳未満の妻への給付については、5年間の有期給付となっている（2007年より）。

　なお、「子のある妻」または「子」が、遺族厚生年金を受給することができる場合には、国民年金からの遺族基礎年金も受給できる。

・遺族厚生年金の年金額

　遺族厚生年金の受給額は、死亡した人の厚生年金保険被保険者期間（被保険者期間が300月に満たないときは300月とする）と、その間の平均標準報酬額

（2003年3月までの被保険者期間分は平均標準報酬月額）をもとにして計算される。

＜遺族厚生年金の年金額の計算式＞

（死亡した人の被保険者期間にかかる報酬比例年金額）×4分の3

次のa・bのいずれかに該当する遺族となった妻に対しては，40歳から65歳になるまでの間，遺族厚生年金に「中高齢寡婦加算」（年額594,200円：2010年度）が加算される。

　a：夫が亡くなったとき，40歳以上65歳未満で，生計を同じくしている子がいない妻。

　b：遺族厚生年金と遺族基礎年金を受けていた子のある妻（40歳の時に，子がいるため遺族基礎年金を受けていた妻に限られる）が，子が18歳到達年度の末日に達した（障害児の場合は20歳に達した）ため，遺族基礎年金を受給できなくなった場合。

ただし，妻が40歳以上でも遺族基礎年金が支給されている間は，支給停止となる。

また，「経過的寡婦加算」も設けられており，下記のc・dのいずれかに該当する場合に遺族厚生年金に加算される。

　c：中高齢寡婦加算がされていた1956年4月1日以前生まれの遺族厚生年金の受給権者である妻が65歳に達したとき。

　d：1956年4月1日以前生まれの妻に65歳以上で遺族厚生年金の受給権が発生したとき。

ただし，dの支給要件に基づく場合は，死亡した夫の厚生年金の被保険者期間が20年以上（または40歳以降に15年以上）ある場合に限定される。

「経過的寡婦加算」の額は，生年月日によって定められている。

4）併給について

ひとりが複数の年金の受給権を取得したときの併給[7]関係については，同一の支給事由に基づいて支給される国民年金の年金給付と被用者年金による年金給付は併給される。また，「老齢基礎年金＋遺族厚生年金」のケースと，「障害基礎年金＋（老齢厚生年金あるいは遺族厚生年金）」のケースにおいては併給も可能である。65歳から，遺族厚生年金と妻自身の老齢厚生年金を受けることができる場合には，2007年4月から原則「老齢基礎年金」＋「老齢厚生年金」という形で受給することになっているが，下記のa・bのいずれかよりも「老齢基礎年金」＋「老齢厚生年金」が低額となる場合においては，その差額が遺族厚生年金として支給される。

a:「老齢基礎年金」+「遺族厚生年金」+（経過的寡婦加算）
b:「老齢基礎年金」+「老齢厚生年金の2分の1」+「遺族厚生年金の3分の2」+（経過的寡婦加算の3分の2）

5）離婚時等の年金分割

2007年4月から，離婚により，厚生年金を分割する理由が生じた場合，夫婦の婚姻期間中の標準報酬については，扶養配偶者の同意か家庭裁判所の決定があれば，2分の1を上限に分割できるようになった。この対象となる者は，2007年4月1日以降に離婚した夫婦となる。ただし，分割請求においては，離婚成立後2年以内に行われないとその権利は消失する。

2008年4月からは，さらに新たな内容が付け加えられ，第3号被保険者期間については，離婚以外の事由（長期不在など）も含め，被扶養配偶者の請求により厚生年金額や共済年金額が自動的に2分の1に分割されることとなった。この対象となる期間は，2008年4月以降の第3号被保険者の期間のみである。これを通称「3号分割」という。

これらの分割の効果は，厚生年金の報酬比例部分に限定されるものであり，基礎年金や厚生年金基金の上乗せ給付や確定給付企業年金等の給付については影響を受けない。

4　各種共済年金

国家公務員，地方公務員，私立学校教職員を対象とした3つの共済の年金部門を一般に共済年金という。共済年金の制度体系は厚生年金に準じた仕組みである。共済年金の給付には「退職共済年金」（老齢給付に相当），「障害共済年金・傷害一時金」，「遺族共済年金」の3種類がある。年金給付はいずれも原則として基礎年金に上乗せして支給される。共済年金の支給要件や年金額の算定式は厚生年金と同一であるが，退職共済年金には，共済年金独自の「職域年金相当分」がある。これは，厚生年金の報酬比例部分の20％に相当する額である。

5　公的年金制度の財政

公的年金制度の財政は，保険料と年金積立金運用収入および国庫負担金によりまかなわれており，ある程度の積立金を保有しつつも，賦課方式を基本としている。2009年度から基礎年金給付の国庫負担割合は2分の1となっている[8]。厚生年金保険の給付に対する国庫負担は行われていない。

年金財政の調整は，「保険料水準固定方式」と「マクロ経済スライド」による。「保険料水準固定方式」とは，将来の保険料を固定（負担の上限を設定）

年金積立金運用収入
年金積立金管理運用独立行政法人（2006年4月1日に設立）が，年金積立金の管理や運用を行っており，年金積立金管理運用独立行政法人の市場運用（国内外の債券や株式などで運用）による収入を年金積立金収入という。

し，その収入の範囲内で給付水準を自動的に調整する仕組みである。「マクロ経済スライド方式」とは，少子化による保険料収入の減少と長寿化による年金受給期間の伸びを年金額改定率に反映させる算定方式であるが，標準的な世帯の厚生年金（夫婦の基礎年金を含む）の給付水準を，少なくとも現役世代の平均的収入の50％を上回るものとするという条件の下で行われる。

6 公的年金制度の課題

(1) 保険料の未納

　2009年度末における第1号被保険者の保険料の納付率は，未納者が多いため，60.0％と低迷である。こうしたなか，近年国民年金の第1号被保険者において，非正規労働者や無職の人の占める割合が高くなってきている。多くの非正規労働者や無職の人にとって，保険料は大きな経済的負担としてのしかかってくることから，保険料が未納となっている場合も少なくない状況にあり，今後の老後の生活が不安定になることが危惧される。

　したがって，国民年金の第1号被保険者として扱われている労働者を見直し，厚生年金保険制度の被保険者におけるパートタイマーへの適用の拡大など，厚生年金保険の適用範囲の再検討が求められる。

　また，無年金者の防止対策として，年金受給に必要とされる受給資格期間（25年）の短縮も検討されるべきであろう。

(2) 年金記録問題

　2007年，厚生労働省は社会保険庁（現日本年金機構）の年金記録に誰のものか不明なもの（マスコミでは「消えた年金」といわれている）が5,000万件も存在することを明らかにした。

　この問題を受け，政府は年金記録問題への対応として，2008年7月に年金時効特例法を施行し，年金記録の誤りが見つかった場合，従来は過去5年間しか増額されなかったが，法施行後は全期間にさかのぼって年金記録の訂正が認められ，全期間分の増額が可能となった。

　また，社会保険庁側に記録がなく，加入者側も領収書等の物的証拠を持っていない場合の加入記録の訂正に関する公正な判断をし，社会保険庁に対して斡旋を行う機関として，年金記録確認第三者委員会を設置した。厚生年金特例法により，事業主が従業員の給与等から保険料分を天引きしているにもかかわらず，実際には被保険者資格の届出や保険料納付をしていなかった場合に，第三者委員会の認定により，年金記録が訂正され，年金額に反映されることになった。年金受給者と年金加入者全員には，これまでの年金加入記録を各自で確認してもらうためや，年金制度に対する理解を深めてもらうために，「ねんきん

定期便」(年金加入期間や保険料納付の実績などの年金に関する情報)の送付がなされている。

2010年10月からは，年金記録問題の全容解明のため，コンピューター上のオンライン記録と，記録原簿である古い紙台帳(被保険者名簿)の全件照合に着手した。

(3) 年金制度の一元化

基礎年金の導入による1階部分の一元化のほか，2階部分(被用者年金制度の報酬比例部分)についても一元化に向かって制度改正が進められている。国家公務員共済組合と地方公務員共済組合の財政単位の一元化が2009年に行われたが，私学共済を含む3つの共済年金と厚生年金の一元化については，この法案が2009年7月の衆議院解散で廃案になっている状態である。

(4) 持続可能な制度を構築

現在の公的年金制度では，世代間扶養(基本的には現役世代の保険料負担で高齢者世代を支える)という考え方で運営されているが，少子高齢化の急速な進展などに伴って，国民の4人に1人は年金を受給する状況にある。公的年金制度を支える力と給付のバランスをはかれる仕組みを構築し，将来にわたって持続可能な制度を構築していくことが社会的に大きな課題となっている。

7　私的年金

公的年金の上乗せ年金として，国民年金基金，企業年金，個人年金がある。これらは私的年金であり，公的年金とは区別して考えられるものである。

国民年金基金は，国民年金の付加的制度であり，企業年金については，民間企業の従業員が加入するものである。個人年金とは，個人が年金商品を販売している企業(保険会社)と契約をして加入する年金である。

(1) 国民年金基金

第1号被保険者と民間企業の従業員等の第2号被保険者との年金額の差を解消するため，公的な年金制度として1991年に創設された。国民年金基金には，都道府県単位に設立する地域型国民年金基金と全国単位に事業または業務ごとに設立する職能型国民年金基金の2つの形態が設けられている。

国民年金基金は，基本給付，ボーナス給付，各基金独自の給付で構成されている。国民年金基金の年金(基本給付)の型には，年金額や受け取り期間，遺族一時金の有無，受け取り開始年齢の違う7種類(終身年金2種類，確定年金5種類)の年金がある(図表10－3参照)。

1口目は，終身年金の2種類（終身A型，終身B型）のどちらかに必ず加入し，2口目以降は，終身年金2種類と確定年金5種類のいずれかから選択できる。何口でも加入は可能（1口でも可）であり，自由に組合せることができる。国民年金基金の給付には，「老齢年金」と「遺族年金」があり，給付額は加入する年金の種類，口数によって決められる。なお，掛金に関しては，全額が社会保険料控除の対象となり，受給する年金に対しては，公的年金の所得税の控除が適用になる。

図表10-3　国民年金基金の基本給付の型

終身A型	65歳から80歳までの保証付の終身年金
終身B型	65歳から終身年金（遺族一時金なし）

確定Ⅰ型	受給期間が65歳から80歳までの15年間（遺族一時金あり）
確定Ⅱ型	受給期間が65歳から75歳までの10年間（遺族一時金あり）
確定Ⅲ型	受給期間が60歳から75歳までの15年間（遺族一時金あり）
確定Ⅳ型	受給期間が60歳から70歳までの10年間（遺族一時金あり）
確定型Ⅴ	受給期間が60歳から65歳までの5年間（遺族一時金あり）

掛金は，給付の型と口数，加入時の年齢，男女の別によって決まる。加入した時の掛金額は支払いが終了する60歳まで変わらない。なお，支払った掛金は全額が税法上，社会保険料控除の対象となる。加入の条件は，国民年金の第1号被保険者（任意加入は除く）であることだが，20歳以上60歳未満の国民年金の保険料納付免除者（一部免除・学生納付特例・若年者納付猶予）および農業者年金の被保険者は加入できない。

(2) 企業年金

企業年金とは，企業が独自に設け，従業員に対して年金を支給する制度である。退職年金ともいわれている。しかし，企業年金といってもさまざまな種類があり，条件なども異なる。

わが国の企業年金は，厚生年金基金，確定給付企業年金，確定拠出年金（企業型），適格退職年金（税制適格年金），自社年金に区分される。各企業年金の給付額等はそれぞれの規約等で定められている。

1）厚生年金基金

厚生年金基金は，厚生労働大臣の認可を受けた特殊法人であり，一定規模以上の企業のみが創設できる。厚生年金の報酬比例部分（加入時の給与および賞与に応じて支給される部分）の一部を国に代わり運営し，この国の代行部分に基金独自のプラスアルファ分を上乗せして，厚生年金の給付水準よりも高い給

> **自社年金**
> 企業が任意で金融機関と契約し，年金運用がなされる法的保護のない企業年金である。給付金，積立金額については企業により設定されるが，もし企業が倒産した場合には，受給できなくなる場合もある。また，企業の年金運用業績により，給付金が低くなる場合もある。税制上の優遇措置はない。

付を行う制度である。厚生年金基金からの給付は，基本年金（「厚生年金の代行部分」＋「プラスアルファ部分：代行部分の運用益」）と，加算年金（企業独自の上乗せ給付）からなる。なお，再評価，スライド部分の給付は厚生年金から給付される。

また，厚生年金基金は福祉施設事業を行うことにより，その加入員および年金受給者のより豊かで安定した生活を保障している。

厚生年金基金を設立している企業に勤めている厚生年金加入者は，強制的に厚生年金基金加入者となり，保険料負担については事業主と折半で一定の掛金を負担することになる。

近年では，株価の悪化や不況の影響により，厚生年金基金の資金運用が低迷し，予定利率での資金運用の困難から，代行部分を国に返上し，解散する基金も多くなってきている。

図表10－4　厚生年金基金の仕組み　―報酬比例部分―

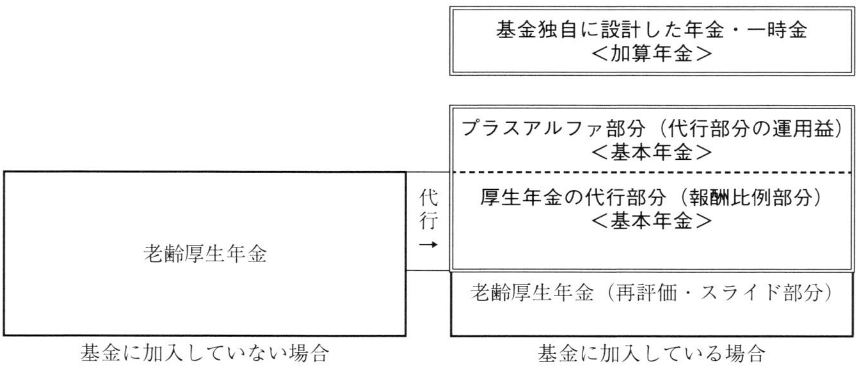

	基金独自に設計した年金・一時金 ＜加算年金＞
	プラスアルファ部分（代行部分の運用益） ＜基本年金＞
老齢厚生年金　　代行→	厚生年金の代行部分（報酬比例部分） ＜基本年金＞
	老齢厚生年金（再評価・スライド部分）
基金に加入していない場合	基金に加入している場合

2）確定給付企業年金

事業主が従業員の年金について約束をし，加入した期間や納めた掛金によって，あらかじめ受給する年金額が定められており，事業主と加入者が掛金を負担して運用を行い，掛金の累計額とその運用収益により，将来の年金給付がなされる。厚生年金基金とは異なり，老齢厚生年金の代行は行われない。

3）確定拠出年金（企業型）：401K

確定拠出年金（企業型）では，拠出された掛金を個人ごとに明確に区分（事業主も一定の掛け金を拠出）し，その運用を運用商品（預貯金，公社債，株式，投資信託など）の中から加入者個人が行い，運用の良し悪しのリスクを加入者個人が負う仕組みとなっている。企業型の確定拠出年金は，企業が加入を決めることから，従業員は必ず加入することになる。厚生年金基金とは異なり，老齢厚生年金の代行は行われない。

勤務先の企業が確定拠出年金（企業型）制度や既存の企業年金制度を導入していない場合には，国民年金基金連合会により実施されている確定拠出年金（個人型）に加入することが可能である。

4）適格退職年金

適格退職年金とは，企業が任意に実施するものであり，事業主が運営主体となり，従業員に年金給付するために，信託銀行や生命保険会社と締結した企業外積立方式による契約が，一定の基準を満たすとして国税庁長官から承認を得た（適格要件を満たした）企業年金であるが，厚生年金の代行機能はない。税制上の優遇措置は講じられている。ただし，適格退職年金制度は，2012年3月には廃止される。したがって，現行の適格退職年金は，今後，厚生年金基金や確定給付型企業年金などに移行するか廃止することになる。

注）
1) 保険料の免除された期間は，老齢基礎年金を受給するための受給資格期間には算入されるが，年金額は全額納付した期間と比べて，「全額免除期間」では2分の1（3分の1），「4分の3免除期間」では8分の5（2分の1），「半額免除期間」では4分の3（3分の2），「4分の1免除期間」では8分の7（6分の5）として計算される。※（ ）内は2009年3月以前の免除期間の場合。
2) 1941年4月2日以前の生まれの人の場合には，支給開始の繰上げに伴う年金額の減額は年単位で行われ，64歳：11％減，63歳：20％減，62歳：28％減，61歳：35％減，60歳：42％減となり，年金額のこの減額は生涯続く。
3) 1941年4月2日以前の生まれの人の場合には，繰上げに伴う年金額の増額は年単位で行われ，66歳：12％増，63歳：26％増，68歳：43％増，69歳：64％増，70歳：88％増となり，年金額のこの増額は生涯続く。
4) 特別支給の厚生年金の支給開始年齢の引き上げが完了する2030年以降に想定される年金受給者の状況については，山本麻由美「厚生年金の支給開始年齢引き上げ後の論点」日本年金学会誌（29），35-41，日本年金学会，2010年を参照されたい。
5) 報酬比例部分と定額部分の各年金額の計算式には，2004年改正後の本来額の計算式と物価スライド特例措置による計算式があり，本来額よりも物価スライド特例措置による年金額の方が高額の場合には，物価スライド特例措置による計算式による年金額が支給され，2010年度もこれが適用されているので，ここでは物価スライド特例措置による計算式を示している。
6) 障害認定日において，障害等級に該当する障害の状態になかった者が，同日後65歳に達する前日までの間において，その傷病により，障害等級に該当する障害の状態に至ったときは，65歳に達する前日までに障害年金を請求することができる。
7) 年金制度においては，ひとり1年金の原則があり，2以上の年金受給権を同一人が取得した場合，本人の選択により，1年金を受給し他の年金が支給停止されるが，例外的に2以上の年金受給権を同一人が取得できる併給が認められている。
8) 厚生年金保険・共済年金の「基礎年金拠出金」（基礎年金の1階部分）部分においても負担する費用の2分の1の国庫負担がある。

> **プロムナード**
>
> わが国の国民年金保険および厚生年金保険は賦課方式（給付に必要な費用をその時どきの現役加入者の保険料で賄う）を基本としていますが，将来の保険料負担を緩和するための一定の積立金を保有しています。その積立金については，年金財政の安定化に活用するために，年金積立金管理運用独立行政法人が，厚生労働大臣から寄託を受けてその管理・運用を行っています。2009年度末の運用資産額は，1,228,425億円になります。情報公開の徹底ということから，3カ月ごとに運用状況が公表されています。

学びを深めるために

権丈善一『年金改革と積極的社会保障政策　再分配政策の政治経済学Ⅱ（第2版）』慶應義塾大学出版会，2009年
　「財政再計算方式」と比較して「マクロ経済スライド」が，いかなる点において望ましいのかを理論的に明らかにしているとともに，社会保障の財源調達問題を政治経済学的視点から分析している。

加藤智章・菊池馨実・片桐由貴・尾形健編『新版　社会保障・社会福祉判例大系　第3巻　公的年金・企業年金・雇用保険』旬報社，2009年
　年金保険制度や雇用保険制度に関連する裁判例が収録され，さらにそれぞれの裁判例には解説がなされている。こうした裁判例の分析は，年金保険制度のあり方を検討する際の重要な基礎的作業となるのである。

スウェーデン・フランス・イギリス・ドイツ・アメリカの年金制度の概要や動向を調べてみましょう。

福祉の仕事に関する案内書

全国精神障害者家族会連合会年金問題研究会『障害者年金の請求の仕方と解説－精神障害者・知的障害者のために』中央法規，2004年

第11章

医療保険制度の具体的内容

第11章　医療保険制度の具体的内容

日本における医療保険制度は，地域保険と職域保険に分けることができる。どのような職種の世帯に属するのかによって，加入する保険が異なるのである。そのような中で，地域保険として位置づけられる国民健康保険は，強制加入という仕組みをもつことによって，国民が必ず何らかの医療保険制度に加入する「国民皆保険」を支え続けている。

本章では，自営業者等が加入する国民健康保険，主にサラリーマンが加入する健康保険，公務員や私立学校の教職員が加入する各種共済組合の医療保険，そして，公衆衛生・社会福祉・補償・救済・難病支援という枠組みをもつ公費負担医療といった医療保険制度の具体的内容について，以下に説明をする。なお，各医療保険制度の歴史的経緯や地域医療の課題等については，本章では取り扱わない。他章や本章の最後に挙げた文献などを参考にしてもらいたい。

1　国民健康保険

(1) 概要と目的

この保険は，自営業者や農林漁業従事者，無職者等が加入する医療保険で，別名地域保険ともいわれている。職域で加入する医療保険の対象とならない人たちが加入する保険であり，これにより国民は皆保険制度に基づく医療保障制度の枠組みの中で暮らしているといえる。

国民健康保険の目的は，被保険者の疾病，負傷，出産または死亡に関して必要な保険給付を行い，社会保障および国民保健の向上に寄与することを目的としている。

(2) 保険者と被保険者

1) 保険者

保険者は市町村および特別区，そして国民健康保険組合となっている。つまり地方自治体が国民健康保険事業を運営する場合と，建設工事業従事者や芸能人，そして医師などが国民健康保険組合を都道府県の認可を受けて設置して国民健康保険事業を運営する場合があるということである。これらをまとめたものが図表11－2である。

2) 被保険者

加入する被保険者は，地方自治体が運営する場合はその区域内に住所を有する者である。外国人についても，日本への入国目的，入国後の生活実態から1年以上の滞在が見込まれない短期滞在者を除き，被保険者となる。いわゆる強制加入である。

ただし，健康保険，船員保険，各種共済組合，後期高齢者医療制度，生活保護法等の対象者は対象とならない。これは，国民健康保険以外の制度により医

国民皆保険

すべての国民に医療保険制度が適用されたのは，1961（昭和36）年4月であるが，その背景には医療保険の多数の未加入者の存在があった。国民皆保険推進の直接のきっかけとなったのは社会保障制度審議会による「医療保障制度に関する勧告」（1956）である。これを受けて厚生省（現厚生労働省）は，翌年の4月5日「国民皆保険計画」を決定した。その後，各市町村，都道府県と関係団体の努力並びに政府の推進策によって計画が遂行され，ついに，国民皆保険体制が実現したのである。

保険者

保険の経営主体として，保険料を徴収し，保険事故が発生した場合に保険給付を支給し，事業の管理運営を行う者。社会保険では，国，地方公共団体あるいはそれらに代わって保健事業を営むことを認められた公法人が保険者となる。

後期高齢者医療制度

この医療制度は2008年4月1日からスタートした。同制度による医療の提供は「高齢者の医療の確保に関する法律」（2006）の制定，2008年4月1日の成功に基づくものである。同法律の施行により，「老人保健法」は廃止されることとなった。また，従来，老人保健法によってなされていた保健事業は「健康増進法」（2000）等によって，行われることとなった。

1. 国民健康保険

図表 11 − 1　医療保険制度の概要

制度名		保険者	加入者数 (平成20年3月末) 本人 [家族] 千人	保険給付					現金給付	財源	
				医療給付(平成18年10月以降)						保険料率	国庫負担・補助
				一部負担		入院時食事療養費	高額療養費制度、高額介護合算療養費制度	入院時生活療養費			
健康保険	一般被用者	協会管轄 健康保険	全国健康 保険協会	36,294 [19,807] [16,488]	義務教育就学後から70歳未満 3割 義務教育就学前 2割 70歳以上75歳未満 2割(※) (現役並み所得者　3割) (※)70歳以上75歳未満の者については、平成20年4月から2年間1割に据え置く		(食事療養標準負担額) ●一般 1食につき 260円 ●低所得者 90日目まで 1食につき 210円 91日目から 1食につき 160円 ●特に所得の低い低所得者 1食につき 100円	(高額療養費制度) ●自己負担限度額 (70歳未満の者) (上位所得者) 150,000円＋(医療費−500,000)×1% (一般) 80,100円＋(医療費−267,000)×1% (低所得者) 35,400円 (70歳以上75歳未満の者) 現役並み所得者80,100円＋(医療費−267,000)×1% 　外来(個人ごと)　44,400円 (一般(※))　62,100円外来(個人ごと) 24,600円 (低所得者) 24,600円外来(個人ごと) 8,000円 (低所得者のうち特に所得の低い者) 　15,000円外来(個人ごと) 8,000円 ●世帯合算基準額 70歳未満の者については、同一月における21,000円以上の負担が複数の場合は、これを合算して支給 ●多数該当の負担軽減 12月間に3回以上該当の場合の4回目からの自己負担限度額 (70歳未満の者) (上位所得者) 83,400円 (一般) 44,400円 (低所得者) 24,600円 (70歳以上の現役並み所得者及び一般(※))44,400円 ●長期高額疾病患者の負担軽減血友病、人工透析を行う慢性腎不全の患者等の自己負担限度額 10,000円 (ただし、上位所得者で人工透析を行う70歳未満の患者の自己負担限度額20,000円) ※70歳以上75歳未満の一般所得区分の者については、平成20年4月から2年間、自己負担限度額を44,400円(外来12,000円)に据え置くことから、多数該当の負担軽減措置はない。 (高額介護合算療養費制度) 1年間(毎年8月〜翌年7月)の医療保険と介護保険における自己負担の合算額が著しく高額になる場合に、負担を軽減する仕組み。自己負担限度額は、所得と年齢に応じきめ細かく設定。	(生活療養標準負担額) ●一般(Ⅰ) 1食につき 460円 ＋1日につき 320円 ●一般(Ⅱ) 1食につき 420円 ＋1日につき 320円 ●低所得者 1食につき 210円 ＋1日につき 320円 ●特に所得の低い低所得者 1食につき 130円 ＋1日につき 320円 ※療養病床に入院する65歳以上の方が対象 ※難病等入院医療の必要性の高い患者の負担は食事療養標準負担額と同額	●傷病手当金 ●出産育児一時金等	都道府県ごとの保険料率	給付費の13.0% (後期高齢者支援金分16.4%)
			健康保険組合	30,860 [15,871] 1,518　[14,989]					同上 (附加給付あり)	−	定額 (予算補助)
		健康保険法 第3条第2項 被保険者	全国健康 保険協会	18 [11] [7]					●傷病手当金 ●出産育児一時金等	1級日額120円(介護保険第2号被保険者140円) Ⅱ級日額1,010円(介護保険第2号被保険者1,160円)	給付費の13.0% (後期高齢者支援金分16.4%)
		船員保険	全国健康 保険協会 (平成22年1月から)	157 [63] 95							
	各種共済	国家公務員	21共済組合	9,374					同上 (附加給付あり)	9.1%	定額
		地方公務員等	55共済組合	[4,397] [4,977]							
		私立学校教職員	1事業団								
国民健康保険	農業者等 自営業者		市町村 1,804 国保組合 165	50,724 市町村 46,881 国保組合 3,843					●出産育児一時金 ●葬祭費等	世帯毎に応益割(定額)と応能割(負担能力に応じて)を賦課 保険者によって賦課算定方式は多少異なる	給付費等の43% 給付費等の32%〜55%
	被用者保険の退職者		市町村 1,804								なし
長寿医療制度 (後期高齢者医療制度)		[運営主体] 後期高齢者 医療広域連合	13,075 (平成20年4月末)	1割 (現役並み取得者は3割)		同上	自己負担限度額　外来(個人ごと) (現役並み所得者)80,100円 　＋(医療費−267,000)×1% 44,400円 (多数該当の場合)　44,400円 (一般)　44,400円　12,000円 (低所得者)　24,600円　8,000円 (低所得者のうち 特に所得の低い者)　15,000円　8,000円	同上 ただし、 ●老齢福祉年金受給者 1食につき　100円 ＋1日につき　0円	葬祭費等	●保険料　10% ●支援金　約40% ●公費　約50% (公費の内訳 国:都道府県:市町村 4 : 1 : 1)	

注)
1　長寿医療制度(後期高齢者医療制度)の被保険者は、75歳以上の者及び65歳以上75歳未満の者で一定の障害にある旨の広域連合の認定を受けた者。
2　現役並み所得者は、課税所得145万円(月収28万円以上)以上の収入がある者(高齢者複数世帯年収520万円未満、高齢者単身世帯年収383万円未満の場合を除く)。
　　上位所得者は、月収53万円以上(国民健康保険においては年間所得600万円超)の者。低所得者は、市町村民税非課税世帯に属する者等。特に所得の低い者は、年金収入80万円以下の者等。
3　国保組合の定率国庫補助については、健保の適用除外承認を受けて、平成9年9月1日以降新規に加入する者及びその家族については協会健保並とする。
4　加入者数(平成20年3月末、共済は平成19年9月末)の数値は速報値である。

出所)『社会保障の手引き　平成22年1月改訂』中央法規、2010年、pp.580-581 より転載。

図表 11 − 2　国民健康保険の保険者

保険者	概　要
市町村（特別区を含む）	・市町村は，国民健康保険を実施する法的義務が課せられており，国民健康保険の主たる実施主体。
国民健康保険組合	・同種の事業や業務に従事する者300人以上で組織される公法人。 ・都道府県知事の認可を受けて設立される団体。 　※現在，国民健康保険組合を設立している主な業種は，医師，歯科医師，薬剤師，食品販売業，土木建築業，理容美容業，浴場業，弁護士などである。

療の給付の途が開かれており，国民健康保険の被保険者とする必要が認められないからである。

　国民健康保険組合が運営する場合は，同じ事業または業務に従事する者で構成される国民健康保険組合の地区内に住所を有する者（組合員とその世帯に属する者）となっている。原則，1つか2つ以上の市町村単位をひとつの区域とするが，特別の理由がある場合はその通りとは限らない。なお，組合員として加入すること自体は本人の任意であるが，組合に加入した以上は，その組合員の世帯に属する者で適用除外事由に該当しない者は当然に組合の被保険者になる。ただし，組合は規約をもって組合員の世帯に属する者をまとめて被保険者としないこともできる。

　世帯主や組合員が災害その他の政令で定める特別の事情がないにもかかわらず保険料（税）を1年間滞納している場合は，被保険者証を返還しなければならず，被保険者資格証明書を保険者から交付されることになっている。

3）　国民健康保険事業を行うための財源

　国民健康保険は保険料（税），国庫負担（補助）金，都道府県補助金，市町村の一般会計からの繰入金等から成り立つ。これらを図示化したのが，図表11 − 3と図表11 − 4である。財源の大半を占めるのは保険料（税）と国庫負担（補助）金である。

（3）給付内容
1）　保険給付の範囲

　国民健康保険における保険給付の範囲は図表11 − 5の通りである。法定給付とは，法律によって保険者に給付を行うべき義務が課せられているものである。それに対して任意給付とは，給付するかどうかは保険者の自主性に任されているものである。なお，「高齢者の医療の確保に関する法律」（以下「高齢者医療確保法」）の規定による医療を受けることができる被保険者については，併給となってしまうために，法定給付の内，療養の給付から高額療養費の支給は行われないことになっている。

　これ以外にも，被保険者の疾病の予防，健康の保持を図ることもその重要な

図表 11 − 3 　国民健康保険の財源

2007（平成20）年度経常収入	市町村	組　合	合　計
保険料	28,011	4,400	32,411
国庫負担	28,277	3,043	31,320
都道府県負担	7,407	73	7,480
市町村負担	7,587	2	7,589
前期高齢者交付金	24,365	55	24,420
退職交付金	8,936		8,936
その他	14,202	180	14,382

単位：億円

出所）中央社会保険医療協議会「第17回医療経済実態調査（保険者調査）報告－平成21年6月実施－」より作成。

図表 11 − 4 　国民健康保険の財源構成

国民健康保険全体

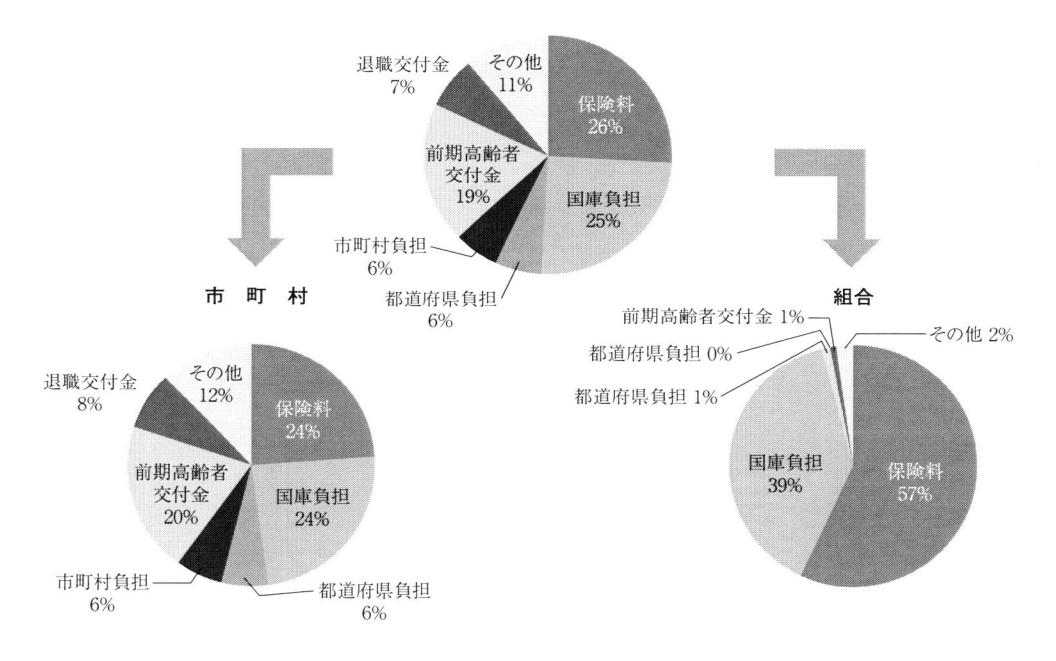

退職交付金 7%
その他 11%
保険料 26%
国庫負担 25%
前期高齢者交付金 19%
市町村負担 6%
都道府県負担 6%

市　町　村

退職交付金 8%
その他 12%
保険料 24%
国庫負担 24%
前期高齢者交付金 20%
市町村負担 6%
都道府県負担 6%

組合

前期高齢者交付金 1%
その他 2%
都道府県負担 0%
都道府県負担 1%
国庫負担 39%
保険料 57%

目的のひとつとされており，そのための保健事業の拡充強化が図られてきた。具体的には，保険者は，「高齢者医療確保法」に基づく特定健康診査および特定保健指導を行うものとするほか，健康教育，健康相談，健康診査その他の被保険者の健康の保持増進のために必要な事業（保健事業）を行うように努めなければならないこととなっている。さらに，被保険者の療養のために必要な用具の貸し付け等のような被保険者の環境の向上に必要な事業，保険給付のために必要な事業，被保険者の療養等に必要な資金の貸し付け等の事業を行うこともできることになっている。

図表11－5　国民健康保険における保険給付の範囲

給付の種類	給付範囲	概　要
法定給付	療養の給付 訪問看護療養費	義務教育就学前：8割，義務教育就学後から70歳未満：7割， 70歳以上75歳未満：8割（※1）（現役並み所得者（現役世代の平均的な課税所得（年145万円）以上の課税所得を有する者）：7割）
	入院時食事療養費	食事療養標準負担額：一食につき260円 低所得者：一食につき210円 低所得者で90日を超える入院：一食につき160円 低所得の低い低所得者（70歳以上）：一食につき100円
	入院時生活療養費	生活療養標準負担額：一食につき460円（＊）＋320円（居住費） 低所得者：一食につき210円（食費）＋320円（居住費） 特に所得の低い低所得者：一食につき130円（食費）＋320円（居住費） 老齢福祉年金受給者：一食につき100円（食費）＋0円（居住費） （＊）入院時生活療養（II）を算定する保険医療機関では420円　注：難病等の患者の負担は食事療養標準負担額と同額
	保険外併用療養費	保険者は，被保険者が自己の選定する保険医療機関等について評価療養又は選定療養を受けたときは，世帯主又は組合員に対し，その療養に要した費用について支給する。（第53条）
	療養費	保険者が，療養の給付等を行うことが困難であると認めるとき，又は被保険者が保険医療機関等以外の病院，診療所若しくは薬局その他の者について診療，薬剤の支給若しくは手当を受けた場合において，保険者がやむを得ないものと認めるときは，療養の給付等に代えて支給される給付。ただし，当該被保険者の属する世帯の世帯主又は組合員が当該被保険者に係る被保険者資格証明書の交付を受けている間は，この限りでない。（第54条）
	特別療養費	世帯主又は組合員がその世帯に属する被保険者に係る被保険者資格証明書の交付を受けている場合において，当該被保険者が保険医療機関等又は指定訪問看護事業者について療養を受けたときは，世帯主又は組合員に対し，その療養に要した費用を支給する。（第54条の3）
	移送費	被保険者が療養の給付等を受けるため病院又は診療所に移送されたときは，世帯主又は組合員に対し，移送費として，厚生労働省令の定めるところにより算定した額が支給される。（第54条の4）
	高額療養費	70歳未満の者 （上位所得者）150,000円＋（医療費－500,000）×1%　　　　（83,400円） （一般）80,100円＋（医療費－267,000）×1%　　　　　　　　　（44,400円） （低所得者）35,400円　　　　　　　　　　　　　　　　　　　　（24,600円） （括弧内の額は，4カ月目以降の多数該当）
	出産育児一時金	給付内容は条例で定めるところによる。（ほとんどの保険者が原則38万円）
	葬祭費（葬祭の給付）	給付内容は条例で定めるところによる。（1～5万円程度としている市町村が多い。） ほとんどの市町村が実施
任意給付	出産手当金，傷病手当金	実施している市町村はない。

出所）厚生労働省ホームページ（http://www.mhlw.go.jp/bunya/iryouhoken/iryouhoken01/01.html），国民健康保険法条文及び『保険と年金の動向　2009／2010年』を参考に坂本が作成。

　なお，被保険者資格証明書の交付を受けている間は，保健医療機関等で診療を受けた場合，療養の給付等の現物給付を受けることができず，窓口では，かかった医療費の全額を負担し，後に保険者から特別療養費の支給を受けることになる。

2）費用の負担

　国民健康保険の財源構成と重なるが，加入者は保険料（税）と医療サービスを利用した際の窓口負担（利用者負担）を費用として負担することになる[1]。市町村が保険者の場合，保険料のかわりに国民健康保険税を課すことができ，現在では多くの市町村がこれを選択している。

図表11－6　標準課税総額に対する標準割合

4方式	所得割総額 資産割総額 被保険者均等割総額 世帯別平等割総額	40/100 10/100 35/100 15/100
3方式	所得割総額 被保険者均等割総額 世帯別平等割総額	50/100 35/100 15/100
2方式	所得割総額 被保険者均等割総額	50/100 50/100

出所）厚生統計協会編『保険と年金の動向　2009／2010』厚生統計協会，2009年，p.90より転載。

　保険料（税）は図表11－6に示した方式のいずれかによって，被保険者の保険料（税）の額を決める。

　なお，2000年4月から介護保険制度が開始されたことに伴い，保険料（税）の徴収目的に介護納付金の費用が加えられた。この費用は，介護保険の第2号被保険者（40歳以上65歳未満の医療保険加入者）である被保険者に対するものである。介護納付金賦課総額を，各市町村の国民健康保険の保険料（税）の賦課ルールにより，所得割・資産割・均等割・平等割で課して世帯単位で合算し，世帯主が納めることになっている。

（4）動向と課題

　国民健康保険は，その性格上，高齢者や低所得層や不安定雇用者層の加入割合が，次に説明する健康保険や他の医療保険制度よりも高くなっている。人口の高齢化に伴う保険財政の圧迫に対して，市町村が一般会計から繰り入れることによって何とか保険を保持しているものの，大幅な赤字基調が続いていることにはかわりがない。

　もともと自営業者や農業従事者などが加入できなかった医療保険制度を補完し，まさしく福祉的意義をもつ医療保険制度が国民健康保険といえる。しかし，財政赤字を理由に保険料を高くすれば，その高くなった保険料負担が困難となり，あたかも「悪質」な滞納者であるかのように扱われる者が多くなってしまう。そのような医療保険制度からの排除は，より深刻な生活困窮をもたらす。地域の健康と生活を守るために，国民健康保険の在り方について社会福祉学の観点から検討することが，社会福祉士に求められることであるといえるだろう。

2　健康保険

（1）概要と目的

　被用者（労働者）が加入する医療保険，それが健康保険である。目的は，「労働者の業務外の事由による疾病，負傷若しくは死亡又は出産及びその被扶

養者の疾病，負傷，死亡又は出産に関して保険給付を行い，もって国民の生活の安定と福祉の向上に寄与すること」(健康保険法第1条)である。

この目的を達成するために制度としての基本的理念がある。「健康保険制度については，これが医療保険制度の基本をなすものであることにかんがみ，高齢化の進展，疾病構造の変化，社会経済情勢の変化等に対応し，その他の医療保険制度及び後期高齢者医療制度並びにこれらに密接に関連する制度と併せてその在り方に関して常に検討が加えられ，その結果に基づき，医療保険の運営の効率化，給付の内容及び費用の負担の適正化並びに国民が受ける医療の質の向上を総合的に図りつつ，実施されなければならない」(同法第2条)となっている。これを図示化したのが図表11－7である。

(2) 保険者と被保険者
1) 保険者

社会保険である健康保険は，お金を集める保険者と，加入し保険料を支払う被保険者が存在する。以下，それぞれについて説明をする。

健康保険の保険者は大企業等で設立される健康保険組合と，2008年9月まで政府が管掌していた政府管掌健康保険を引き継いだ全国健康保険協会がある。

健康保険組合は，単一組合の場合700人以上，総合組合の場合は3000人以上を使用する事業主が単独または共同で設立し，事業主，事業所の従業員である被保険者，任意継続被保険者で組織される。健康保険組合が運営する健康保

全国健康保険協会
2008年10月より，これまでの政府管掌健康保険が全国健康保険協会(略称「協会けんぽ」)に移管されることになった。この背景として一連の医療保険制度の改革や政府管掌健康保険の主管であった社会保険庁の不祥事による廃止・解体がある。

図表11－7　健康保険の基本的理念

```
┌─────────────────────┐              ┌─────────────────────┐
│ 社会変動            │   影 響      │ 医療保障の仕組み    │
│ ・高齢化の進展      │ ──────────→ │ ・医療保険制度      │
│   (人口構成の変化)  │              │  (健康保険,国民健康保険)│
│ ・疾病構造の変化    │              │ ・後期高齢者医療制度│
│ ・社会経済情勢の変化…│              │ ・その他関連制度    │
└─────────────────────┘              └─────────────────────┘
                                                │
┌────────────────────────────────┐              ▼
│社会変動に併せて，健康保険制度など│         ┌───────────────┐
│の在り方について，常に検討をするこ│ ──────→│これからの在り方の検討│
│とが必要なのである。その際に，どの│         └───────────────┘
│ような価値が重視されるのかが，その│                │
│後の在り方に影響を与える。        │              結 果
└────────────────────────────────┘                │
                                                  ▼
                                    ┌─────────────────────┐
                                    │ 医療保険            │
                                    │ ・運営の効率化      │
                                    │ ・給付の内容及び費用の負担の適正化│
                                    │ ・国民が受ける医療室の向上│
                                    └─────────────────────┘
```

険のことを，組合管掌健康保険という。

それに対して，全国健康保険協会は2006年の医療制度構造改革の一環として，社会保険庁から政府管掌健康保険を引き継いだ公法人である。都道府県単位を軸とする医療保険者の再編・統合として位置づけられている。この全国健康保険協会が運営する健康保険のことを，全国健康保険協会管掌健康保険（通称「協会けんぽ」）という[2]。

2）被保険者

健康保険に加入する被保険者には，強制被保険者，任意包括被保険者，日雇特例被保険者，任意継続被保険者に分けることができる。さらに，被保険者のみならず，その被扶養者による医療サービスの利用についても，保険給付を行う対象となっている。

強制適用被保険者とは，事業所や事務所（以下「事業所」）で常時5人以上の従業員を使用するものを強制適用事業所とし，これらの事業所に雇われている者（後期高齢者医療の被保険者を除く）のことを意味する。その職域の範囲を示したのが，図表11-8である。

次に任意被保険者である。強制適用事業所に該当しない事業所の中で，その事業所の従業員の半数以上の同意を得たうえで，事業主が厚生労働大臣（健保組合の設立を伴う場合を除き，協会けんぽは社会保険事務所長等，健保組合は地方厚生（支）局長に委任される）の許可を受けることによって，任意適用事業所となることができる。この任意適用事業所において適用される被保険者を，任意被保険者という。なお，任意適用事業所となると，そのすべての従業員が任意被保険者となる。

これら2つの適用事業所において臨時で使用される日雇労働者を，日雇特例被保険者としている。一定の保険料を納付することが，保険給付を受ける条件となっている。

最後に任意継続被保険者である。退職等により資格を喪失した場合でも，継続して2ヵ月以上被保険者であった者は，資格喪失日から20日以内に申請す

図表11-8　強制適用事業所の範囲

1. 物の製造，加工，選別，包装，修理または解体の事業 2. 土木，建築その他工作物の建設，改造，保存，修理，変更，破壊，解体またはその準備の事業 3. 鉱物の採掘，または採取の事業 4. 電気または動力の発生，伝統または供給の事業 5. 貨物または旅客の運送の事業 6. 貨物積卸しの事業 7. 焼却，清掃またはとさつの事業 8. 物の販売または配給の事業 9. 金融または保険の事業	10. 物の保管または賃貸の事業 11. 媒介斡旋の事業 12. 集金，案内または広告の事業 13. 教育，研究または調査の事業 14. 疾病の治療，助産その他医療の事業 15. 通信または報道の事業 16. 社会福祉法に定める社会福祉事業と更生保護事業に定める更生保護事業 17. 上記の事業所の他，国，地方公共団体または法人の事業所で常時従業員を使用するものも適用事業所とされている

れば，2年間に限り被保険者として保険加入を継続することができる。この被保険者を任意継続被保険者という。

3) 適用状況

健康保険組合と協会けんぽの適用状況について，みていくことにする。

まず健康保険組合であるが，組合数は2007（平成19）年度末（以下，いずれの数値も同年度）で1,518となっている。ここ数年は毎年20～50組合の差引減少がみられる。組合の財政の悪化による組合数の減少傾向が続いている。適用事業所数は11万7,884カ所となっている。被保険者数は1,587万956人，被扶養者数は1,498万9,078人となっている[3]。

次に協会けんぽ（旧政府管掌健康保険）では，事業所数が160万7,489カ所（2008年度末，以下同じ），被保険者数は1,949万5,640人となっている。1997年頃から2003年頃にかけて適用事業所数は減少傾向がみられるものの，それ以降は増加傾向にある。被保険者数についても近年増加傾向にあったものの，2008年度は前年比で1.6％の減少がみられた[4]。

(3) 給付内容

1) 保険給付

被保険者およびその被扶養者の傷病や負傷に対して，健康保険で支給される保険の範囲は，図表11－9の通りである。基本的に被扶養者に対する給付は，被保険者本人に対する給付と同様であるが，一部支給の性格上，被扶養者に対しては支給の無いものがある。

支給に当たっては原則現物給付であるが，療養の給付等の支給を行うことが困難であると保険者が認めた場合，あるいは保険医療機関等以外の医療機関で診療をうけた場合であって保険者がやむを得ないと認めたときは，療養の給付等に代えて，療養に要した費用が，療養費として現金給付される。それ以外にも，傷病手当金，移送費，埋葬料・埋葬費，出産育児一時金，出産手当金等（被保険者に対する同様の給付も含む）についても，現金にて支給される。

2) 費用負担

健康保険に加入する被保険者は，保険料と医療サービスを利用した際の自己負担額を，費用として負担することになる。

健康保険事業は，被保険者と事業主の負担する保険料と国庫負担金でまかなわれており，保険料額は，標準報酬月額および標準賞与額に保険料率を乗じて計算される。

保険料については，被保険者の報酬月額を58,000円から1,210,000円までの47等級の標準報酬に区分し，これを保険給付および保険料算定の基礎としている。標準報酬月額は，毎年7月1日に前3カ月間（4月～6月）の平均報酬月額を調査したうえで決定し，原則としてその年の9月1日から1年間適用さ

被扶養者

健康保険においては，被保険者本人のみならず被保険者が扶養する者についても療養の給付等の保険給付が行われる。被扶養者の範囲は，①直系尊属，配偶者（「内縁関係」を含む），子，孫，弟妹であって主として被保険者により生計を維持する者，②3親等以内の親族であって被保険者と同一世帯に属し主として被保険者により生計を維持する者，③「内縁関係」にある配偶者の父母および子であって被保険者と同一世帯に属し主として被保険者により生計を維持する者，等である。

図表11－9　健康保険の保険給付

被保険者への給付		被扶養者への給付	
療養の給付	診察，薬剤，治療材料の支給，処置，手術その他の治療，居宅における療養上の管理，療養に伴う世話，その他の看護，病院や診療所への入院とその療養に伴う世話その他の看護。	家族療養費	被扶養者の疾病や負傷について，被保険者の場合と同様に支給。
入院時食事療養費	入院時の食事。	入院時食事療養費	被保険者の場合と同じ
入院時生活療養費	療養病床に入院する70歳以上の者の食事療養並びに温度，照明及び給水に関する療養環境の形成。	入院時生活療養費	同上
訪問看護療養費	看護師，保健師，理学療養士などが療養上の世話その他の必要な診療の補助	家族訪問看護療養費	同上
保険外併用療養費（旧特定療養費）	選定療養，評価療養を受けた時に支給 詳細は図表11－10を参照。	保険外併用療養費	同上
療養費	やむを得ない事情により療養の給付等が支給困難な際に，療養の給付などに代えて，療養に要した費用を現金で給付。	療養費	同上
傷病手当	療養のために仕事ができない場合で，その間の報酬（給料）を受けられない時に，第4日目から支給される。		
移送費	療養の給付を受けるために病院や診療所に移送されたときに現金を支給。	家族移送費	被保険者の場合と同じ
埋葬料・埋葬費	被保険者本人が死亡した時，その被保険者によって生計を維持していた者で埋葬を行うものに対し，5万円を支給。	家族埋葬料	被扶養者が死亡したときは，被保険者に対して5万円（一律）が支給。
出産育児一時金	被保険者が出産したとき，35万円が現金で支給。	家族出産育児一時金	被扶養者が出産したときに，被保険者に対して35万円が支給。
出産手当金	被保険者が出産の日以前42日から出産の日後56日までのあいだにおいて労務に服さず，報酬を受けられないときに，その期間，1日につき標準報酬日額の6割に相当する額が支給。		

図表11－10　選定療養と評価療養の内容

選 定 療 養	評 価 療 養
① 特別の療養環境の提供 ② 予約診療 ③ 時間外診療 ④ 200症以上の病院の未紹介患者の初診 ⑤ 200症以上の病院の再診 ⑥ 制限回数を超える医療行為 ⑦ 180日を越える医療行為 ⑧ 前歯部の材料差額 ⑨ 金属床総義歯 ⑩ 小児う蝕（むし歯）の治療後の継続管理	⑪ 先進医療（従来の高度先進医療を含む） ⑫ 医療品の治験にかかる診療 ⑬ 医療機器の治験にかかる診療 ⑭ 薬事基準収載前の承認医薬品の投与 ⑮ 保険適用前の承認医療機器の使用 ⑯ 承認基準に収載されている

れることになる。なお，賞与（ボーナス）については，実際の賞与の100円未満を切り捨てた標準賞与額として保険料の対象となる。標準賞与額が年間で540万円を越えるときは，540万円とすることとされている。保険料率と負担割合については，図表11－11の通りである。

　医療サービスを利用した際の窓口負担であるが，これについては本章冒頭の

図表11 - 11　健康保険の保険料率及び負担割合

	協会けんぽ	組合管掌健康保険
保険料率	2009（平成21）年9月〜 都道府県ごとの保険料率……8.15〜8.26％ ※介護保険第2号被保険者は介護保険の保険料率を加算……1.19％	30/1000〜100/1000の範囲で組合が定める。 ※厚生労働大臣の認可が必要
負担割合	被保険者と事業主で折半（労使折半）	原則として被保険者と事業主の折半 ※組合の規約で事業主の負担割合を増加することも可能。

図表11 - 1を参照していただきたい。

　一部負担としては，義務教育就学後から70歳未満が3割（保険から7割給付），義務教育就学前2割，70歳以上75歳未満2割（現役並み所得の場合は3割）となっている。ただし，自己負担額が高額となった場合，高額療養費制度および高額介護合算療養費制度があるので，一定以上の負担とならないようになっている。さらに，乳幼児等の健康の保持とすこやかな育成をはかるために，保険診療による医療費の自己負担額を助成する乳幼児等医療費支給制度により，実際の自己負担は低く抑えられている。

3）高額療養費と高額介護合算療養費

　同一月に同一の医療機関等に支払った一部負担金（自己負担分）の額が高額の場合，図表11 - 12のように高額療養費が支給される。これとは別に，療養の給付にかかる一部負担金等の額および介護保険の利用者負担額の合計がいちじるしく高額である場合には，高額介護合算療養費が支給される。年齢や所得区分によって自己負担限度額は図表11 - 13のように異なる。

（4）動向と課題

　近年での主な変革といえるのは，すでに述べた政府管掌健康保険から協会けんぽへ移行したことであろう。これは，2010年1月1日に年金機構が設置された，社会保険庁改革の一環として理解することが重要である。

　動向としては，日本社会における高齢化の影響を受けて，財政収支が厳しくなってきている点をあげておきたい。健康保険組合全体，そして協会けんぽのいずれにおいても，経常収支差がマイナスとなっており，積立金を取り崩しながら運営をしている。高齢者が多く加入する国民健康保険との均衡を図るための後期高齢者支援金，前期高齢者納付金，退職拠出金の負担が重くなってきている。実際に，財政事情の悪化により保険料率が協会けんぽを上回ってしまい，それを理由に解散する組合まで存在している。

　それでは，先のような負担をやめれば良いのか。そういう単純な話ではない。国民健康保険と均衡を図ることをやめると，瞬く間に国民健康保険の財政事情は悪化する。地方自治体による，さらなる財政支援が必要になる。地域のあら

図表 11 − 12　高額療養費の負担限度額

平成 21 年 4 月現在

<table>
<tr><td rowspan="3">70歳未満の者</td><td>上位所得者
(月収 53 万以上)</td><td colspan="2">150,000 円 + (医療費 − 500,000 円) × 1%
(83,400 円)</td></tr>
<tr><td>一　　　般</td><td colspan="2">80,100 円 + (医療費 − 267,000 円) × 1%
(44,400 円)</td></tr>
<tr><td>低所得者
(住民税非課税)</td><td colspan="2">35,400 円
(24,600 円)</td></tr>
</table>

<table>
<tr><td rowspan="5">70歳以上75歳未満の者</td><td colspan="2"></td><td>外来（個人ごと）</td><td>自己負担限度額</td></tr>
<tr><td colspan="2">現役並み所得者
(月収 28 万以上，課税所得 145 万以上)</td><td>44,400 円</td><td>80,100 円 +
(医療費 − 267,000 円) × 1%
(44,400 円)</td></tr>
<tr><td colspan="2">一　　　般</td><td>12,000 円</td><td>44,400 円</td></tr>
<tr><td rowspan="2">低所得者</td><td>住民税非課税 Ⅱ</td><td rowspan="2">8,000 円</td><td>24,600 円</td></tr>
<tr><td>Ⅰ
(年金収入 80 万円以下等)</td><td>15,000 円</td></tr>
</table>

<table>
<tr><td rowspan="4">75歳以上の者</td><td colspan="2">現役並み所得者
(月収 28 万以上，課税所得 145 万以上)</td><td>44,400 円</td><td>80,100 円 +
(医療費 − 267,000 円) × 1%
(44,400 円)</td></tr>
<tr><td colspan="2">一　　　般</td><td>12,000 円</td><td>44,400 円</td></tr>
<tr><td rowspan="2">低所得者</td><td>住民税非課税 Ⅱ</td><td rowspan="2">8,000 円</td><td>24,600 円</td></tr>
<tr><td>Ⅰ
(年金収入 80 万円以下等)</td><td>15,000 円</td></tr>
</table>

注　（　）内は「多数該当の場合」
　　長期高額療養については原則 10,000 円

出所）厚生統計協会編，前掲書，p. 67 より転載。

図表 11 − 13　高額介護合算療養費の自己負担限度額

所得区分	70 歳未満の世帯	70 歳以上の世帯
一般	67 万円	62 万円
上位所得者・現役並み所得者	126 万円	67 万円
低所得者	34 万円	31 万円
低所得者（特に所得の低い者）		19 万円

注
1　毎年 8 月 1 日〜翌年 7 月 31 日の 1 年間に支払った自己負担額を対象とする。(平成 20 年度は，平成 20 年 4 月 1 日〜平成 21 年 7 月 31 日の 16 カ月間。自己負担額も，表中の額の 12 分の 16 倍となる。)
2　70 歳以上の世帯の一般の自己負担限度額（平成 20・21 年度）は，自己負担額割合の見直し（1 割→ 2 割）の凍結内容を反映して 75 万円となる。
3　70 歳以上の一般の被保険者等が平成 21 年 8 月 1 日から平成 22 年 7 月 31 日までの間に療養を受けた場合の自己負担額は 56 万円となる。

出所）『社会保障の手引き　平成 22 年 1 月改訂』，p. 607 から転載。

ゆる人をカバーする地域保険である国民健康保険が破綻するということは，「国民皆保険」の維持が困難となってしまう。

　健康保険の財政事情を考えるためには，図表 11 − 1 で示した医療保険制度

の全体像を把握したうえで、日本における医療保険制度全体のあり方について考える必要がある。現在のサービス水準を維持する、もしくはよりいきわたる医療のあり方を追求するのであれば、医療保険制度全体の総枠を拡大するような取り組みが必要である。

3 各種共済組合の医療保険

(1) 各種共済組合の種類

共済組合は、1905（明治38）年に官業現業員共済組合として、製鉄所共済組合から発足した。その後、鉄道、通信、印刷、造幣などの現業官庁に共済組合が組織化され、恩給制度の適用されない雇用人たる国の職員を対象とした。当初の事業内容は業務上の災害給付から出発し、疾病や負傷、退職に対する給付へと給付内容を改善している。

年金保険などを兼ねた総合保険的性格をもっており、医療保険に該当するのは短期給付といわれるものであり、健康保険制度の改正とともに、短期給付の改正も図られてきた。

医療保険を実施している共済組合は、その対象、職種の別により、国家公務員共済組合、地方公務員共済組合、私立学校教職員共済の3つに分けることができる。なお、短期給付については、どの共済組合においてもほぼ同じであり、支給内容についても健康保険制度とほぼ同じ内容になっている。

(2) 共済組合の医療保険

1) 国家公務員共済組合

2007（平成19）年度末時点（本節の以下の数値はいずれも同じ）で21組合から国家公務員共済組合は成り立っている。組合員数は108万5,030人（任意継続組合員を含む）、被扶養者数は132万4,182人（任意継続組合員の被扶養者を含む）となっている。

収支状況は、収入が5,389億円、支出が5,217億円で、172億円の利益となっている。3つの共済の中ではもっとも財政的に安定していると言える。

2) 地方公務員共済組合

短期給付を実施している55組合から、地方公務員共済組合は成り立っている。組合員数は282万1,989人、被扶養者数は328万6,356人となっている。ちなみに、公立学校の教職員が加入する公立学校共済組合は、ここに含まれる。

収支状況は、収入が1兆4,022億円、支出が1兆4,061億円で、39億円の当期損失となっている。3つの共済組合の中ではもっとも加入者が多いのが特徴である。

3） 私立学校教職員共済

　国公立学校教職員との均衡を図るべく，私立学校の教職員にも適用する形で1954年に設立されたのが私立学校教職員共済（いわゆる「私学共済」）である。組合員数は49万302人，被扶養者数は36万5,486人である。組合員数に対する被扶養者数が0.75人と，3つの共済の中ではもっとも少ないのが特徴である。

　収支状況は，収入が1,928億円，支出が1,925億円，2.4億円の利益となっている。

4　公費負担医療

　国や地方自治体が，医療サービス利用者に代わってその医療費を，租税で負担する制度を公費負担医療という。その内容について主なものをまとめたのが，図表11 – 14である。

　社会防衛的性格をさらに広げると，公衆衛生が含まれてくる。公衆衛生は健康診断，予防摂取，保健指導，薬事行政，上下水道，そしてゴミ処理等の健康の維持増進に関する幅広い活動を行っており，地域保健法により地域医療のひとつとして展開されている。さらに，特定疾患治療研究事業は，公衆衛生の一環として位置づけることもできる。

　特定疾患治療研究事業は，いわゆる難病患者への医療費助成制度で，自己負担の一部を国と都道府県が公費負担して助成する制度である。対象となる特定疾患は，現在56疾患となっている（図表11 – 15参照）。これ以外にも，臨床調査研究分野の対象疾患が130疾患ある。

　これら特定疾患や臨床調査研究分野の対象疾患意外にも，希少難病といわれ，対象になっていない難病も存在している。このような公費負担対象にもならない難病患者の抱える福祉ニーズに対して，その生活に寄り添った支援と医療保障が必要となっている。

図表11 – 14　公費負担医療の枠組み

制度枠組み	概　要
社会福祉的性格	生活保護法による医療扶助 障害者自立支援法による自立支援医療
補償的性格	戦傷病者特別援護法による療養の給付・更生医療 原子爆弾被爆者に対する援護に関する法律による医療 公害健康被害の補償等に関する法律による公害保健福祉事業
社会防衛的性格	精神保健福祉法による措置入院 感染症予防法による入院患者医療・結核患者医療
その他	特定疾患治療研究事業（難病支援） 地方自治体による医療費助成制度

図表 11 - 15 特定疾患一覧

疾病番号	疾患名	疾病番号	疾患名	疾病番号	疾患名
1	ベーチェット病	22	後縦靱帯骨化症	42	バット・キアリ（Budd-Chiari）症候群
2	多発性硬化症	23	ハンチントン病	43	慢性血栓塞栓性肺高血圧症
3	重症筋無力症	24	モヤモヤ病（ウィリス動脈輪閉塞症）	44	ライソゾーム病
4	全身性エリテマトーデス	25	ウェゲナー肉芽腫症		(1) ライソゾーム病
5	スモン	26	特発性拡張型（うっ血型）心筋症		(2) ファブリー病
6	再生不良性貧血	27	多系統萎縮症	45	副腎白質ジストロフィー
7	サルコイドーシス		(1) 線条体黒質変性症	46	家族性高コレステロール血症（ホモ接合体）
8	筋萎縮性側索硬化症		(2) オリーブ橋小脳萎縮症	47	脊髄性筋萎縮症
9	強皮症／皮膚筋炎及び多発性筋炎		(3) シャイ・ドレーガー症候群	48	球脊髄性筋萎縮症
10	特発性血小板減少性紫斑病	28	表皮水疱症（接合部型及び栄養障害型）	49	慢性炎症性脱髄性多発神経炎
11	結節性動脈周囲炎	29	膿疱性乾癬	50	肥大型心筋症
	(1) 結節性多動脈炎	30	広範脊柱管狭窄症	51	拘束型心筋症
	(2) 顕微鏡的多発血管炎	31	原発性胆汁性肝硬変	52	ミトコンドリア病
12	潰瘍性大腸炎	32	重症急性膵炎	53	リンパ脈管筋腫症（LAM）
13	大動脈炎症候群	33	特発性大腿骨頭壊死症	54	重症多形滲出性紅斑（急性期）
14	ビュルガー病（バージャー病）	34	混合性結合組織病	55	黄色靱帯骨化症
15	天疱瘡	35	原発性免疫不全症候群	56	間脳下垂体機能障害
16	脊髄小脳変性症	36	特発性間質性肺炎		(1) PRL分泌異常症
17	クローン病	37	網膜色素変性症		(2) ゴナドトロピン分泌異常症
18	難治性肝炎のうち劇症肝炎	38	プリオン病		(3) ADH分泌異常症
19	悪性関節リウマチ		(1) クロイツフェルト・ヤコブ病		(4) 下垂体性TSH分泌異常症
20	パーキンソン病関連疾患		(2) ゲルストマン・ストロイスラー・シャインカー病		(5) クッシング病
	(1) 進行性核上性麻痺		(3) 致死性家族性不眠症		(6) 先端巨大症
	(2) 大脳皮質基底核変性症	39	肺動脈性肺高血圧症		(7) 下垂体機能低下症
	(3) パーキンソン病	40	神経線維腫症I型／神経線維腫症II型		
21	アミロイドーシス	41	亜急性硬化性全脳炎		

注
1) ちなみに，国庫負担や地方自治体による負担金も納税者でもある被保険者が一部負担しているという考え方もあるが，ここでは扱わない。
2) 「協会けんぽ」の設立については，健康保険組合連合会編『社会保障年鑑2009年版』（東洋経済新報社，2009年，p.62）のコラム欄において，的確にまとめられている。ぜひこちらをご参照いただきたい。
3) 厚生統計協会編『保険と年金の動向 2009／2010』厚生統計協会，2009年，p.77。
4) 同上書，pp.72～73。

参考文献

健康保険組合連合会編『社会保障年鑑2009年版』東洋経済新報社，2009年
健康保険組合連合会編『図表で見る医療保障（平成22年度版）』ぎょうせい，2010年
厚生統計協会編『保険と年金の動向 2009／2010』厚生統計協会，2009年
厚生統計協会編『国民の福祉の動向 2009』厚生統計協会，2009年

社会福祉の動向編集委員会編『社会福祉の動向　2010』中央法規，2010 年
社会保障入門編集委員会編『社会保障入門　2010』中央法規，2010 年
『社会保障の手引き　平成 22 年 1 月改訂』中央法規，2010 年

プロムナード

　高齢者の医療難民や地域医療の崩壊が叫ばれ，無保険状態の子どもが必要な医療を受けられないことがマスコミで紹介され，そして医師不足を日本医師会が訴えるテレビ CM を流しています。一方で，先進医療技術を駆使する医師や，海外から日本へ医療サービスを利用しにやってくる外国人の姿も，マスコミによって紹介されています。これらは，いずれも日本の医療の現在の姿であり，いずれも真実です。そして，医療保険制度はその中心に位置しています。
　本章ではそのような医療保険制度について取り扱いました。その研究の多くは，経済学や法学を基にして行われています。医療福祉という分野においては，医療と福祉の接点となるような事例研究が盛んに行われています。しかし，社会福祉学の立場から医療保険制度について行われている研究はとても少なく，他の社会科学分野から後れをとっているのではないでしょうか。
　社会福祉学では，生活者の視点で，福祉ニーズを抱えた対象者に寄り添いながら実践方法を考え，そこにおける支援過程の一般法則化に取り組みます。しかし，社会福祉の実践においては，社会保障制度全般と深く関わりをもたずにはいられません。だからこそ，現在の制度の姿を冷静に分析し，社会福祉の実践における価値から，具体的にどのような制度が望ましいのかを考えることが，社会全体にとって大きなフィードバックになると私は考えます。

学びを深めるために

野村拓『新版　講座　医療政策史』桐書房，2009 年
　　1968 年に『講座　医療政策史』として医療図書出版社から出版された本の新版（復刻版ともいえる）である。40 年以上経過した今も全く色あせることなく，歴史の中にあった庶民のくらしと健康に対して，医療がどのように関わっていたのかが克明に描かれている。

権丈善一『医療政策は選挙で変える【増補版】　再分配政策の政治経済学Ⅳ』慶應義塾大学出版会，2007 年
　　日本を代表する医療経済学者による，医療政策分析についてわかりやすく書かれた本。冒頭の「忙しいあなたのために　──ともかく，これだけは読んでください」を読むだけでも，医療政策に関する正確な分析が理解できる。

▶地方自治体によって，さまざまな医療サービスが展開されている。医療保険制度と関連づけながら，自分たちの住んでいる地域にはどのようなサービスが実施されているのかを調べてみよう。

▶日本では国民皆保険のもと，社会保険を中心にして医療サービスが提供されている。しかし世界にはそれ以外の方法がある。イギリスやドイツ，アメリカの制度について調べて，各制度のメリットとデメリットについて，それぞれを比較しながら考えてみよう。

福祉の仕事に関する案内書

佐藤幹夫『ルポ　高齢者医療——地域で支えるために』岩波書店，2009年
竹内和久・竹之下泰志『公平・無料・国営を貫く英国の医療改革』集英社，2009年
二木立『医療経済学・政策学の視点と研究方法』勁草書房，2006年
牧洋子・和田謙一郎編著『転換期の医療福祉　—難病・公害病・被爆者問題などへの新たな挑戦』せせらぎ書房，2005年

第12章 諸外国の社会保障

第12章 諸外国の社会保障

本章では、諸外国の社会保障を取り上げ、その制度内容や最近の動向を解説する。諸外国といっても、国連に加盟している国だけでも192ヵ国あり、それらすべての社会保障を取り上げるわけにはいかない。ここでは、いわゆる先進資本主義諸国で、かつ日本の社会保障の議論のなかでも頻繁に言及されるスウェーデン、ドイツ、イギリス、アメリカの4ヵ国をとりあげる。また、社会保障といっても、さまざまな制度があり、かつ各制度が非常に複雑である。ここでは、まず、(1) 社会保障の歴史・特徴を簡潔にみたうえで、(2) 主たる社会保障として①年金制度、②医療制度、③介護制度、④低所得者対策の4つに焦点を絞り、その特徴やポイントを解説していきたい[1]。

1 スウェーデンの社会保障

(1) 社会保障の歴史・特徴

スウェーデン（スウェーデン王国：Kingdom of Sweden）は、立憲君主制で議会は一院制（349議席）である。ヨーロッパの北にあるスカンディナヴィア半島に位置し、面積は日本の1.2倍と同程度であるが、人口は930万人程である。

スウェーデンは福祉国家の代表国とされる。その起源は1932年に労働者層の支持により社会民主党の長期政権が誕生したことにある。当時のハンソン首相（Hansson, P.A.：1885-1946）は、良い家庭のように市民が平等で助け合い、貧困や差別をなくすことを目標とした「国民の家」（folkhemmet）を標榜し、戦後の福祉国家の基礎を作った。第二次世界大戦後、ノーマライゼーションの理念が浸透し、1980年には高齢者、障害者、児童、家庭問題などの総合的な福祉サービス法である「社会サービス法」に結実した。また、国家による積極的な所得再分配政策によって、全国民を対象とした高水準の普遍的な社会保障を構築した。

社会保障の主な特徴として、第1に、普遍主義であり、資力調査なしで、必要に応じて給付することを基本としていること。第2に、年金制度は保険方式、医療制度や介護制度、低所得者対策は税方式で運営されていること。第3に、老齢年金以外の社会保険では原則として被保険者負担がなく、使用者側の負担に限定されていることなどが挙げられる。

(2) 制度の概要
1) 年金制度

公的年金制度は職域の区別がない全国で統一した国の制度となっている。老齢年金は1999年改正により次の3つで構成されている（図表12－1参照）。第1に、「所得比例年金」（Inkomstpension）であり、賦課方式で運用され、生涯の保険料額の水準と平均余命などを基に算出される。第2に、「積立年金」

ノーマライゼーション（normalization）
障害者や高齢者も、人格を尊重され、他の人びとと同じ権利を享受し、地域社会で主体的な生活と社会参加が保障されるのがノーマルな社会であるという思想に基づき、そのような生活を実現していくこと。

社会サービス法（Socialtjänstlagen）
法1条の1にその目的が「社会サービスは民主主義と連帯を基礎に、人びとの経済的および社会的安全、生活条件における平等、ならびに社会生活への積極的な参加を促進するものでなければならない」と規定されている。

普遍主義（universalism）
福祉サービスを求めるすべての人が「いつでも、誰でも、必要な時に必要なサービスが利用できる」ことが望ましいという考え方。特に、福祉を利用する際に、資力調査を要求されないことが重要な点である。

1. スウェーデンの社会保障

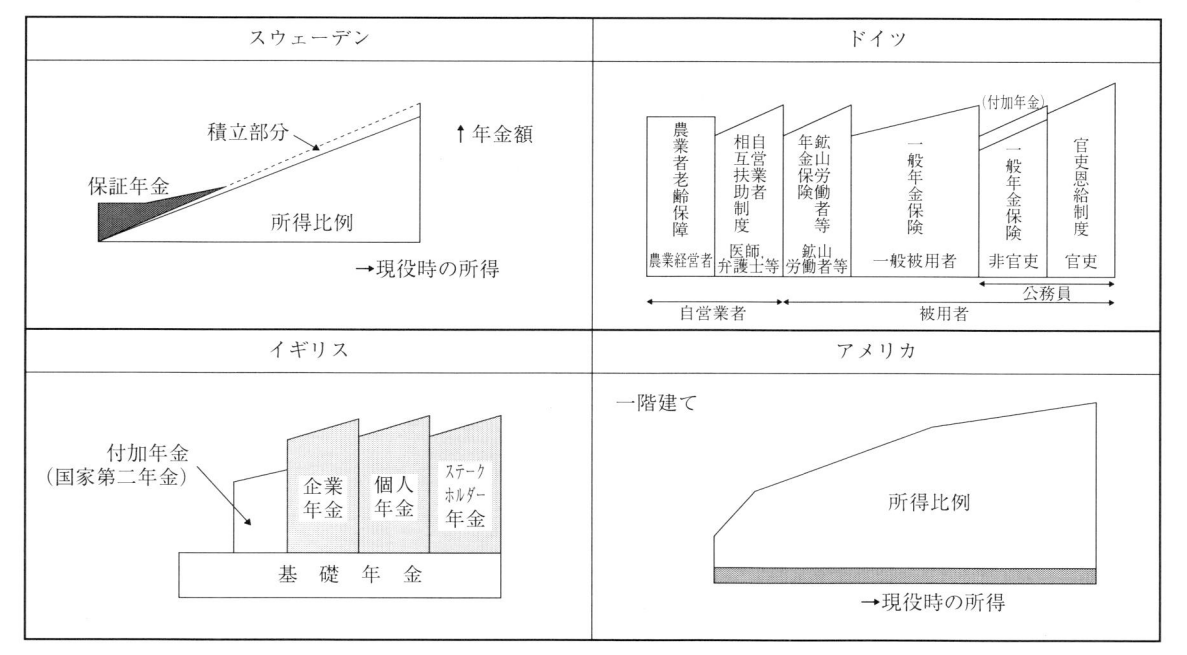

図表 12－1　各国の年金制度の体系図

[図：スウェーデン（保証年金、積立部分、所得比例）、ドイツ（農業者老齢保障、相互扶助業者制度、鉱山年金保険労働者等、一般年金保険、一般年金保険（付加年金）、官吏恩給制度／自営業者・被用者・公務員）、イギリス（付加年金（国家第二年金）、基礎年金、企業年金、個人年金、ステークホルダー年金）、アメリカ（一階建て、所得比例）]

注）　スウェーデン、アメリカの白地は保険料財源、黒地は税財源、イギリス人の黒地は私的年金を示す。
出所）年金シニアプラン総合研究機構「各国の年金制度」『年金と経済』26 巻 4 号、2008 年 1 月より作成。

（Premiepension）であり、積立方式で、納付保険料の積立とその運用利回りなどで年金額が決定される。

上の 2 つの保険料率は合わせ 18.5％（被用者では事業主負担 10.21％、被保険者 7％：18.5％は控除後所得の率）に固定され、そのうち 16％分が所得比例年金、2.5％分が積立年金に当てられる。保険料が固定されているため、年金資産が足りなくなると自動的に給付を引き下げる「自動均衡機能」が設定されている。給付開始年齢は 61 歳以降自分で決めるが、給付開始年齢に応じて年金額が増減される。

第 3 に、「保証年金」（Grantipension）であり、上記の年金で無年金・低年金となる高齢者に、税財源により無拠出で一定の年金が給付される。国内居住 3 年以上を要件として 65 歳から給付される。

2）　医療制度

医療制度は税方式で実施されており、財源はほぼ医療のための広域自治体であるランスティング（Landsting）の税収入と自己負担金によりまかなわれている。自己負担は重くならないよう国で上限が定められ、ランスティングはさらに低く上限を設定し、特に 20 歳未満の子は無料とするところが多い。医療制度はランスティングが実施主体であり、その支出の約 9 割が医療支出である。ランスティングがほとんどの病院などの医療施設を設置・運営し、医師・その他医療従事者もほとんどが公務員である。一部、民間の病院などがある。

> **エーデル改革**
> スウェーデンで1992年より開始された高齢者福祉改革の総称。高齢者の保健医療と福祉サービスの統合を目的とした。これにより、コミューンが高齢者福祉を主に担当することになり、ランスティングで雇用されていた多くの看護師等の医療従事者がコミューン職員となった。

なお、1992年に実施された「エーデル改革」(Ädelreformen) により、高齢者の社会的入院を減らすため、多くのランスティングの病院がコミューンの介護施設などに転換され、病院の病床数は大幅に減らされた（1991年の約9万床から2008年の約2万5000床）。

3）介護制度

先述のエーデル改革により、高齢者の医療は広域自治体のランスティング、介護・福祉サービスは基礎自治体にあたる「コミューン」(Kommun) が実施すると整理された。介護・福祉サービスも税方式で運営され、コミューンの税収入と福祉サービス利用者の自己負担で費用がまかなわれている。在宅サービスには、ホームヘルプ、デイサービス、ショートステイなどがある。施設介護については、「特別住居」(Särskilda boendeformer) を中心に位置づけ、個室はもちろん、各自の部屋にトイレや風呂、台所などがついたバリアフリー住宅に転換してきている。

介護分野では、比較的早くからホームヘルプなどで民間企業などへ委託が進められてきたが、近年でもその割合は非常に限られている。そのため、2009年には自治体の民間委託をさらに促進する仕組みづくりなどがなされている。

4）低所得者対策

高齢者や障害者など稼働能力のない人への所得保障は社会保険制度により手厚く対応され、「社会扶助」(Ekonomiskt bistand) には稼働能力のない人はほとんど含まれない。したがって、社会扶助には稼働能力のある利用者がほとんどであり、特に若者、移民・難民が多い。そのため、利用者は生計支援を受けると同時に求職活動が義務付けられ、それをしないと給付が削減・停止される。社会扶助の実施主体はコミューンであり、財源もコミューンの税収によりまかなわれている。受給要件としては国内で1年以上滞在すれば、外国人でも給付はなされる。

なお、社会扶助の2008年の平均給付期間は6ヵ月程であるが、長期受給とされる「10ヵ月以上」が増えて問題となっている。そのために、外国人への言語問題や差別問題への対応、アルコール・薬物依存症への対応などに対する積極的な就労支援が課題となっている。

2 ドイツの社会保障

(1) 社会保障の歴史・特徴

ドイツ（ドイツ連邦共和国：Federal Republic of Germany）は16州からなる連邦共和制であり、連邦議会（622議席）と連邦参議院（州代表69議席）の二院制である。人口は約8,200万人であり、面積は日本と同程度であるが、ヨーロッパの中心に位置し、フランスやオランダなど9カ国と国境を接している。

本格的な社会保障は，ビスマルク宰相が1883年疾病保険，1884年労災保険，1889年年金保険と，世界で初めて社会保険として創設したことに始まる。第一次世界大戦敗戦により，1919年にワイマール共和国が成立し，生存権規定が憲法に盛り込まれた。しかし，深刻な経済不況により失業問題が深刻化し，国家社会主義党「ナチス」が台頭し，第二次世界大戦に向かった。敗戦後，冷戦により東西ドイツに分割された。西ドイツは1950年代には経済復興し，1957年の年金改革で賃金スライド制が導入されるなど，社会保障の充実が図られた。1989年のベルリンの壁の崩壊と東西ドイツの統合により，東西の経済格差が大きな問題となっている。近年の大きな改革としては，1995年の介護保険制度創設，2003年の高齢者などの基礎保障の導入，2005年の求職者の基礎保障の導入などがある。なお，社会保障の体系化のため，すべての社会保障関連法を「社会法典」に編纂する作業が行われ，2005年におよそ完成した。

社会保障の主な特徴として，第1に，年金・医療・介護の制度が職域ごとに運営されていること。第2に，介護制度は介護保険として実施されていること，第3に，近年公的扶助の充実を図っていることなどが挙げられる。

(2) 制度の概要
1) 年金制度

公的年金は1階建ての報酬比例年金であるが，職域により制度が分立している。「一般年金保険」（Allgemeine Renetenversicherung）は一般被用者と非官吏の公務員が強制加入する最大の年金保険制度である。「鉱山・鉄道・海上年金保険」（Deutsche Rentenversicherung Knappschaft-Bahn-See）は鉱山労働者・鉄道員などが強制加入となっている。自営業者については，農業経営者は「農業者老齢保障」，医師，弁護士などは「自営業者相互扶助制度」に強制加入する。その他の自営業者や無業者は一般年金保険に任意加入する。一般年金保険の保険料率は19.9％（2009年）で労使折半する。主な年金財源は保険料と国庫補助である。老齢年金では，給付要件は加入期間が5年以上ある65歳以上の者である。なお，後で述べるよう低所得の高齢者には「基礎保障」が給付される。

近年の動向として，ホワイトカラーの職員年金とブルーカラーの労働者年金が2005年に統合され「一般年金保険」が設立された。2007年には老齢年金給付開始年齢を2012年から2029年までに67歳にすることになった。一方，2001年に政府奨励の任意加入の「リースター年金」（Riester-Rente），2005年に自営業者対象に退職後の貯蓄を奨励する「リュールップ年金」（Rürup-Rente）という私的年金を導入し，自助努力を促進している。

2) 医療制度

医療制度も保険方式で，職域などで設置される「疾病金庫」（Krankenkassen）が保険者となり運営されている。高額所得の被用者や自営業者などは強制適用

ビスマルク（Bismarck, Otto: 1815-1898）

ドイツ帝国の「鉄血宰相」として，また世界で初めて社会保険を導入したとして有名な宰相（1871-1890在位）。今日多くの国の社会保障が社会保険により成り立っており，社会保障の先駆者といえる。一方で，労働組合運動などを弾圧し，「アメとムチ」の政策をしたといわれている。

生存権（ワイマール共和国）

ワイマール共和国憲法151条には次のように規定されていた。「経済生活の秩序は，すべての者に人たるに値する生活を保障することを目的とする正義の原則に適合しなければならない。」その考えは日本国憲法第25条1項の規定に大きな影響を与えた。

社会法典（Sozialgesetzbuch）

社会保障関連法は現在12編で次のように社会法典に編纂されている。第1編 総則，第2編 求職者基礎保障，第3編 雇用促進，第4編 社会保険通則，第5編 公的医療保険，第6編 公的年金保険，第7編 労災保険，第8編 児童・青少年扶助，第9編 障害者リハビリテーションおよび参加，第10編 行政手続と社会データ保護，第11編 公的介護保険，第12編 社会扶助，である

ではないが，公的医療保険に加入しない場合は民間医療保険への加入が義務付けられている。人口の約9割が公的疾病保険に加入する。保険料は，元来疾病金庫ごとに異なっていたが，2009年以降15.1％に統一された。主な財源は保険料であるが，被扶養者への給付など保険給付になじまないものに国庫補助が行われている。

近年の動向として，1993年に保険者を自由に選択できる制度が導入され，疾病金庫の統合が進められた。また，各被保険者の年齢，性別，所得状況を勘案し，疾病リスクの低い金庫から高いリスクに調整金を出す「リスク構造調整」が導入された。2007年にすべての国民の公的医療保険または私的医療保険への加入義務化，自己負担の強化，医療基金の創設などが実施されている。

3) 介護制度

1995年に介護保険制度が創設され，介護サービスも保険方式で運営されている。被保険者は医療保険の被保険者と原則同じである。加入に際して年齢制限は設けられておらず，若年層でも介護サービスは給付される。扶養家族も適用される。保険者は「介護金庫」（Pflegekasse）であり，医療保険の各疾病金庫に併設されている。保険料率は賃金の1.95％で，被用者は労使折半で0.975％ずつ負担する。

受給の際には，医師や介護士などで構成される「メディカルサービス」（Medizinischer Dienst der Krankenversicherung：MDK）が審査を行い，要介護認定がなされる。要介護度は要介護ⅠからⅢの3段階であるが，特に重篤と認められる場合はⅢの給付限度額を引き上げる。給付内容には，在宅介護や施設介護，ショートステイなどがあるが，家族や親族などが介護をする場合には「介護手当」として現金が給付されることが日本と異なる特徴である。介護サービスは介護金庫と契約を結んだ事業者によって提供される。

近年の動向として，2008年に「介護発展法」が成立し，給付額の引き上げや介護休暇の導入，介護予防などの強化が図られた。また，要介護度には意思疎通や社会参加などの側面を反映できていないとして見直しが進められている。

4) 低所得者対策

主な低所得者対策としては次の3つが挙げられる。第1に，「社会扶助」（Sozialhilfe）であり，必要不可欠な生計費などを給付する「生活扶助」，障害，疾病，要介護などの生活上の特別な状況にある者に援助をする「特別扶助」がある。これらは資力調査が要件であり，地方自治体の一般財源で実施されている。

第2に，2003年導入の高齢者などの「基礎保障」（Grundsicherung）であり，65歳以上の高齢者または18歳以上で就労できない者に給付される。給付は社会扶助と同様だが，社会扶助は一時的な給付を前提とするため，別制度として創設された。

第3は，2005年に導入された求職者の基礎保障，つまり「失業給付Ⅱ」（Arbeitslosengeld Ⅱ）である。失業保険の失業給付受給期間終了後，就労可能な者は，それまでの社会扶助ではなく，失業給付Ⅱを受給する。失業給付Ⅱでは受給者の求職活動が義務づけられ，従わない場合は給付が減額される。

　したがって，低所得者でも，稼働能力がある者は失業給付Ⅱ，稼働能力がない者は高齢者などの基礎保障を利用し，これらに当てはまらない者が社会扶助を利用する。近年，失業給付Ⅱが創設されたことにより，就労支援が強化され就職率は高まっている。一方，移民（二世などを含む）や経験の少ない若者など就労が難しい層への支援をどう強化するかが課題となっている。

3　イギリスの社会保障

(1) 社会保障の歴史・特徴

　イギリス（グレートブリテン及び北アイルランド連合王国：United Kingdom of Great Britain and Northern Ireland）は，イングランド，ウェールズ，スコットランド，北アイルランドの4つの国の連合王国である。面積は日本の3分の2程であり，人口は約6,100万人である。立憲君主制で，下院（庶民院650議席），上院（貴族院704議席）の二院制である。

　イギリスでは長らく救貧法により貧困対策がなされてきたが，19世紀後半には労働運動が活発になり，20世紀に入ってさまざまな対策がなされた。特に，1911年には健康保険と失業保険をあわせもつ「国民保険法」が成立した。失業保険は世界初となる社会保険であった。第二次世界大戦中の1942年には戦後の社会保障計画となる「ベヴァリッジ報告」が公表された。この報告に基づき，1948年の国民保健サービス法や国民扶助法などが成立し，イギリスは福祉国家となったと称された。しかし，1960年代には「貧困の再発見」があり，1979年には保守党のサッチャー政権が誕生し，「福祉国家の解体」に舵がきられ，市場競争の導入を目的に大胆な民営化が実施された。こうしたなか，「福祉多元主義」の考え方が広まり，1990年には民間活用を推進する「コミュニティケア改革」が行われた。これにより福祉サービスの領域でも，ボランタリー団体や営利企業の活用が促進された。1997年に労働党のブレア政権が誕生し，社会主義でも市場主義でもない「第三の道」を標榜し，最低賃金制度の導入や就労税額控除など低所得者の支援においても積極的な改革をしてきた。

　社会保障の主な特徴としては，第1に，年金・失業・労災の分野をまとめた「国民保険」が社会保険の中核を担っていること。第2に，医療制度は税方式で行われていること。第3に，介護・福祉サービスは，地方自治体により税方式で実施されているが，積極的な民間活用が図られていること，第4に，低所得者には現金給付に積極的な就労促進策を導入していることなどがある。

福祉多元主義（Welfare Pluralism）

福祉サービスについて，供給主体を公的部門，民間非営利部門，民間企業部門などに分類し，それぞれの属性と役割分担によって，多元的にサービス供給を行うことが効率的で望ましいとする考え方。

第三の道（Third Way）

市場や民間の効率性を尊重しつつ，公平性を重視し，低所得者の機会の平等や社会参加，就労支援などの積極的な貧困対策を展開する政策方針である。労働党はこれを新たな政治方針として導入し，「ニューレイバー」（New Labor）と称した。

（2）制度の概要
1）年金制度

　年金制度は「国民保険」(National Insurance) の中心的な制度である。国民保険は全国民の年金，失業，労災を総合的に扱う社会保険制度である。国民年金は2階建てとなっており，1階にイギリスに居住する16歳以上で基準以上の所得のある国民を対象とした「基礎国家年金」(Basic State Pension)，2階に被用者に対する所得比例の「国家第二年金」(State Second Pension) がある。国家第二年金は中低所得者を有利に設計されており，基準を満たす私的年金に加入すると適用除外を受けることができる。被保険者の被用者は所得比例（事業主負担あり）の保険料，自営業者は定額の保険料が課せられる。

　老齢年金の給付開始年齢は男性65歳，女性60歳であるが，女性は2010年から2020年に段階的に65歳に引き上げられる（2024年から2046年に男女とも68歳に引き上げる）。受給の最低加入年数の要件は2007年に撤廃された。

　低所得の高齢者に対しては，2003年に後述する「年金クレジット」が導入され，また2012年から被用者に老後のための貯蓄を強制する「個人勘定年金」(Personal Accounts Scheme) が実施される予定である。2001年には中所得層には私的年金加入を促すため，政府が民間金融機関と協働して「ステークホルダー年金」(Stakeholder Pension) が設けられた。つまり，公的年金制度は低所得高齢者対策として集約して貧困対策と同時に自助努力を進め，中所得層は私的年金により自助努力を促す仕組みになっている。

2）医療制度

　医療制度は1948年に創設された「国民保健サービス」(National Health Service：NHS) により税方式で実施されている。財源の大部分は税であり，一部国民保険からの拠出金が組み込まれる。すべての住民に原則無料で医療を提供している（外国人でも6ヵ月以上居住で利用可）。なお，薬剤，歯科などについては利用者負担があるが，低所得者や児童，就学者，妊産婦などは免除される。また，民間保険の利用も認められている。制度創設当初，病院は国営，医療従事者は公務員であったが，サッチャー政権の改革などにより，現在では公営企業体である「プライマリケア・トラスト」(Primary Care Trust) が運営をしている。利用については，救急医療を除いて，あらかじめ登録した「一般家庭医」(General Practitioner：GP) の診察を受け，必要に応じて病院の専門医を紹介してもらう仕組みとなっている。

　1990年代末には病院の診療・手術の待機期間の長期化などが問題になり，EU諸国平均並みに医療支出を増やすなどして制度の充実が図られた。また，病院整備への民間資金活用，より民間に近い形で自主運営を認める「NHS財団トラスト」(NHS Foundation Trust) の創設，「全国達成目標」などの数値目標の設定，2009年には医療関係者や患者などの権利と義務を規定した「NHS

憲章」(NHS Constitution) が策定された。

3) 介護制度

高齢者介護は保健医療と介護・福祉サービスを組み合わせたものであるが，イギリスでは歴史的に保健医療は国のNHS，介護・福祉サービスは地方自治体の「対人社会サービス」(Personal Social Services) として税方式で提供されている。1990年「国民保健サービスおよびコミュニティケア法」の「コミュニティケア改革」により，サービス供給の分権化，民間活用を進めるため，自治体の役割をケアマネジメントやサービス条件整備の役割とし，効率のよい公的機関，民間企業，ボランタリー団体の中から競争によりサービス提供者を選定・委託する方法に変更した。利用者負担は，医療保健分野についてはNHSで提供されるため原則無料で行われるが，ホームヘルプやデイサービスなどの介護・福祉サービスは有料であるが，自治体によって負担額は異なる。

> **国民保健サービスおよびコミュニティケア法 (NHS and Community Care Act)**
>
> 1990年に，限られた財源の中でより良いサービスを提供することを目的とした医療保健福祉の改革法である。に，福祉サービス供給主体の多元化，市場原理の導入，地方への権限委譲，コミュニティケア計画の策定，ケアマネジメントの推進などが盛り込まれた。

4) 低所得者対策

低所得者対策の主な制度としては，次の5つが挙げられる。

第1に，職を失い就労能力があり求職中に，社会保険の求職者給付の給付期間を超えた場合，「所得調査制求職者給付」が (Income-based Job Seeker's Allowance) 給付される。なお，「ニューディール・プログラム」(New Deal Program) といわれるカウンセリングや教育訓練を含む就労支援プログラムの対象となった場合，参加を拒否すると受給資格を失う。

第2に，障害などで就労できないとされた者にも，自立支援をするため，2008年に「雇用および生活補助手当」(Employment and Support Allowance) が導入された。少しでも働くことができるとされた場合は就労支援を受け，それを受けない場合は給付が減額される。

第3に，上記以外の低所得者で，16歳以上60歳未満の未就労または週16時間未満の就労者に対しては「所得補助」(Income Support) が給付される。

第4に，低収入のため，収入が課税最低限に満たない場合に給付がなされる「給付つき税額控除」として，2003年に働く低所得世帯への「就労税額控除」(Working Tax Credit) と16歳以下の子どものいる世帯への「児童税額控除」(Child Tax Credit) が導入された。

第5に，上記の所得補助から高齢者を分離するため，2003年に低所得高齢者に「年金クレジット」(Pension Credit) が導入された。年金クレジットは，①60歳以上の適正額以下の収入の低所得高齢者に対してその差額を給付する「保証クレジット」(Guarantee Credit)，②保証クレジットが貯蓄によって減額されることを抑え，貯蓄を奨励する形で給付する「貯蓄クレジット」(Saving Credit) の2つにより構成されている。

4　アメリカの社会保障

（1）社会保障の歴史・特徴

アメリカ（アメリカ合衆国：United States of America）は50州の連邦制国家である。面積は日本の約25倍，人口は約3億914万人である。大統領制で上院（州代表100議席）と下院（435議席）による二院制である。

独立前は主にイギリス植民地であったため，社会保障もイギリス救貧法を起源とし，救済は州・地方政府の役割とされてきた。しかし，1929年の世界恐慌をきっかけに，ルーズベルト大統領（Roosevelt, F.D.：1882-1945）の「ニューディール政策」の一環で1935年「社会保障法」（Social Security Act）が成立し，連邦政府が失業保険，年金保険，公的扶助で大きな役割を担うことになった。1960年代には，公民権運動の高まりのなかで，「貧困との戦い」を目的とした貧困対策の拡大，1965年には公的医療制度としてメディケア，メディケイドが創設され，社会保障支出が増加した。1980年代に「福祉との戦い」を標榜したレーガン政権により社会保障の支出抑制が行われ，1996年にはクリントン政権により公的扶助の改革が行われた。

社会保障の主な特徴としては，第1に，歴史的に自助・自己責任，「小さな政府」に価値を置く意識が強く，社会保障はその保障の範囲や水準は西欧諸国と比べて低いこと。第2に，国民全体をカバーする公的医療制度が整備されていないこと。第3に，連邦政府はガイドライン作成と財政支援の役割が強く，実際の施策設計および実施は州政府に任されていること。第4に，政府の役割が制限される一方，非営利団体や営利企業など民間の保険会社，介護施設，保育所などが大きな役割を担っていることである。

（2）制度の概要
1）　年金制度

アメリカの公的年金制度は「老齢・遺族・障害年金」（Old-Age, Survivors, and Disability Insurance：OASDI）であり，被用者，自営業者を対象とするが，加入には所得制限などがある。なお，一部の州・地方政府職員や鉄道職員などは職域別の年金制度に加入する。

被保険者の拠出は「社会保障税」（Social Security Tax）として徴収され，その税率は12.4％（2009年）で，被用者はこれを労使折半する。財源は，大部分が社会保障税であるが，その他にも積立金の運用収入などがある。老齢年金の受給は，社会保障税を10年以上納めることが要件である。給付開始年齢は65歳からであったが，2027年までに段階的に67歳に引き上げることになっており，現在66歳である。近年，社会保障基金がもうすぐ底をつくとされており，社会保障税率の引き上げ，給付の引き下げが議論になっている。なお，アメリ

ニューディール政策（New Deal）

世界恐慌により生じた大量失業・貧困対策として，銀行の監督強化，金本位制の停止，テネシー渓谷開発による雇用創出などである。1933年には連邦緊急救済法，1935年に社会保障法などが制定されている。なお，ニューディールとは新規巻き返しという意味である。

貧困との戦い（War on Poverty）

ジョンソン大統領は「貧困との戦い」をスローガンに貧困対策の拡充を進めた。特に，1964年の経済機会法は貧困層の職業訓練や住民参加による地域活動を促進し，1965年にはメディケア・メディケイドの医療対策，家賃補助事業の住宅対策などを展開した。

カでは企業年金が大きく発展しており，特に給付額が資産運用実績によって変化する「確定拠出型年金」(Defined Contribution Plan)，いわゆる「401 (k) プラン」は，日本の企業年金改革のモデルともなった。

2) 医療制度

アメリカは先進諸国のなかで唯一全国民を対象とした公的医療制度がない国である。主な公的医療制度には，1965年に同時に成立した次の2つがある。ひとつは，65歳以上の高齢者，障害者，慢性腎臓病患者などを対象とした医療保険「メディケア」(Medicare) である。メディケアは病院保険 (パートA)，外来診療などを含めた補足的医療保険 (パートB)，メディケア・アドバンテージ (パートC)，処方薬給付 (パートD) があるが，病院保険は社会保障税を支払うことで給付されるが，その他は任意加入で追加的な保険料負担が必要である。

もうひとつは，低所得者を対象とした医療扶助「メディケイド」(Medicaid) である。公的扶助のため，資力調査を要件とする。財源として連邦補助金が交付されるが，州政府が受給要件や給付対象などを定める。1997年にはメディケイドの対象とならない低所得の子どもの医療問題に対応するため，受給要件を緩和した「州児童医療保険プログラム」(State Children's Health Insurance Program：SCHIP) が創設された。ただし，この利用にあたっては追加的な保険料や自己負担が求められることがある。

上記の制度の対象にならない人の多くは，企業の福利厚生で「雇用主提供医療保険」または民間医療保険を自分で購入する。しかし，保険料が高く購入できなかったり，病歴を理由に加入が認められなかったりと無保険者が4,000万人以上おり大きな問題になっている。オバマ政権は2010年3月に医療保険改革をし，無保険者が民間保険を購入できるよう規制強化と財政支出を取り決めた。これにより3,200万人以上の無保険者が保険に加入できるとされている。

なお，医療制度の特徴として，1980年代から利用できる病院の制限や保険給付支払いの事前審査・定額化などで保険給付を抑制する「マネジドケア」(Managed Care) が広まっている。ただし，それでもアメリカは世界で最も医療支出の高い国であり，医療支出の抑制をどう行うかも大きな課題となっている。

3) 介護制度

アメリカでは，介護は主に介護施設である「ナーシングホーム」(Nursing Homes) などが担っており，基本的にメディケアで対応する。しかし，これらの介護施設は民間営利企業などで運営されているものも多く，メディケアでカバーされない部分も多々あり，利用料を支払い続けるうちに資産がなくなり，メディケイドを利用するようになる高齢者も多いことが問題になっている。

なお，主に在宅の高齢者に対する栄養 (食事)，家族介護，介護予防，社会

雇用主提供医療保険

雇用主が提供する社員の福利厚生とした民間医療保険である。雇用主は，その社員と扶養家族を被保険者とする団体医療保険を，民間医療保険会社から購入，または自家保険としてその企業が医療保険を提供する。

参加などの支援については、「高齢アメリカ人法」(Older American Act) によって実施されている。ただし、予算が少なく利用は限定的であり、非営利団体、ボランティア団体や営利企業など民間による支援が積極的に行われている。

4) 低所得者対策

アメリカの主な低所得者対策としては、次の5点が挙げられる。

第1に、「貧困家族一時扶助」(Temporary Assistance for Needy families：TANF) で子どものいる低所得世帯に現金給付を行う。1996年の「個人責任および就労機会調整法」により、それまでの「児童扶養家族扶助」(Aid to Families with Dependent Children：AFDC) を廃止した。貧困家族一時扶助は、「ワークフェア」を理念として、受給に就労要件が設けられ、就労活動できない場合は給付の減額や停止などの措置がなされる。また、生涯で5年（60ヵ月）しか受給できない。連邦補助金の下、州政府の大きな裁量の下で実施されており、受給要件や給付の仕組みは州政府で大きく異なっている。

第2に、「補足的所得保障」(Supplement Security Income：SSI) であり、低所得の就労困難な高齢者や障害者などに対して現金給付を行うものである。第3に、「補足的栄養扶助」(Supplemental Nutrition Assistance Program：SNAP) であり、農業省が管轄して低所得者に対して食料購入のための扶助を提供する。従来「食料スタンプ」(Food Stamp) とよばれていたが、2008年10月に名称変更された。第4に、「勤労所得税額控除」(Earned Income Tax Credit：EITC) であり、一定所得以下の勤労所得がある労働者世帯には税制を通じて給付が行われる。この他にも医療制度のメディケイド、州・地方政府が任意で実施する「一般扶助」(General Assistance：GA) などがある。

最近の動向として、利用制限の強い貧困家族一時扶助（TANF）の利用者は2009年度の大きな経済不況のなかでも減る傾向にあるが、補足的栄養扶助（SNAP）や補足的所得保障（SSI）の利用者が大きく増加している。

これまで、4ヵ国の社会保障についてみてきたが、日本も含め諸外国でも社会保障は最も重要な政策課題となっており、さまざまな改革が行われていることがわかる。社会保障は実験をすることが難しく、諸外国のさまざまな取り組みを学びながら、社会保障のあり方を考えていくことが重要である。

ワークフェア (Workfare)

働くことで良い生活を得られるべきとして「Workfare」が、福祉（Welfare）の対義語として作られた。政府の役割は低所得者が福祉に依存しないよう福祉給付の条件として就労義務を課し、それができない場合、福祉給付は減額または停止されるという特徴をもつ。

注)
1) 近年の社会保障の動向については，厚生労働省『海外社会情勢』2009年を主に参照にした。また，国の概要については，外務省ホームページ「各国・地域情勢」を参考にした。

参考文献

厚生労働省『2008～2009年 海外情勢報告』2009年

安田純子・小林庸至・若友千穂・鈴木伸幸「講座 欧米諸国の低所得者政策（1）～（29）」『週刊社会保障』（2530号～2559号）2009年5月～12月

年金シニアプラン総合研究機構「≪特集≫諸外国の年金制度の動向」『年金と経済』28巻4号，2010年1月号

松村祥子編『欧米の社会福祉』日本放送出版協会，2007年

エスピン＝アンデルセン, G. 著／岡沢憲芙・宮本太郎監訳『福祉資本主義の三つの世界』ミネルヴァ書房，2001年

宮本太郎『福祉国家という戦略：スウェーデンモデルの政治経済学』法律文化社，1999年

プロムナード

【諸外国の労働政策も一緒に学ぼう】

アメリカでは受給期間を生涯で5年，就労活動の義務，義務が果たせないと給付の減額・停止がある貧困家族一時扶助（TANF）が導入されたことを紹介しました。いま日本でも全国知事会や大阪市が生活保護の受給を5年に制限する「有期保護」の導入を国に訴えています。その理由は，公的扶助を利用するとそれに依存して働かなくなるからだといわれています。

しかし，アメリカや日本では働いても貧困から脱出するのが困難な社会です。たとえば，日本の最低賃金は全国平均で730円程（2010年秋現在），地方はさらに低くなります。これでは一所懸命働いても生活保護水準を下回ります。そのため，国は生活保護水準を下げようとしてきましたが，それでは貧困はなくなりません。最低賃金を生活保護水準以上，せめて西欧並みの1,000円程度に引き上げる必要があります。

ところで，高福祉のスウェーデンには国で定めた最低賃金はありません。「連帯的賃金政策」として同一労働同一賃金が徹底されているからです。つまり，同じ職種であれば，どこで働いていても同程度の賃金水準になっています。日本では同じ仕事をしても正社員と非正社員で何倍もの賃金格差がありますが，このようなことは認められていません。しかもそのことがスウェーデン経済を強くしているといわれています。社会保障の考え方も違えば，労働に対する考え方も違います。生活がどう成り立っているのかという視点から，諸外国の労働政策もぜひ一緒に学んでみましょう。

学びを深めるために

国立社会保障人口問題研究所『季刊 海外社会保障研究』
　海外のさまざまな国の社会保障の最新の動向を紹介・研究している専門誌である。なお，当研究所のホームページからも閲覧できる。

渋谷博史監修『シリーズ アメリカの財政と福祉国家』全10巻，日本経済評論社，2006～2007年
　アメリカは最も豊かな国である一方，貧困問題が大きな問題となっている。社会保障の各分野はその問題にどう対応しているのか近年の動向の全体像を明らかにしている。

- 本章で取り上げた以外の国，たとえば，フランス，カナダ，デンマーク，韓国，中国などの年金制度，医療制度，介護制度，低所得者対策などの制度の内容と特徴について調べてみよう。
- 日本と諸外国の各制度の受給要件や給付額・給付方法などの比較表を作り，その特徴を整理したうえで，各国により制度が異なる背景を考えてみよう。

福祉の仕事に関する案内書

奥村禮司監修・国際社会保障実務集団著『社会保障協定の申請・届出実務マニュアル』日本法令，2007年

索　引

あ行

ILO（国際労働機関）　49, 50
アメリカ社会保障法　47
アメリカの独立宣言　6
安全網　11
育児休業給付　124
移送費　162, 167
遺族基礎年金　108, 136
遺族厚生年金　84, 136, 148
遺族補償給付　86
一次予防事業対象者　116
一部負担　159
一般家庭医　182
一般年金保険　179
イノベーション　21
医療扶助　87, 129
医療保険　83
インスティテューショナルな福祉　39
ウィリアム・ヤング法　44
ウィレンスキー, H.L.　38
ウエッブ夫妻　9
エクスクルージョン対策法　10
エスピン＝アンデルセン, G　2
エーデル改革　178
NHS憲章　182
エリザベス救貧法　3, 42
エンゼルプラン　61
オイル・ショック　60
OASDI　184
恩給制度　108

か行

介護給付の支給　88
介護金庫　180
介護サービス　85
介護サービス計画　115
介護扶助　87, 130
介護保険　83, 85
介護保険制度　63, 113
介護補償給付　86
介護予防給付　34
介護予防サービス　85, 114
介護予防システム　96
介護老人福祉施設　86, 114
介護老人保健施設　86, 114
皆年金　p 58, 83
核家族　31
学生の納付特例　138
確定拠出年金（企業型）：401K　154
囲い込み運動　41
合算対象期間　110, 139
家族移送費　112, 167
家族出産育児一時金　167
家族埋葬料　112, 167
家族療養費　112, 167
家族訪問看護療養費　112, 167
寡婦年金　84, 108
カラ期間　139
簡易住宅貸付事業　88
がん保険　101
企業年金　153
基礎国家年金　182
基礎年金　60, 108
基礎年金拠出金　139
基本的人権　5
逆選択　83, 127
休業補償給付　86, 117
救護法　55
求職者給付　86
救貧制度　39
救貧法に関する王立委員会　9
給付の代行（短期給付）　112
給付・反対給付均等（レクシス）　82
教育訓練給付（金）　86, 125
教育扶助　87, 129
共済組合制度　112
共助　38
強制適用事業所（健康保険）　165
強制被保険者　112, 165
業務災害給付　117
居宅サービス　86
ギルバード法　3, 43
金銭給付・現物給付　83
組合管掌健康保険　59
繰り上げ支給　139
繰り下げ支給　139
グローバル経済　13
訓練等給付費の支給　88
経過的加算　146
限界コミュニティ　33
限界集落　33
健康保険　111
　──の保険給付　167
健康保険組合　164
健康保険法　55
高額介護合算療養費（制度）　112, 159, 168
高額療養費（制度）　112, 159, 160, 162
後期高齢者医療制度（長寿医療制度）　69, 85, 113, 158
後期高齢者医療広域連合　85
鉱業法　54
合計特殊出生率　20
公助　38
公衆衛生　171
工場法　54
厚生年金基金　108, 153
厚生年金保険　84, 108, 136
　──の適用事業所　142
交通傷害保険　102

索　引

公的年金制度　　108, 136
公的扶助　　87
高年齢雇用継続給付　　125
高年齢者雇用安定法　　27, 28
公費負担医療　　171
高齢アメリカ人法　　186
高齢社会　　78
高齢者の医療の確保に関する法律　　160
国際人権規約　　7
国内及び海外旅行傷害保険　　103
国民皆保険　　158
国民皆保険皆年金　　58
国民健康保険組合　　160
国民健康保険制度　　112
国民健康保険における保険給付　　162
国民健康保険法　　55
国民年金　　84, 136
国民年金基金　　152
国民扶助法　　3, 5
国民負担率　　75, 78
国民保険　　181, 182
国民保健サービス　　5, 182
　　――およびコミュニティケア法　　183
個人年金保険（定額型）　　97
国家公務員（国家公務員共済連合）　　112
国家公務員共済組合　　136, 170
国家公務員共済連合　　170
国家第二年金　　182
子ども・子育て応援プラン　　64
子ども手当　　74, 88, 132
コミューン　　178
雇用安定事業　　86, 123
雇用および生活補助手当　　183
雇用継続給付　　86
雇用主提供医療保険　　185
雇用保険　　68, 83, 122
雇用保険適用事業所　　124
雇用保険二事業　　68, 125
雇用保険法　　59, 123
ゴールドプラン　　61
混合診療　　97

さ行

在職老齢年金　　146
最低生活保障の原理　　128
3号分割　　150
GHQ（連合国軍最高司令官総司令部）　　56, 126
GHQ 公的扶助の三原則　　56
ジェファーソン，T.　　6
支援費制度　　163
資格期間　　143
支給開始年齢　　143
事後重症　　141
自社年金　　153
自助　　38
次世代育成支援対策推進法　　64
慈善組織協会　　44
実績給付　　95

疾病金庫　　179
私的年金　　152
児童・家族関係給付費　　74
児童扶養手当　　88, 89
ジニ係数　　32
死亡一時金（遺族年金）　　84, 108, 142
死亡保険　　99
社会サービス法　　176
社会手当　　88
社会的な援護を要する人々に対する社会福祉のあり方に関する検討報告書　　10
社会扶助　　82, 87
社会復帰促進等事業　　117
社会法典　　179
社会保険　　82
　　――および関連諸サービス　　4
社会保障構造改革　　62
社会保障税　　184
社会保障制度審議会　　57, 61
社会保障法　　49, 184
若年者納付猶予制度　　138
就業不能　　101
収支相当の原則　　94
就職促進給付　　86
住宅扶助　　87, 129
授産施設経営事業　　88
恤救規則　　54
出産育児一時金（等）　　159, 162, 167
　　――・家族出産一時金　　112
出産手当金　　112, 167
出産扶助　　87, 130
障害基礎年金　　84, 108, 136
障害厚生年金　　84, 136, 147
障害者自立支援法　　88, 171
　　――の改正　　88
障害者プラン　　61
傷害総合保険　　103
障害手当金　　84
障害等級1級　　141
障害等級2級　　141
障害認定日　　141
障害福祉年金　　88
障害補償給付　　86, 117
小規模多機能型施設　　116
傷病手当　　112, 167
傷病手当金　　159
傷病補償年金　　86, 117
職域保険　　111
職員健康保険法　　55
職能型国民年金基金　　152
食料スタンプ　　186
所得再分配機能　　12
所得比例年金　　176
所得補償保険　　101
私立学校教職員共済　　109, 112, 136, 170, 171
自立支援医療費・療養介護医療費の支給　　88
新救貧法　　3
新ゴールドプラン　　61

新社会政策アジェンダ　10
垂直的再分配機能　12
水平的所得再分配機能　12
ステークホルダー年金　182
スピーナムランド法　3, 43
生活福祉資金　130
生活扶助　87, 129
生業扶助　87, 130
生産年齢人口　19
精神薄弱者福祉法　58
生存権　179
成年後見人　115
生命保険　83
世界人権宣言　7
世代間再分配機能　12
世代間扶養　136, 152
船員保険　55
全国健康保険協会　164
　——管掌健康保険　59, 165
選定療養　167
葬祭費　162
葬祭扶助　87, 130
葬祭料　86
ソーシャル・インクルージョン　9
ソーシャル・エクスクルージョン　9
損害保険　102
損害率　102

た行

第1号被保険者　84
第1次産業　24
第3号被保険者　84
第3次産業　24
第三の道　181
第3分野の保険　95
退職者医療制度　60
第2号被保険者　84
第2次産業　24
第二次臨時行政調査会　60, 70
短期入所生活介護事業　86
地域型国民年金基金　152
地域支援事業　114
地域生活支援事業　88
地域包括支援センター　34, 115
地域保険　84, 111
地域密着型サービス　86
小さな政府　77
知的障害者福祉法　58
地方公務員共済組合　136, 170
地方公務員共済組合法　109
貯蓄クレジット　183
賃金スライド　62
通勤災害の認定　117
通所介護事業　86
積立方式　94, 98
定額部分　144
定額保障　95
ティトマス, W.A.　9

適格退職年金　155
トインビーホール　45
特定健康診査　161
特定疾患　172
特定疾患治療研究事業　171
特定保健指導　161
特定療養費　167
特別児童扶養手当　88
特別支給の老齢厚生年金　144
特別障害給付金　141
特別療養費　162
特約（オプション）　99
トマス・モア　41

な行

ナショナル・ミニマム　2
ニクソン, R.M.　9
二次健康診断等にかかる給付　117
21世紀福祉ビジョン　61, 74
二次予防事業対象者　115
日本型福祉社会　76
日本年金機構　137
入院時食事療養費　112, 159, 162, 167
入院時生活療養費　112, 159, 162, 167
ニューディール政策　45, 184
ニューディール・プログラム　183
任意加入　94
任意継続被保険者　165
任意包括被保険者　112, 165
認知症対応型共同生活介護事業　86
年金記録問題　154
年金クレジット　182
年金制度の一元化　152
年金時効特例法　151
年金原資　97
年金積立金運用収入　150
ねんきん定期便　151
年金分割　150
年金保険　83
年少人口　20
納付特例制度　138, 139
能力開発事業　86, 123
ノーマライゼーション　176

は行

バンク＝ミケルセン, N.E.　9
ビスマルク　3, 179
被扶養者　166
被保険者　158
日雇特例被保険者　165
被用者保険　84
評価療養　167
標準報酬月額　143, 166
ビルトイン・スタビライザー　12
貧困家族一時扶助　186
貧困ビジネス　127
フィラデルフィア宣言　50
付加年金　108, 138

賦課方式　12, 94
福祉年金　58
福祉ミックス論　9
ブース, C.　3, 45
普通傷害保険　102
普遍主義　176
プライマリケア・トラスト　182
フランクリン・ルーズベルト　45
フランス人権宣言　6
振替加算　145
フリーター　28
ブレア, A.C.L.　9, 181
平均標準報酬額　144
平均標準報酬月額　144, 166
併給　149
ベヴァリッジ　2
変額年金保険（投資型）　98
報酬比例部分　144
訪問介護事業　86
訪問看護・家族訪問看護療養費　112
訪問看護療養費　162, 167
保険外診療　97
保険外併用療養費　85, 112, 162, 167
保険者　68, 158
保険診療　97
保険料水準固定方式　150
保護の補足性　87
　──の原理　87, 129
保護率　131
母子及び寡婦福祉法　58
母子福祉法　58
保証クレジット　183
補装具費の支給　88
補足的栄養扶助　186
補足的所得補償　186
骨太の方針 2003, 2006, 2009　71, 72, 76

ま行

埋葬料・家族埋葬料　112
埋葬料・埋葬費　167
マクロ経済スライド　62, 150
窓口負担　162
マネジドケア　185
マルサス　43
民間保険　82, 99
無差別平等の原理　128
無利子・低利子融資事業　88
無料・定額診療事業　88
メディカルサービス　180
メディケア　185
メディケイド　185

や行

夜間対応型訪問介護事業　86
夜警国家　48
ユートピア　41
要介護認定　86, 115
養老年金　57

ら行

ライフコース　31
ライフサイクル　18, 30
ラウントリー, B.S.　3, 30, 45
ラッサール　48
ラファイエット, M.　6
ランスティング　177
リスク分析　95
リースター年金　179
リーマン・ショック　23
リュールップ年金　179
療養の給付　112, 162, 167
療養費　162, 167
療養費・家族療養費　112
療養補償給付　86, 117
隣保事業　88
隣保相扶　54
ルソー, J.J.　6
レジデュアルな福祉　38
レジャー・スポーツ保険　103
ロイド, G.　3
労役場　3
労災保険　83
老人医療無料化　85
老人福祉法　58
老人保健法　85
労働基準監督署　117
労働者災害補償保険　68, 86, 116
労働者年金保険法（歴史）　56
老年人口　19
老齢・遺族・障害年金 184
老齢基礎年金　108, 136
老齢基礎年金額の計算式　140
老齢厚生年金　84, 136, 143
　──の繰下げ支給　146
　60 歳から 64 歳まで支給の特別支給の──　144
　65 歳から支給の──　146
老齢福祉年金　88

わ行

ワイマール憲法　6
ワーキングプア　32
ワークハウステスト法　43
ワークフェア　10, 186

[編著者紹介]

成清美治（なりきよよしはる）
兵庫県生まれ
1985年　龍谷大学大学院文学研究科修士課程修了
現　職　神戸親和女子大学教授（社会福祉学博士）
主　著　『私たちの社会福祉法』（共著）法律文化　2001
　　　　『新版 社会福祉』（共編著）学文社　2005
　　　　『長寿社会を拓く』（共著）ミネルヴァ書房　2006
　　　　『現代社会と福祉』（共編著）学文社　2009
　　　　『保健医療サービス』（共編著）学文社　2009
　　　　『ケアワーク入門』（単著）学文社　2009
　　　　『相談援助の基盤と専門職』（共編著）学文社　2010
　　　　『低所得者に対する支援と生活保護制度』（共編著）　2010
　　　　　　　　　　　　　　　　　　　　　　　　　　他多数

真鍋顕久（まなべあきひさ）
岐阜県生まれ
1999年　龍谷大学大学院社会学研究科社会福祉学専攻博士後期課程単位取得満期退学
現　職　岐阜聖徳学園大学准教授
主　著　『日本社会福祉法制史年表　平成編/1990～2003』（共著）港の人　2006
　　　　『援助を求めないクライエントへの対応』〔翻訳書〕（共著）明石書店　2007
　　　　『現代社会と福祉』（共著）学文社　2009
　　　　『低所得者に対する支援と生活保護制度』（共著）学文社　2010
　　　　　　　　　　　　　　　　　　　　　　　　　　他多数

イントロダクション シリーズ7　　社会保障

2011年2月28日　第1版第1刷発行
2013年3月30日　第1版第2刷発行

編著者　成　清　美　治
　　　　真　鍋　顕　久
発行者　田　中　千津子
発行所　㈱　学　文　社

郵便番号　153-0064　東京都目黒区下目黒3-6-1
電話（03）3715-1501（代表）　振替　00130-9-98842
http://www.gakubunsha.com

乱丁・落丁本は，本社にてお取替致します。　　印刷／新灯印刷株式会社
定価は，カバー，売上カードに表示してあります。　〈検印省略〉
© 2011 NARIKIYO Yoshiharu and MANABE Akihisa Printed in Japan

ISBN 978-4-7620-1936-4